紀伊国桛田荘

海津一朗 編

同成社 中世史選書 9

1　紀伊国桛田荘絵図（神護寺所蔵、京都国立博物館提供、撮影：金井杜道）

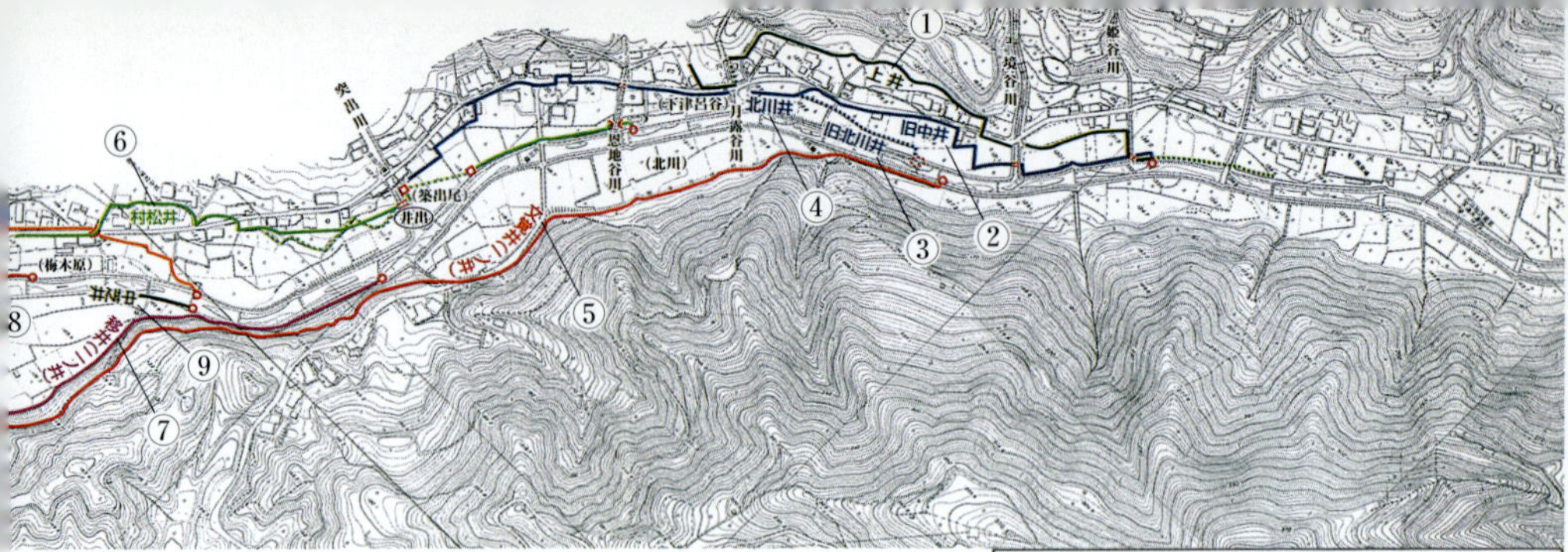

上井
旧中井
旧北川井
北川井
文覚井（一ノ井）
村松井
⑦ 移井（二ノ井）
⑧ 岩ノ井
⑨ 中芝井
⑩ 前平井
⑪ 移井の小井
⑫ 平右衛門井
⑬ 秋吉井
⑭ 前田井
⑮ 向西井
⑯ 妙中井
⑰ 高田井（三ノ井）
⑱ 今井

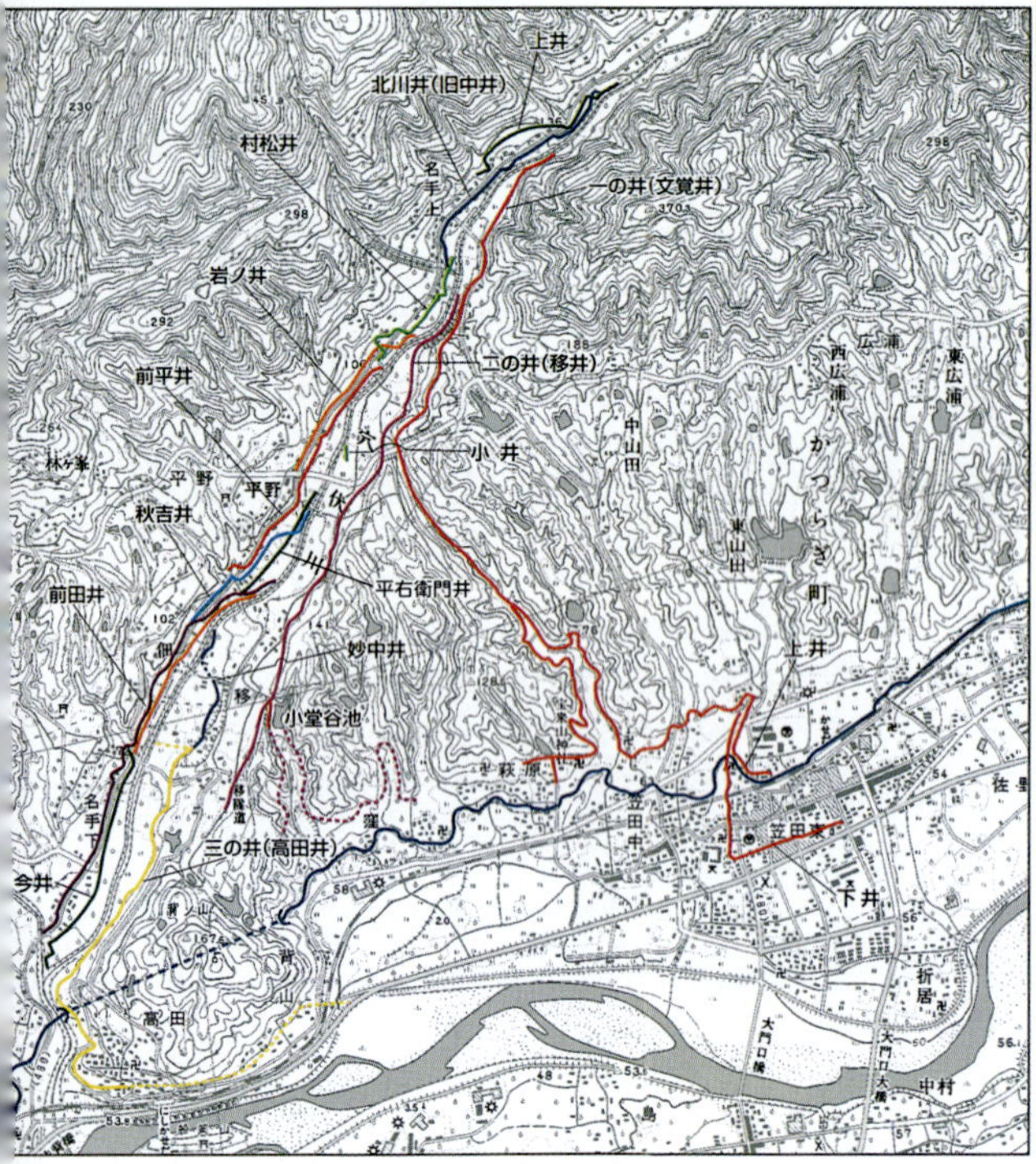

3　穴伏川流域用水群概略図

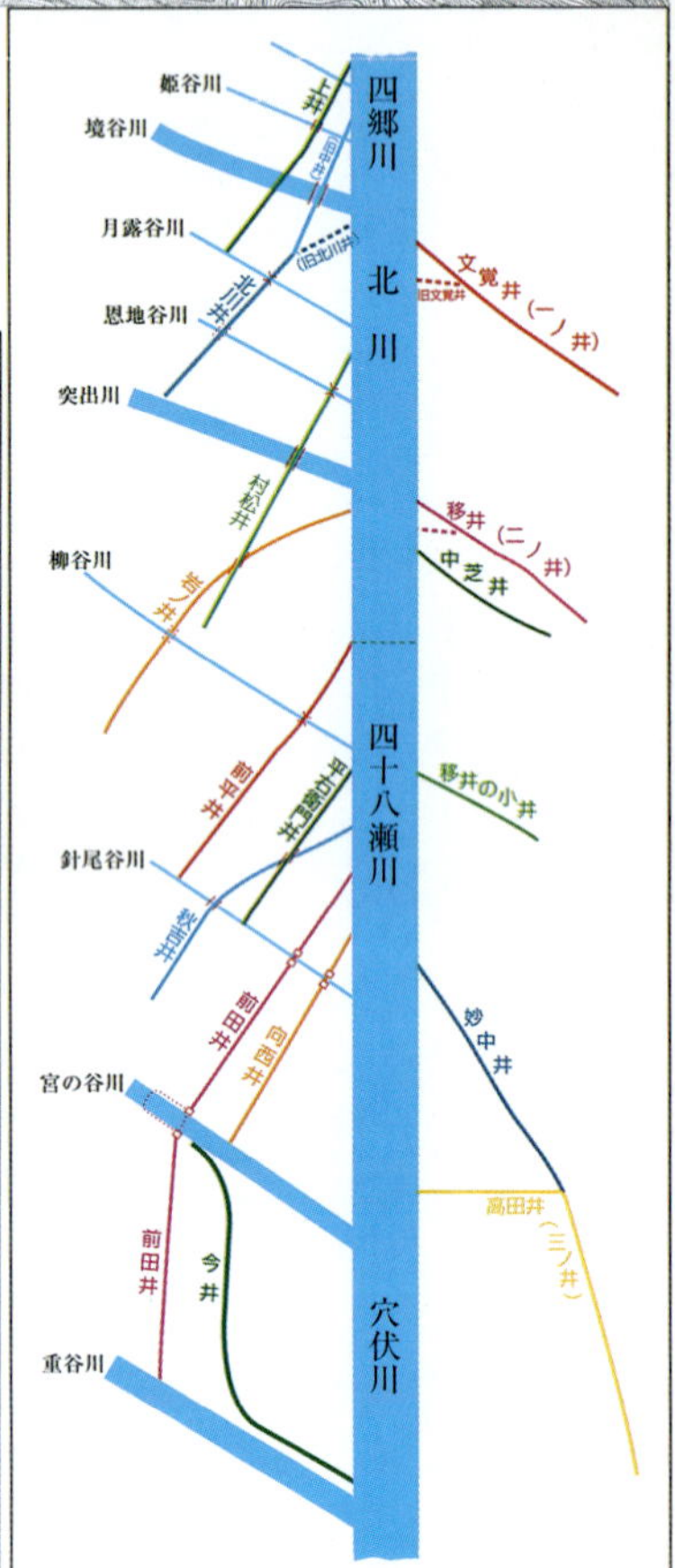

2　穴伏川流域用水群概念図

4　穴伏川流域用水群現況図

5　紀伊国桛田荘絵図（宝来山神社所蔵、和歌山県立博物館提供）

6　慶安三年賀勢田荘絵図（宝来山神社所蔵、和歌山県立博物館提供）

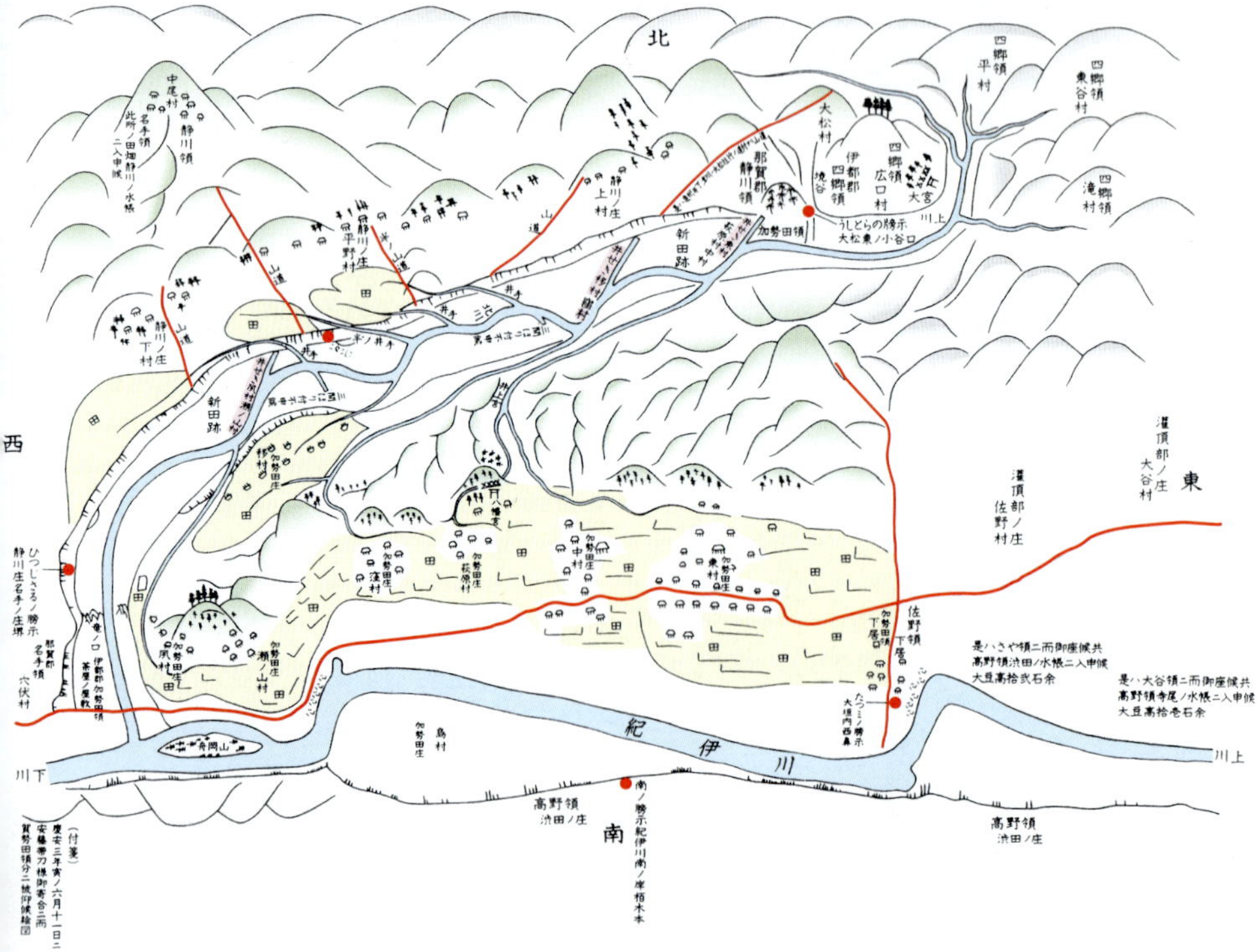

7　慶安三年賀勢田荘絵図（トレース図）

まえがき

一九九六年の歳末、神護寺領桛田荘故地の紀ノ川河川敷から長大な石造連続堤防が出土し、中世史学界は騒然となった。窪・萩原遺跡である。流下式の広域下水道処理施設をつくるための試掘時の出来事であったが、その後の調査で高さ二メートル弱、三カ所にユリ（ハネ）をもち、総延長二五〇メートル（のち八〇〇メートル以上に修正）にも及ぶ石積みの堤防護岸遺跡であることが明らかになった。わずかな遺物から、十六世紀末〜十七世紀初の中近世移行期の構造物と推定された。当時は日本最古の本格的な河川堤防であり、江戸時代後期になってはじめて石造連続堤防が出来るという研究者の常識を覆すものであった。本書は、この衝撃を正面から受け止めた和歌山県の研究者たちの、十五年に及ぶ思索と共同研究の記録である。

黒石哲夫氏は試掘の調査担当として桛田荘堤防を世に出した。地下二メートル以上も掘り下げて堤防の上面に到達させた黒石氏の執念なしには、桛田荘の歴史は永久に日の目をみることがなかっただろう。翌年早々に中世史学界から慎重調査と保存活用の要求が相次いで届けられ、現地シンポジウムなど活発な議論が起こった。呼びかけ人には網野善彦氏・海老澤衷氏・大山喬平氏・木村茂光氏・黒田日出男氏・小山靖憲氏・高橋昌明氏・永原慶二氏・服部英雄氏・峰岸純夫氏・村田修三氏の一一名が名を連ね、中世史学界総力をあげた取り組みであったことがわかる。事態を重く見た和歌山県教育委員会は、荘園遺跡総合調査委員会を立ちあげ、ついで紀ノ川流域の主要荘園について五カ年計画の国庫補助事業・荘園詳細分布調査を実施した。いずれも和歌山県下では初めてのことであった。海津一朗、前田正明氏、額田雅裕氏、和歌山中世荘園調査会（和歌山大学日本史ゼミ）はこの時に調査の実務を担当したメンバーであり、その後中世考古学の北野隆亮氏、歴史環境史の高木徳郎氏、此松昌彦氏、土木工学の宇民正氏を加えて和歌山井堰研究会を組織して、堤防井堰の共同研究を継起的に進めたのである。

紀伊国桛田荘は、民衆史研究の創始者である西岡虎之助氏が一九三一年に墾田地・寄進地荘園論を主唱し、その後一九七〇年代に至り、小山靖憲氏が中世領域型荘園説を確立する舞台となった。一九八〇年代「桛田荘絵図」をめぐる華々しい論争は、絵画史料論を基盤とする社会史研究の隆盛の象徴であったろう。桛田荘という荘園は、戦前戦後の研究をリードし続けた稀有の場所であった。そして一九九六年窪・萩原遺跡の出現は、その研究状況を一変させた。その衝撃は、前近代社会における自然と人類の共生という歴史環境論の必要を認識させた。通時的かつ広域的に水利環境を検討するという地域調査は、それまでの和歌山県には見られなかった画期となる試みであった。七名の著者は共同調査によってデータを共有するが、研究方法と対象の違いから研究上の見識を異にする部分がある。本書は、その対立点も含めて研究の前進を約束する共同研究の成果と捉え、あえて意見の統一を行なってはいない。したがって各章は一応別個の独立した論考として検討いただきたい（その成り立ちも様々なので「初出一覧」を参照）。「おわりに」でのまとめも、編者である海津の私的な総括であり研究会の総意ではない。すなわち本書は、桛田堤防の発見から十五年目の現在、私たちの葛藤と思索の成果報告なのである。

海津一朗

二〇一一年三月十一日　大震災の日に

目次

紀伊国桛田荘

はじめに
——荘園制の史学史としての桛田荘——

第一節　桛田荘研究Ⅰ期（一九三一～一九七五）——西岡民衆史・荘園制の発達——

桛田《かせだ》荘の研究は、西岡虎之助氏の一九三一年「神護寺領荘園の成立と統制」（『史学研究』一―三）に始まる。西岡氏は、桛田荘、神野《こうの》・真国《まくに》荘、吉富荘、足守荘、西津荘、福井荘の六つの神護寺領荘園の史料を紹介・分析し、寺領荘園の成立を論じた（西岡一九三一、以下桛田荘参考文献一覧からの引用は著者名と発表年で示す）。桛田荘については、短文であるが、九世紀における寄進地系荘園として筆頭に取り上げている。大覚寺文書に示された荘園境界と現地景観を照らし合わせた上で、神護寺所蔵の桛田荘絵図も紹介して分析を加えている。また、文治元年（一一八五）桛田荘坪付帳（検田取帳）の参照の必要にも言及している。この論文は敗戦後に『荘園史の研究』下巻一（岩波書店、一九五六年）に再録され、荘園研究の古典となった。このとき、神護寺所蔵の桛田荘絵図は巻頭グラビアで収録されて荘園絵図の一典型とされた。

西岡氏は、桛田荘故地の属したかつらぎ町内の大字教良寺《きょうらじ》（旧伊都郡三好村）の出身であり、論文の執筆当時は三六歳、東京大学史料編纂所在勤十一年目の気鋭の若手であった。西岡民衆史学の祖と呼ばれるように、アカデミズム

表1　略年表　中世桛田荘のあゆみ

年代		事　　項
1147	（久安３）以前	崇徳院領の荘園となる
1148	（久安４）	国司源季範が收公して国領とする
1164	（長寛２）	南隣の志富田荘が島畑を放棄する
		このころ後白河院の蓮華王院（三十三間堂）領となる
1183	（寿永２）	後白河院が神護寺に寄進する
1184	（元暦１）	神護寺領桛田荘として立券される（荘園絵図の成立説）
1185	（文治１）	検注が行われ全荘の水田取帳が作成される
1223	（貞応２）	北隣の静川荘と境界を争う（荘園絵図の成立説）
1354	（文和３）	南隣の志富田荘と境相論発生
1466	（文正１）	このころ静川荘と用水をめぐる相論発生
1491	（延徳３）	四至注文が作成される（荘園絵図の成立説）
〃	〃	南隣の志富田荘と島畑相論が決着

表2　桛田荘絵図をめぐる主要学説の争点

主張者・発表年	神護寺絵図	宝来山神社絵図		慶安絵図	描かれた範囲
		原絵図	改ざん		
西岡虎之助(1931年)	1183年以前	——	——	——	桛田荘
鈴木茂男(1975年)	1184年	1184年	——	1650年	桛田荘
小山靖憲(1979年)	1184年	1491年	1650年以前	1650年	桛田荘
木村茂光(1987年)	1164年頃 (南牓示は1491年)	1164年頃	1650年頃	1650年	桛田荘
服部英雄(1995年)	{ 1184年…… 1184年…… ○1223年…… (三つのいずれかの組み合せ)	1184年 1223年 1223年	1679年以後	1679年以後	桛田西荘
黒田日出男(1998年)	静川相論(1223など)	——	——	——	桛田荘論所
前田正明(1999年)	1184年	1184年	1679年以後	——	同上(島)

の中心にあって、絵画史料や文学作品を駆使して民衆生活の解明に邁進していた。後年、皇国史観が台頭する中にあっても、民衆史研究の視座を堅持して若手研究者の人望を集めた「反骨の歴史家」である。[1]　桛田荘と桛田荘絵図は、ここを郷里とする稀代の歴史研究者によって注目され、世に問われたことになる。[2]

戦中・戦後を通じて一貫した西岡民衆史学は、国史の停止という敗戦後の歴史教育においてもなお、揺るぎのない確かな定点を築いていた。西岡氏の著した高校社会科教科書・実教出版の『高校日本史』（一九五五年）には、桛田荘絵図の写真が収録された。「第三章古代国家の繁栄」の「3平安京」の項目で、「律令制の変質と荘園の発達」の見出しであった。絵画史料・考古史料を大胆に用いた西岡の歴史教科書は、大きな影響を与えた。山川出版社教科書を中心として、高校の歴史教科書にはかならず桛田荘絵図が用いられるようになった（山川出版社『詳説日本史』の採録初見は一九六〇年で宝月圭吾・藤木邦彦編著）。管見のかぎり、桛田荘絵図をもちいたはじめての教科書は、一九五一年の好学社の坂本太郎・家永三郎共著の『高校日本史　上』である。[3]

第二節　桛田荘研究Ⅱ期（一九七五～一九九六）――社会史研究による中世荘園論――

㈠　小山靖憲氏の領域型荘園説

敗戦後、桛田荘絵図が歴史教科書に掲載されて、荘園の典型として扱われる。その間桛田荘に言及した研究者は居ない。西岡虎之助氏という稀代の民衆史家の先駆的な業績のみによる脚光であった。ただ一人の研究者による傑出した業績――そのことはまぎれもない事実である。

第Ⅰ期の研究が、西岡氏という傑出した個性による古典的荘園論であったとすれば、第Ⅱ期の研究はその理解を否定し、小山靖憲氏による領域型荘園説という現在における荘園制論の通説が作り上げられていく過程であった。そのきっかけとなったのは、一九七五年における鈴木茂男氏の史料論、「紀伊国排田庄図考」であった（鈴木茂 一九七五）。桛田荘の専論としては、実に四五年ぶりの問題提起であった。鈴木氏は、一九七〇年より「荘園絵図の基礎的考察」という科研費助成の共同研究に取り組み、翌年現地調査を行ない、宝来山神社所蔵の桛田荘絵図を紹介した（『日本歴史』二八三号口絵）。二つの絵図の異同を詳細に検討して、古文書における正文・案文に該当すると結論した。さらに、西岡が考察対象にした九世紀における日根氏の寄進を示す文書群（大覚寺文書四通）を偽文書として退け、渋田荘との十二世紀の相論文書を紹介して詳細に分析してみせた。

「九世紀前半における在地勢力の一円地（四至をもつ荒野・島）寄進によって成立する」という桛田荘のイメージは、西岡氏がそれを荘園の典型としてあつかったがために、研究史上に大きな混乱をもたらしたことになる。「爾来四十年余にわたって盲目的に承けつがれてきて批判を受けたことがなかった。われわれ後学の態度は果たして学問的なものであろうか」（鈴木茂 一九七五、八頁）という鈴木茂男氏の口吻は、このような史学史の問題を意識してのものだったに相違ない。この論文によって宝来山神社図（附として延徳文書とも）は国重文に指定されたが、鈴木氏自身は論文執筆の直後に急逝した。

鈴木氏の研究を踏まえて、荘園絵図の研究に取り組んだのが小山靖憲氏である。中世村落論に取り組み、荘園制の新しいパラダイムを模索していた小山氏にとって、通説の原風景であった桛田荘の再検討は不可欠の課題だった。弘法大師御手印《おていん》縁起の史料批判などを通じて紀ノ川流域の荘園の成立を考察し、桛田荘とその絵図を十二世紀の所産として初期荘園（律令制の変質と荘園の発達）と混同した西岡氏の理解を否定した。そして、十二世紀段階で排他的な領域と課役体系をもつ中世荘園が成立するという今日の荘園制の通説、領域型荘園説を確立した。奈良・平安期で扱われていた桛田荘絵図を、中世荘園の典型として、封建制の発展段階に明確に位置づけし直したのである。西岡が学んだ和歌山師範学校（和歌山大学教育学部）で教鞭をとった小山氏は、桛田荘絵図のもつ歴史教育上の重要性を認識していた。「牓示とは棒杭のことである」など西岡の研究以来糾されることのなかった誤りも、徹底的に点検したのである（小山 一九七九・一九九七）。(4)

小山氏は、鈴木氏の提起を請けて荘園絵図研究を継承すると同時に、現在笠田の字を充てている荘園故地かつらぎ町の調査を進めた。神護寺僧文覚《もんがく》上人による開削に仮託された文覚井《ゆ》や、上人命日の文覚上人祭など神護寺領荘園草創神話にもとづく様々な史跡・民俗行事を研究・紹介したのである。とりわけ文覚井は、尾根（丘陵の鞍部）を越えて紀ノ川側の荘家中核部を灌漑するという注目すべき技術をもつ中世用水であり、一九七二年に一ノ井が県の史跡に指定されている。用水路の文化財指定としては現在県内唯一である。小山氏の働きかけにより、全国の学生・研究者・教育者がかつらぎ町笠田の地を見学・研修に訪れ、中世荘園のイメージを焼き付けて帰国した。和歌山県立博物館・和歌山市立博物館でも、これにタイアップして二枚の絵図レプリカを常設して小山説をビジュアルに展示叙述している（竹中 一九八七）。歴史教科書の桛田荘絵図は、このような尽力によって今日にまで引き継がれ、多くの優れた教材化と教育実践が蓄積されているのである（鈴木哲 一九九八、松井 一九九九、土屋 二〇〇〇）。中世村落を基盤とした荘園の豊かなイメージが、小山氏の実践的研究によって花開いたといえる。桛田荘はこのようにして再生したのである。

(二)　二枚の桛田荘絵図

古代荘園から中世荘園へ、桛田荘を舞台とした認識の深化は、直接には、鈴木論文を始点とする絵画史料の分析から始まった。その意味で、一九八〇年代を画期にして広まった新しい史料論にもとづく歴史叙述、すなわち社会史研究の試みと無関係ではない。荘園絵図に先駆的に注目した西岡虎之助氏の研究フィールドが、社会史の研究と論争を呼び込んだのであった。

小山氏の桛田荘再検討は、主に二枚の絵図をめぐる理解を軸にして、多くの論争を伴って進化していく。氏は二枚の絵図を比較しつつ史料学的検討（後筆の確定など）を進めて、宝来山神社図は十五世紀末に作成された模本であるとする（小山 一九七九）。また、木村茂光氏は一一八五年（文治一）検田取帳（坪付帳）の分析から、沖積地開発のあり方について論じ、小山氏が係争地「島畠」を近世島村とした点を疑問視した（木村 一九八七）。また、一九八四年小山氏の提唱する絵図の史料学の徹底により、宝来山図に一部改竄箇所のあることが明らかになり、二枚の絵図の関係についての議論はふたたび振出に戻った（高橋昌 一九八五）。

一九九五年、近世の水論山論史料を精査した服部英雄氏が、神護寺図・宝来山神社図の成立を静川荘側との相論と関連づけて読み直した。絵図に描かれた範囲を桛田西荘のみとしてデフォルメ説を退けたり、鎌倉段階で文覚井が未成立だとするなど、論点は多岐にわたっている（服部 一九九五）。

以上は、荘園絵図を直接射程に入れたものであるが、これとは別に文献史料の地道な分析作業もすすめられた。明恵と湯浅党武士団に着目して、宗教関係典籍・史料を網羅的に検討した高橋修氏は、伝領に関するこれまでの通説を批判した（高橋修 一九九七）。また、先述のように、木村茂光氏は一一八五年の検田取帳を手際よく分析して、桛田荘の耕地を水利条件から二つに分類して、中世の農業生産力について展望を示した。木村氏は、これによって服部の桛田荘絵図（桛田西荘を描いたとする）理解を否定するとともに、荘園の内部構造に踏み込むことによって、小山氏の中世荘園・中世村落のイメージを格段と豊かにして補強した。この作業は、のちに黒田日出男氏、前田正明氏・藤本清二郎氏らかつらぎ町史編集委員会による詳細な数値分析によって深められていく（黒田 一九九八、前田 二〇〇四、かつらぎ町史編集委員会 二〇〇六）。

荘園絵図・帳簿史料・聖教史料など、一九八〇年代の社会史研究において脚光をあびることになる史料群が、桛田荘を舞台に論争を巻き起こした。鈴木茂男氏、小山靖憲氏、木村茂光氏、服部英雄氏、さらに石造堤防遺跡の出土によって始まる第Ⅲ期と平行して参戦する黒田日出男氏まで、地域史・社会史を支えた名だたる論客たちが、論争を交えたのである。桛田荘と桛田荘絵図は、中世荘園の典型として歴史教育を中心に定着すると同時に、論争渦巻く社会史研究の魅力的な舞台として注目を集めることになった。桛田荘絵図をめぐる論争については、主要な争点ごとに、簡単な整理をしておいた（表2）。神護寺絵図、原宝来山神社絵図（改竄前）、現状宝来山神社絵図（改竄後）それぞれの成立年代、神護寺図の作成目的、絵図に描かれた範囲をまとめたものである。桛田惣荘絵図か西荘絵図か、原宝来山神社絵図が正本（案）か後世の模写（写）か、偽文書とする場合は作成される相論の時期・動機、神護寺絵図は志富田荘相論図か静川荘相論図か四至図かなど、単純化の誹りを免れ得ないだろうが、一応の見取り図として示した。本書の目的は、このような争点を考えるに際して、新しい手がかりを示して、大枠の仮説を提示することにある。そしてその手がかりは、一九九六年、桛田荘の故地から出現したのである。

第三節　桛田荘研究Ⅲ期（一九九六〜）——荘園遺跡調査から地域環境史へ——

(一)　紀ノ川石造堤防（窪・萩原遺跡）の発見

荘園絵図と領域荘園の実態をめぐって熱い論争がくりひろげられているさなか、桛田荘の故地は予期せぬ発見に沸き返ることになった。広域浄化センターを建設する計画が進む中で、紀ノ川河川敷の予定地で試掘が行なわれ、現地表面の二メートルの地中より、石積み遺構が出土したのである。一九九六年末の出来事であった。十六世紀末にさかのぼる可能性のある石造連続堤防は、後の調査で延長八〇〇メートルに及ぶと判明、近世・近代堤防との切り合いも確認される（第七章参照）。連続堤防は近世の大和街道に北接した石積みであり、十六世紀から十七世紀にかけての中近世移行期にまたがる連続堤防の出土によって、従来とことなる広やかな視座からの検討が必要になったのである。荘園遺跡の宝庫として知られる紀ノ川筋であるが、この時まで組織的な荘園調査は実施されることがなかった。(5)

著名な中世荘園桛田荘域内であったことから、全国の中世史学界をあげた要望が出された。県教育委員会・（財）県文化財センターは「桛田荘遺跡調査指導委員会」を立ち上げて発掘地点だけでなく桛田荘域全体の灌漑体系の変遷を総合調査する体勢が整えられた（和歌山地方史研究会 一九九七、和歌山県文化財センター 二〇〇一）。和歌山県内ではじめての荘園総合調査が実施され、古文書・考古史料の通称地名・水利慣行・石造物について、施設建設の予定される沖積低地を中心にデータが集められた。荘園絵図に描かれた世界の再検討が進むとともに、紀ノ川筋のより広域のつながりを重視しつつ、郡界に占地している桛田荘の独自の性格が追求された（さらに二〇〇三年には国道四八〇号の拡幅・付替えによる文覚井の取水口暗渠化の計画が出たため、調査範囲は静川荘を含む穴伏川流域の全用水群に拡大した）。

これがきっかけとなって、京奈和自動車道の開設にともなう紀ノ川北岸荘園遺跡群の保存が意識され、文化庁国庫補助事業として紀ノ川流域荘園詳細分布調査の六年計画が実施された（一九九八〜二〇〇四年、紀ノ川流域荘園詳細分布調査委員会 二〇〇一・二〇〇三・二〇〇四）。三冊の報告書をご覧いただくとわかるように、荘園調査手だれの関西近県中世史研究者の研究室を中心とする調査である。

一方、桛田荘の総合調査に参加した和歌山の研究者は、ベネッセコーポレーションなど民間の受託研究をうけつつ、その後も継続的に治水灌漑に関する共同研究を継続し、二〇〇〇年から紀ノ川筋の治水灌漑遺跡ハザードマップをつくるべくフィールドワークを開始した。この研究会は、たちまち和歌山井堰研究会（以下井堰研）を名乗るようになったが、専門分野を異にする八名の研究者が、隔月で紀ノ川筋をフィールドワークして地域の治水灌漑の歴史と現代について意見を交換した。現在、当初の考古学、日本古代・中世・近世の各文献史学、歴史地理学、地水利学の八名に、河川工学、古環境学、地質学のメンバーが加わりと議論は刺激的なものになった。その間、岡山市百間川遺跡、大和郡山市菅田遺跡、三重島抜遺跡、吹田市五反田遺跡、北九州市貫遺跡、山梨信玄堤跡の見学会なども実施し、関西圏の治水灌漑研究の先端を走るグループとの意見交換を重視してきた。井堰研は、当初の目的通りに、堤防遺跡の保存活用についてアピールするための報告書を二冊刊行した（和歌山井堰研究会 二〇〇二・二〇〇四）。

(二) 河川敷への注目・沖積低地の島開発

第Ⅱ期の研究を通して中世荘園のモデルとなり、小山靖憲・木村茂光・服部英雄諸氏（まもなく黒田日出男氏を加えて）論争の最中にあった桛田荘は、意外なことに考古学の成果が活用されず、荘園調査の実績もなかった。延長八〇〇メートルにも及ぶ長大な石造連続堤防の出土により、文覚井や小田井の位置付けを河川敷の治水・灌漑との関係を踏まえて再検討する必要が生じたのである。桛田荘絵図の読図のうち、とくに南の志富田荘との境界相論を重視している論者にとって、河川敷開発をめぐって重大な一石が投じられたことになる。

現在では、京都宇治市の太閤堤防（遺跡）や徳島市の川西遺跡、土佐市の上ノ村遺跡（仁淀川護岸）など、石造連続堤防の類例が相次いで確認・保存されて、桛田荘堤防の技術が比較検討可能な状況になってきている（本書第七章参照）。だが、一九九〇年代の発掘当時は、史上唯一の石造連続堤防の事例であり、遺物も二点（十六世紀末・十七世紀初）のみで、その評価についてはデリケートな状況であった。発掘中だった窪・萩原遺跡（現・浄化センター施設の位置）が、絵図のどの部分に相当するのか、中世史の文献史学の側でも、十二世紀当時の河川敷開発について、遺跡の保存と活用を併せ考えた検討が進められた。

発掘調査によって、現在の伊都浄化センター敷地の全域にわたって広域試掘調査が実施され、沖積低地部と段丘部の土地利用状況が初めて経時的に解明された(6)（第3次調査）。その結果明らかになったことは、石造堤防にまもられた耕地のうち、沖積低地の一帯は十八世紀中期以後の水田耕地、堤防に接する町道（旧大和街道）の路面も十八世紀前半の成立であり、一帯には中世にさかのぼる開発の痕跡は見られないという事実である。鎌倉・室町期の水田や井戸・墓がみつかったのは、下位段丘の上部と段丘崖の周辺部のみであった。すなわち、耕地の大部分を占めていた沖積低地部には、十八世紀中期以後近代にかけての何面もの水田遺構と、素掘溝・水路・畦道・石垣が検出され、その下部に存在する紀ノ川の旧河道上部の水田遺構も、十七世紀初頭から十八世紀中期にかけてのものであった。水田・護岸・道という日常の生活空間から離れた場所のため、出土した遺物の総量は少ないものの、沖積低地の一帯が十八世紀以後の新田開発の所産であることは明らかになった。これまで、桛田荘絵図に描かれていた「大道」を、旧大和街道（町道）に現地比定することが一般的であったが、調査成果を尊重する限り遺跡の範域内ではありえず、段丘上に候補地を求めるべきであろう。

石造堤防を含む窪・萩原遺跡は、その後堤防の西端部を確定する六次調査が実施されて、二期ないし四期におよぶ複数の石造堤防の存在とその切り合いの関係が追及された。

(三) 新たな課題

桛田荘遺跡発掘調査の結果、紀ノ川上流域の伊都・那賀郡界の部分の狭窄部においては、十七世紀から十八世紀にかけて長大な石造堤防と路面の構築、および河川敷（沖積低地・氾濫原）の新田開発が進められていた。これ以前は、河道が複数乱流して、その河川敷には広大な島・芝の荒蕪地が広がる景観が想定されることになった。

このような考古学の成果により、桛田荘開発をめぐるいくつかの争点について、決着をみることになった。たとえば、偽文書とされた大覚寺文書にかわって、鈴木氏によって注目されていた『根来要書』所収の桛田荘・志富田荘相論にかかわる一一六四年（長寛二）太政官符案写についての解釈である。桛田荘では、十二世紀前半より、紀ノ川河川敷に展開していた島（島田・島畠）の領有をめぐって、川南の志富田荘と争い続けた歴史があった。

長承（寛）官符志富田（渋田）庄事

太政官牒　高野山大伝法院

雑事三箇条

一　応停止役夫工并造内裏以下　勅事　院事臨時国役等、永為不輸地、院領紀伊国字渋田庄事

在紀伊国管伊都郡渋田郷

四至　東限六箇庄西堺　南限同庄堺
　　　西限郡賀郡東堺暗谷　北限大河当時流北際岸

右、得彼院所司等去五月日解状称、謹検案内、当院是広為弘法利生、別為鎮護国家、且就沙門覚鑁之奏状、且出　禅定法皇之叡襟、払草莱、始土木課成風之勤、終不日之功、布演甚深之秘法、勤修清浄之事業、期五十六億之暁、致二百余口之勤、為支其鄭伯之、割地施入、所謂当院之領石手・山崎・弘田・岡田・山東伍箇所庄、長承二年（一一三三）十月被下　官符、密厳院之領相賀庄同年十一月被下　官符、各免除万雑事、雖天下一同公役・国内平均所課、永停止之、偏可為御願寺領之由、所被宣下也、而当庄建立之初、当任傍庄之例、先被下　院宣、建立由来見所副進　院庁御下文云（之カ）状矣、因茲当庄雖未被降　官符、因准傍庄、天下一同造内裏役、既被免除畢、然而為備後代之証験、任前禅定法皇（鳥羽上皇）之叡慮、早因准先例、宜被降　官符、但（彼カ）致四至者、（任脱カ）鳥羽院庁御下文旨、以二古流一為二北堺一、可レ被レ打二牓示一之由、雖二須訴申一、件古河以南嶋畠、先年之比依レ被レ打二入讃岐院（崇徳上皇）御領立田（笠）庄一、去二彼嶋

畠一于レ今未レ令二領知一、然間件笠田庄、国司（源）季範任被二国領一畢、依レ此任二本四至一申二請官符一者、国司定訴申歟、
仍為レ無二国司訴一、去二古河以南嶋畠一、任二　院使紀近任打牓示旧跡并当時之領知一、以二大河当時流北際岸一為レ堺、
可レ被レ成二下　官符一、凡毎年二季之伝法会・長日数座之密行等、旧（薫）修之所帰、宝祚期久視、其上当庄所当官物者、
毎年百万遍尊勝陀羅尼供料也、然則仏頂輪王之本誓、必奉譲（護カ）国主上皇之　宝祚、浄除業障之功能、定奉庄　禅
定聖霊之蓮台、望請　天恩、任傍庄例、永可停止上件課役等之由、宜被成下　官符者正三位行権中納言官符者、
正三位行権中納言源朝臣定房宣、奉　勅、依請者、同下知彼院既畢、
以前条々事如件、院宜承知、依宣行之、牒到准状、故牒、
長寛二年（一一六四）七月四日　正五位下行大炊頭兼左大夫（ママ）史算博士小槻宿禰在判牒
正四位下行権右中弁藤原朝臣（成頼）

（総本山醍醐寺編『根来要書』東京美術、一九九四年の「要書」第一18号文書）

この史料については、すでに鈴木氏・木村氏が詳細に検討しており、木村氏は文意を簡潔にまとめているので、引用させていただく（木村　一九八五）。

① 久安二年の鳥羽院庁下文以後官符をうけていないので「後代之験」のために官符が欲しい。
② 四至は鳥羽院下文のとおり「古流」を「北堺」としたいが、その「古河以南の島畠」は先年の頃讃岐院（崇徳院）領立（笠）田荘（＝桛田荘）に打ち入れられて、今まで領知していない。
③ その後笠田荘は国司源季範によって収公されたため、島畠もともに国領となってしまった。
④ したがって、以前の院庁下文の四至のまま官符を申請したならば国司との対立は避けられないので、「古河以南島畠」を諦め、久安二年に院司紀近任が打った牓示の旧跡（東西南）と現在の領有の範囲である「大河当時流北際岸」を（北）堺としたい。

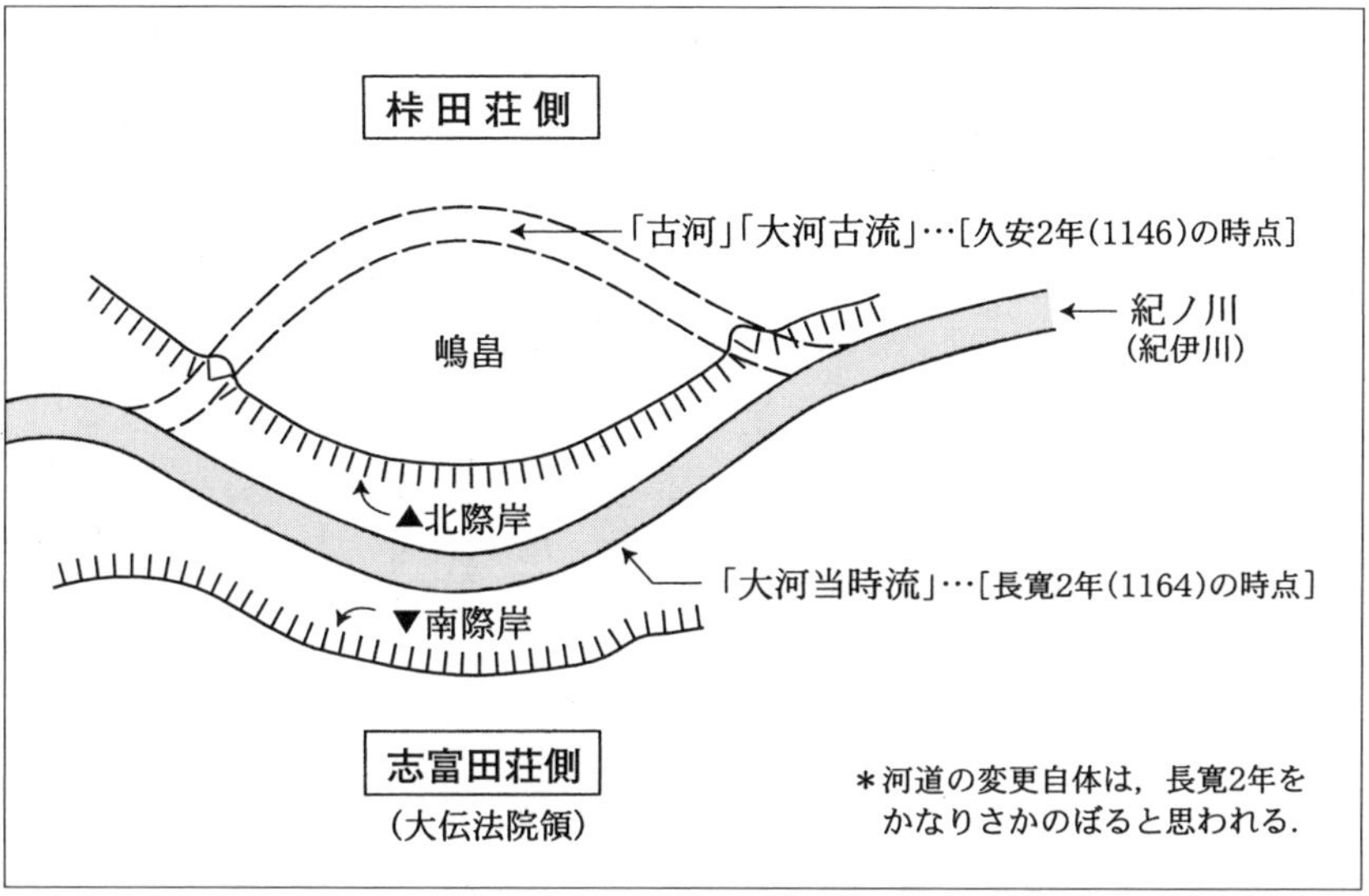

図1　桛田荘・志富田荘の境界相論模式図

（木村原文は「嶋畠」と表記する）

この解釈に沿って、堺相論の前提となる紀ノ川の河道の変遷をまとめると〈紀ノ川は一一四六年（久安二）以前のある段階で、本流河道を北（古流・古河）から南（大河当時流）に移し、それにともなって北側の桛田荘が南島畠の領有を主張して南側の志富田荘と相論となり、結局一一六四年（長寛二）に新河道の北岸が境界と定められる〉ということになろう。これを模式図にしたのが、図1である。

第四節　本書の課題

鈴木・木村（一九八七年以後）両氏は、係争地の島畠を中州の島状耕地（鈴木＝折居付近、木村＝大和街道南北の島状微高地）とし、小山氏はこれを批判して近世島村（現）としている。このように、荘堺相論とほぼ同時期の神護寺絵図（一一八三〜八五年説有力）に描かれている紀伊川の河道が、図1の模式図の古河・当時流のいずれとするかにより、現地比定は大きく異なる。今回、窪・萩原遺跡から中世の耕地が検出されなかったため、境界相論の係争地点・島は折居や大和街道沿いの微高地ではなく、小山氏の主張した渋田島地区（近世島村）の可能性が高まった。一一八五年の検田取帳にあらわれた粗放な一町坪耕地の立地を、沖積低地に求める仮説も成り立たないことが確定した（海津 二〇〇七）。桛田荘絵図に描かれた耕地景観は、額田雅裕氏ら地理学者の指摘した通り、下位段丘上（現在のJR和歌山線以北が目安）に展開したと考えられる（額田 一九九七）。

このように、古代・中世から近世にかけての紀ノ川河川敷（沖積低地・氾濫原）の土地利用の変遷を、経時的に明らかにしていくという新しい課題が確認された。これまでの桛田荘研究においては、中世村落に立脚した領域型荘園という側面が重視されたため、紀ノ川や穴伏川を通じた地域の結合、水田開発や領有のみに留まらない河川敷土地利用の実質（多様な生業への視点）、郡界の意義などの追求がやや手薄であった。考古学の成果を検討するため、中世史と近世史、歴史地理学との協業や議論も不可欠であった。本書では、石造堤防遺跡の発見とその調査過程における成果を紹介するとともに、荘園を越えた河川敷世界や水利秩序についての仮説を提出していきたい。

考古学の発掘調査と並行して、荘園遺跡に関する総合調査が実施され、通称地名・水利慣行・土地利用慣行について詳細なデータが示された。文覚井等の用水についても、服部英雄氏を到達点とするこれまでの成果をもとにして、穴伏川水系灌漑システムの成立過程を問うことが検討課題となった。その際、木村茂光氏が分析し、黒田日出男氏が詳細な検討を行なっている一一八五年検田取帳についても、調査成果に基づいて地域のなかで復元していくことが可能になった。中世耕地の復元と、考古学の成果の双方から、荘園の景観を復元して、当該時期の水利環境について、先学の指摘を再検討していきたい。

本書では、このような一九九六年以後の研究を紹介しつつ、桛田荘から新たな荘園のパラダイムを再構築することをめざしていくものである。折から、荘園制をめぐる通説的理解（領域型荘園説）に対して、立荘論とよばれる荘園制論が主張されて論争なき論争となっている。外界の時空への広がりの中で、地域に根ざした荘園イメージを再構築するのが私たちのめざすところであり、三たび桛田荘の地から、荘園制論の意味を問う視座を提供したい。

註

（1）佐藤和彦「西岡虎之助」（永原慶二・鹿野政直編『日本の歴史家』日本評論社、一九七六年、のち佐藤和彦『中世民衆史の方法』校倉書房、一九八五年に再録）。一九九六年夏には、佐藤ら門下生がかつらぎ町に会して、西岡の生誕一〇〇年祭を執り行っている。海津他編『西岡虎之助　民衆史学の出発』和歌山大学紀州経済史文化史研究所、二〇一〇年。

（2）最近、中近世の移行期・惣国の終焉を象徴する太田城事件もまた、師範学校当時の二〇歳の西岡氏が注目するところであることが明らかにされた（海津編『中世終焉』清文堂、二〇〇八年）。

（3）岩倉哲夫氏のご教示による。この経緯は不詳であるが、戦時下の一九三七年に東大史料編纂所の後輩である家永三郎氏が『歴史地理』執筆論文をめぐり筆禍事件を起こした際、編集責任者であった西岡氏がただ一人擁護したという関係が回想されている（家永三郎「西岡さんと私」『西岡先生追想録』西岡由紀男発行、一九七一年）。西岡氏の影響を想定しておく。

（4）小山靖憲「紀伊国における荘園制の形成」（『高野山大学論叢』一三、一九七八年、のち『紀州研究叢書』二三、一九七八年に転載）、同「古代荘園から中世荘園へ」（『歴史地理教育』三二九、一九八一年）同「荘園データベースによる紀伊国の荘園制」（石井進代表『日本荘園データベースの作成と利用に関する研究』一九九三年度科学研究費成果報告書、一九九四年）。小山氏の封建制論に関する主要論文は、『中世村落と荘園絵図』（東京大学出版会　一九八七年）、『中世寺社と荘園制』（塙書房一九九八年）に集約されている。その史学史的な評価については、「特集　荘園遺跡の調査・保存とその現状」『歴史評論』六八七号を参照されたい。桛田荘をめぐる最終的な見解についても、同誌所収の（海津　二〇〇七）に解説しておいた。

（5）和歌山県では、九〇年代半ば、遅れてやってきた開発の波に比例する形で、京奈和高速自動車道ラインの発掘調査・荘園総合調査（国庫補助の県六カ年事業）や旧堤防井堰等防災灌漑遺跡調査が官民あげて試みられ、はじめて本格的な広域荘園現地調査が実施された。その前提には全国の学生ゼミ・サークル等による荘園調査・見学の厚い蓄積があった。このような紀ノ川荘園をめぐる研究動向については、ごく最近、史学史的な検討をしてみた（海津「荘園調査の行方―研究」『日本史研究』四九二号、二〇〇四年）。

（6）一九九七年における和歌山地方史研究会の一連の企画（シンポジウム・現地見学会・特集号）は、この地点の発掘調査の実施を推進する必要性を示すために実施されたものであった（和歌山地方史研究会 一九九七）。

（7）もちろん、窪・萩原遺跡の沖積低地は、妹山・背山・船岡山に阻まれた紀ノ川の屈強の狭窄部であり、近代以後もくりかえし氾濫が頻発した（船岡山周辺の掘削工事と、伊都浄化センターの設置はその対策であった）。中州の粗放な畠地など検出の難しい中世遺跡が消滅している可能性は捨てきれない。だが、中世の河川敷開発については、十八世紀の新田開発を到達点とする視点とは別個の意義を見出していく必要があるだろう。

（補註）この章は研究整理の都合上年代表記を西暦中心にしている。参考文献には桛田荘関係論文を中心に年代順に並べた。

参考文献

一九三一　西岡虎之助「神護寺領荘園の成立と統制」『史学研究』一―三（同『荘園史の研究』下巻一（岩波書店、一九五六年）に再録）

一九七二　水田義一「台地に位置する庄園村落の歴史地理学的考察――庄園絵図を史料として――」『史林』五五巻二号

一九七四　水田義一「中世庄園絵図の検討」『人文地理』二六巻二号

一九七五　鈴木茂男「紀伊国挊田庄図考」『東京大学史料編纂所報』九号

一九七九　小山靖憲「桛田荘絵図と堺相論」渡辺広先生退官記念会編『和歌山の歴史と教育』（『中世村落と荘園絵図』東京大学出版会、一九八七年に再録）

一九七九　かつらぎ町教育委員会『（和歌山県かつらぎ町）萩原遺跡発掘調査概報』かつらぎ町教育委員会

一九八二　佐藤和彦「荘園絵図研究の軌跡」『荘園絵図研究』東京堂出版（『中世民衆史の方法』校倉書房、一九八五年に再録）

一九八三　かつらぎ町史編集委員会編『かつらぎ町史　古代中世史料編』

一九八四　水田義一「紀州の中世庄園絵図─その地図学史的考察」『和歌山大学紀州経済史文化史研究所紀要』四号
一九八五　木村茂光「荘園四至牓示図ノート（Ⅰ）」『東京学芸大学紀要』第三部門社会科学　第三七集（『日本初期中世社会の研究』校倉書房、二〇〇六年に再録）
一九八五　高橋昌明代表『荘園絵図の史料学および解読に関する総合的研究』文部省科研報告書　滋賀大学教育学部
一九八七　木村茂光「荘園の四至と牓示」小山靖憲・佐藤和彦編『絵図にみる荘園の世界』東京大学出版会（同『日本初期中世社会の研究』校倉書房、二〇〇六年に再録）
一九八七　竹中康彦「桛田荘絵図の世界を歩く」『きのくに史跡めぐり』和歌山県立博物館（山陰加春夫編『きのくに荘園の世界』上巻、清文堂、二〇〇〇年に再録）
一九八七　小山靖憲「荘園村落の景観─桛田荘絵図を読む─」『週刊朝日百科日本の歴史60　家と垣根』通巻五八八
一九八七　小山靖憲「紀伊国桛田荘絵図の変遷」葛川絵図研究会編『絵図のコスモロジー』上巻、地人書房
一九八八　かつらぎ町史編纂委員会『かつらぎ町史　近世史料編』
一九八九　吉田敏弘「四至牓示絵図考」『歴史地理学』一四四号
一九八九　中野榮治『紀伊国の条里制』古今書院
一九九〇　額田雅裕・高橋克伸編『荘園絵図の世界─紀ノ川流域を中心として─』和歌山市立博物館特別展図録
一九九一　木村茂光「荘園村落はどのような景観だったか」『争点日本の歴史』二巻　古代Ⅱ、新人物往来社（『中世の民衆生活史』青木書店、二〇〇〇年に改題再録）
一九九三　北沢　斉「小田井用水路水系図」『大畑才蔵』橋本市
一九九五　額田雅裕「桛田荘と文覚井」紀ノ川水の歴史街道編纂委員会編『紀ノ川─水の歴史街道─』建設省近畿地方建設局和歌山工事事務所
一九九五　服部英雄「紀伊国桛田庄絵図の受難」国立歴史民俗博物館編『描かれた荘園の世界』新人物往来社
一九九五　大覚寺聖教・文書研究会「大覚寺聖教函伝来文書」『古文書研究』四一・四二号
一九九六　高橋　修「神護寺領桛田庄と湯浅氏」『和歌山県立博物館研究紀要』一号（『中世武士団と地域社会』清文堂、二〇〇

〇年に再録）
一九九七　和歌山県文化財センター『窪・萩原遺跡（桛田荘）現地説明会資料』（『和歌山地方史研究』三三号に再録）
一九九七　和歌山地方史研究会「特集　桛田荘をめぐる諸問題」『和歌山地方史研究』三三号
一九九七　額田雅裕「桛田荘の立地に関する地形地理学的検討」『和歌山地方史研究』三三号
一九九七　木村茂光「紀伊国桛田荘の沖積地開発と石積み遺構」（『和歌山地方史研究』三三号（『日本初期中世社会の研究』校倉書房、二〇〇六年に再録）
一九九七　海津一朗「中世桛田荘研究の現状と争点」『和歌山地方史研究』三三号（本書「はじめに」）
一九九七　高橋　修「神護寺領桛田荘の成立」『和歌山地方史研究』三三号（『中世武士団と地域社会』清文堂、二〇〇〇年に再録）
一九九七　北野隆亮「桛田荘域における中世遺構について」『和歌山地方史研究』三三号（本書第八章）
一九九七　弓倉弘年「教科書にみえる桛田荘」『和歌山地方史研究』三三号
一九九七　小山靖憲「紀伊国桛田荘絵図〔神護寺図〕紀伊国桛田荘絵図〔宝来山図〕」小山靖憲編『中世荘園絵図大成』河出書房新社
一九九七　小山靖憲「荘園絵図における寺社の図像表現」『帝塚山大学教養学部紀要』五一号
一九九七　黒田日出男「荘園絵図の土地意識」『歴博』八一号（同『中世荘園絵図の解釈学』東京大学出版会、二〇〇〇年に再録）
一九九八　上村和直「平安末期から鎌倉初期にかけての瓦生産の一様相―文覚の再建・修造事業をめぐって―」『帝塚山大学考古学研究所研究報告』一号
一九九八　額田雅裕「伊都郡加勢田荘内紀伊川瀬替目論見絵図の記載内容について」『和歌山地方史研究』三五号
一九九八　黒田日出男「荘園絵図と牓示―神護寺所蔵『紀伊国桛田荘絵図』の読解から―」皆川完一編『古代中世史料学研究』下巻、吉川弘文館（『中世荘園絵図の解釈学』東京大学出版会、二〇〇〇年に再録）
一九九八　鈴木哲雄「桛田荘絵図を読む―中世の荘園―」（同『社会史と歴史教育』岩田書院）

一九九九　黒田日出男「境界と水利―紀伊国桛田荘絵図を読む―」『ＮＨＫ人間大学　謎解き日本史・絵画史料を読む』日本放送出版協会
一九九九　前田正明「『紀伊国桛田荘絵図』に描かれた『島』の領有問題―中世から近世にかけての渋田・島地域の開発史―」『和歌山県立博物館研究紀要』四号
一九九九　松井吉昭「歴史教育における荘園絵図ノート」『日本史攷究』二五号
二〇〇〇　前田正明「荘園絵図と文覚井」山陰加春夫編『きのくに荘園の世界』上巻、清文堂
二〇〇〇　高橋　修「桛田荘―文覚と湯浅一族」山陰加春夫編『きのくに荘園の世界』上巻　清文堂
二〇〇〇　佐藤和彦他「〈座談会〉荘園絵図と中世の村落―桛田荘を例に」奥野中彦編『荘園絵図研究の視座』東京堂出版
二〇〇〇　土屋伸也「紀伊国桛田荘絵図―在地社会を描く」奥野中彦編『荘園絵図研究の視座』東京堂出版
二〇〇一　和歌山県文化財センター編『桛田荘（窪・萩原遺跡）―紀ノ川流域下水道伊都浄化センター建設に伴う発掘調査報告書―』二〇〇〇
二〇〇一　紀の川流域荘園詳細分布調査委員会『紀ノ川流域荘園詳細分布調査概要報告書Ｉ　紀伊国隅田荘現況調査』
二〇〇一　額田雅裕「桛田荘（窪・萩原遺跡）の地形環境」和歌山県文化財センター編『桛田荘（窪・萩原遺跡）』（本書第一章）
二〇〇一　額田雅裕「紀伊国伊都郡移村絵図について」『和歌山市立博物館研究紀要』一五号
二〇〇一　高木徳郎「文覚井―桛田荘の水利と景観についての試論」和歌山県文化財センター編『桛田荘（窪・萩原遺跡）』（本書第二章）
二〇〇一　和歌山中世荘園調査会「紀伊国桛田荘現地調査報告」和歌山県文化財センター編『桛田荘（窪・萩原遺跡）』（本書第六章）
二〇〇一　北野隆亮・海津一朗「萩原共同墓地（大福寺）石造物調査報告」和歌山県文化財センター編『桛田荘（窪・萩原遺跡）』
二〇〇二　和歌山井堰研究会『紀ノ川流域堤防井堰等遺跡調査報告書Ｉ（橋本市・伊都郡編）』

二〇〇三　高木徳郎「文覚井―桛田荘の水利と景観」『紀ノ川流域荘園詳細分布調査概要報告書Ⅱ　官省符荘現況調査　高野枡をつくらせた荘園』紀の川流域荘園詳細分布調査委員会
二〇〇四　海津一朗・額田雅裕・前田正明「文覚井と穴伏川流域用水群」『紀ノ川流域荘園詳細分布調査概要報告書Ⅲ　名手荘・静川荘地域調査』（本書第二・三章）
二〇〇四　紀の川流域荘園詳細分布調査委員会『紀ノ川流域荘園詳細分布調査概要報告書Ⅲ　名手荘・静川荘地域調査』
二〇〇四　額田雅裕「慶安三年賀勢田庄絵図の記載内容及び開発地域と地形との関係について」『和歌山市立博物館研究紀要』一八号
二〇〇四　前田正明「紀伊国桛田荘文覚井考」高橋啓先生退官記念論集委員会編『地域社会史への試み』原田印刷（本書第三章）
二〇〇四　和歌山井堰研究会『紀ノ川流域堤防井堰等遺跡調査報告書Ⅱ（那賀郡編）』
二〇〇五　海津一朗「紀ノ川流域の治水灌漑遺跡の調査と保存」『日本歴史』六九一号（本書「はじめに」）
二〇〇六　かつらぎ町史編集委員会『かつらぎ町史　通史編』
二〇〇七　海津一朗「神護寺領桛田荘の開発と文覚井をめぐる論争について」『歴史評論』六八七号（本書第四章）
二〇〇九　木村茂光『日本中世の歴史一　中世社会の成り立ち』吉川弘文館
二〇一〇　山田昭全『文覚』吉川弘文館
二〇一〇　須山恵里「附属中学校生と学ぶ地域研究―笠田荘フィールドワーク」和歌山大学教育学部『学芸』五六号
二〇一〇　林　晃平「一一八五年検田取帳にみる桛田荘と文覚井」早稲田大学鎌倉遺文研究会三月例会報告

I

調査・研究編

第Ⅰ部　文覚井と穴伏川水系灌漑システム

第一章　桛田荘の地形環境

第一節　桛田荘の概観

窪・萩原遺跡は、和歌山県伊都郡かつらぎ町西部に位置する。平成九年（一九九七）三月から紀ノ川流域下水道伊都浄化センターの建設に伴い、事前に遺跡の発掘調査が行なわれた。同遺跡は、領域型荘園の絵図として著名な紀伊国桛田荘絵図のほぼ中央部、「紀伊川」（紀ノ川）北岸の「大道」付近にあたるため、桛田荘関係の遺構が検出されるのではないかと、全国的な注目を集めた。また、同遺跡の中央には東西に近世の大和街道が通過し、それが中世初頭に作成された桛田荘絵図の「大道」、さらに古代の南海道に遡ることができるかどうか、古代史や歴史地理学の注目するところであった。

しかし、筆者は、発掘調査の開始以前に作成していた地形分類図によって、そこが紀ノ川の氾濫原にあたるため、古代や中世の遺構や遺物はほとんど出土しないと予想していた。発掘調査の結果は、それを裏付けるように、その付近には古代・中世の遺構面が検出されず、大和街道の起源は中世までさかのぼることができないことが明らかとなった。一方、紀ノ川の旧河道に沿っては、わが国最古の十六世紀後半から十七世紀前半の石組み護岸が約二三五メートルにわたって検出され、一躍脚光をあびることとなった。

本稿では、同遺跡を中心とした桛田荘域の地形環境を明らかにし、同荘の立地と紀ノ川護岸について考察したい。なお、和歌山県文化財センター（一九九七）はこの紀ノ川護岸を旧堤防と考えられる石積みとしている。それは、大畑才蔵・井澤弥惣兵衛による紀州流の土木工法の基礎をなす可能性があり、各分野の研究者から広く注目されるところである。

桛田荘は、寿永二年（一一八三）に後白河法皇から寄進された、京都高雄の神護寺領荘園で、文治元年（一一八五）の桛田荘坪付帳から五八町七反余の耕地のあったことが知られる。その荘域を画いた中世の荘園絵図二幅が、荘園領主の神護寺と在地の宝来山神社に伝来する。また、神護寺中興の祖、文覚上人が開削したと伝えられる中世の灌漑用水路、文覚井（和歌山県指定史跡）は現在も重要な幹線用水路として桛田荘域の耕地を潤している。

桛田荘の四至は、桛田荘四至牓示注文（宝来山神社蔵）によると、東が下居、南が大河、西が背山、北が静川と葛城峯となっている。それらは、現在、東が笠田東の折居、南が紀ノ川、西が背山、北が穴伏川と和泉山脈にあたる。

紀ノ川は、奈良県吉野郡川上村の大台ケ原に水源を発し、和歌山市湊で紀伊水道に注ぐ、流長一三六キロメートル、流域面積一七五〇平方キロメートルの紀伊半島最大規模の河川である。桛田荘は、その中流域に位置する。

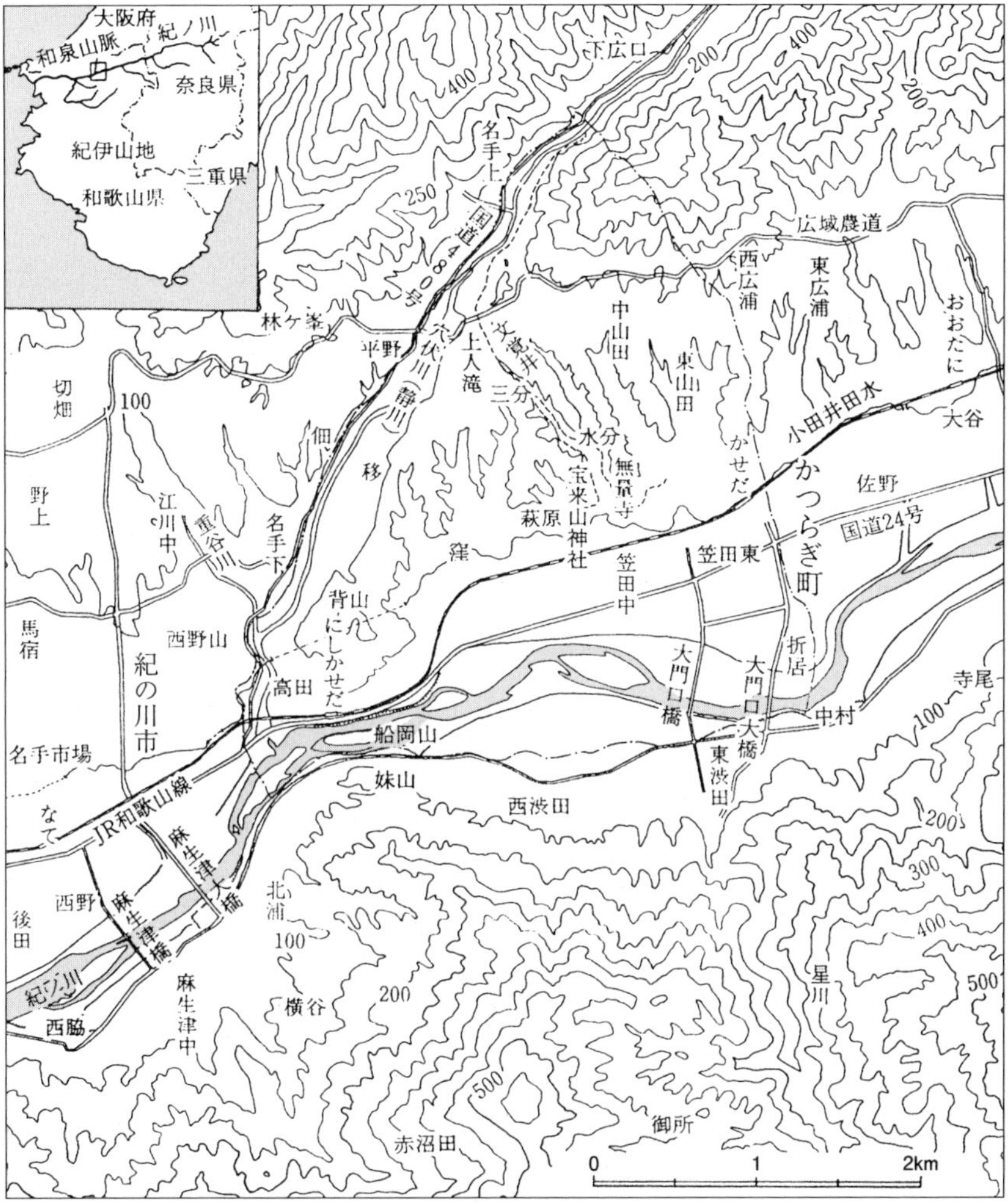

図１　桛田荘の地域概念図

第二節　窪・萩原遺跡付近の地形

桛田荘付近の地形は、山地・丘陵・河岸段丘・沖積低地に大きくわけられる（図2）。

㈠　山地・丘陵

山地は、北側の和泉山脈と南側の龍門山地に大別される。和泉山脈は、東西約六〇キロメートル、南北約一〇キロメートルの地塁性山地で、紀ノ川河谷からみると屏風のように東西にそびえている。その最高峰は岩湧山（八九八メートル）で、桛田荘北側の葛城山（八六六メートル）がこれに次ぐが、和泉山脈には際立って高いピークはない。また、和泉山脈は、近畿トライアングルの南辺を構成し、約三〇万年前から始まった六甲変動によって隆起して形成された地形である。山頂部にはまだ浸食が及ばず定高性を示し、葛城山の山頂など隆起準平原的な平坦面が認められる。

和泉山脈の地質は、大部分が中生代白亜紀に堆積した砂岩と泥岩との互層、和泉層群によって構成される。その南麓は、東西に連続するわが国最大の断層、中央構造線によって限られ、直線的な急崖となっている。

桛田荘の北側が内帯の和泉山脈であるのに対し、南側は外帯の紀伊山地の最北端に位置する龍門山地である。主な山頂は龍門山（七五七メートル）、飯盛山（七四六メートル）で、地質は三波川変成帯の緑色片岩・黒色片岩などで

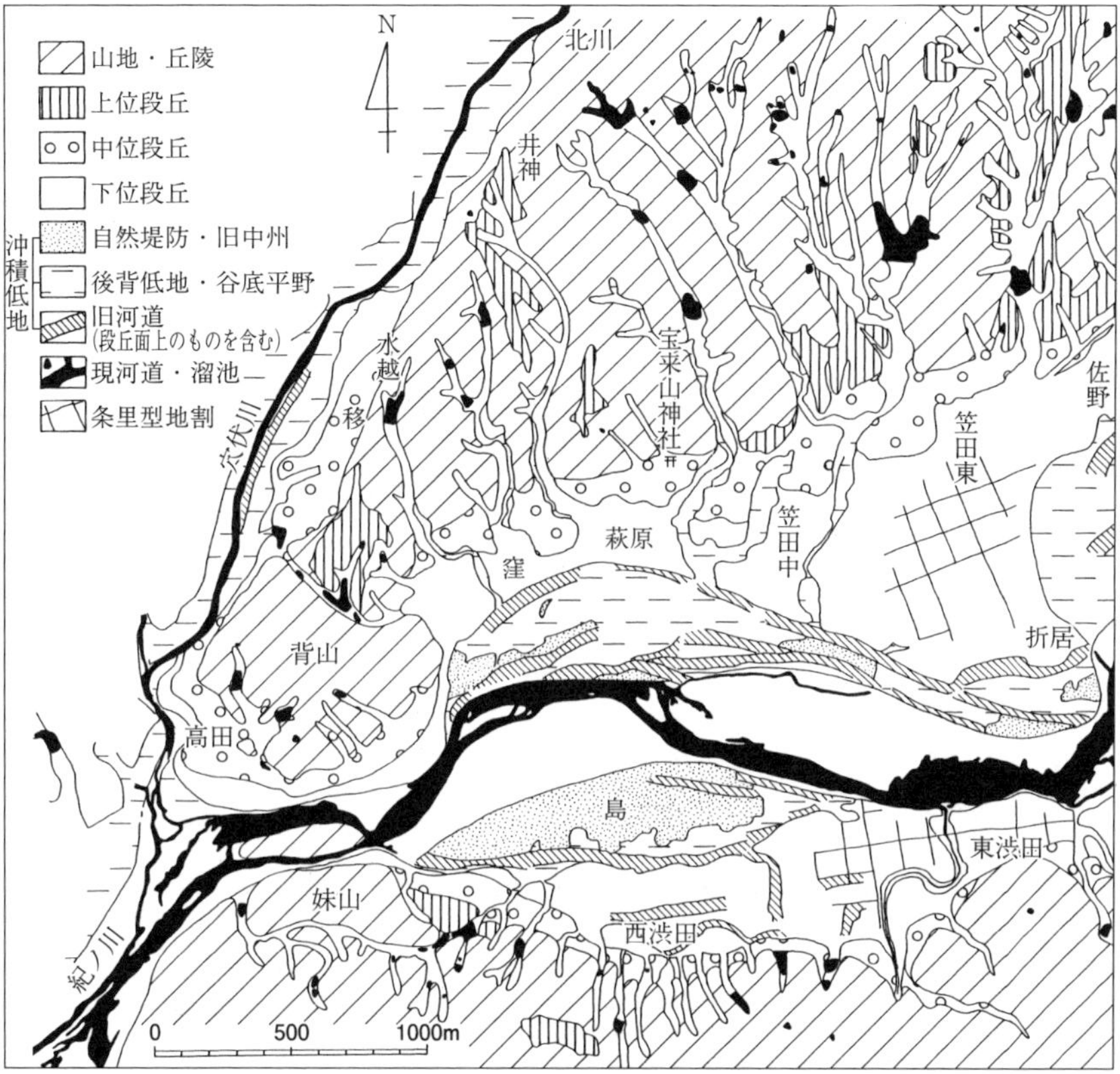

図2　桛田荘付近の地形分類図

構成される。その原岩はジュラ紀に堆積した泥岩・砂岩で、白亜紀前期～後期に低温高圧型の変成作用を受けて形成されたものである。遺跡の発掘調査区域で検出された護岸の緑色片岩は、龍門山地など外帯に由来するものが多い。

　船岡山（五七・三メートル）は背山と妹山の間にある中洲状の残丘で、その地質は緑色片岩である。背山（一六七・五メートル）も緑色片岩で構成されるが、妹山（一二四・一メートル）は菖蒲谷層からなる丘陵で、窪・萩原遺跡からみると頂部に平坦面がわずかに残っているのがわかる。

　和泉山脈南側には標高四〇〇メートル前後の分離丘陵があり、地元では前山と呼ばれている。紀の川市の林ケ峯集落は、丘陵の背面にあたる標高二〇〇メートル付近の平坦面に位置する。また、桛田荘絵図の中央に位置する紀伊川（紀ノ川）と支流の静川（穴伏川、四十八瀬川）に挟まれた山地状の地形表現は、標高一〇〇～二〇〇メートルに背面がそろった笠田丘陵と頂部に平坦面が残る上位段丘面にあたる。丘陵は、約二五〇～二〇〇万年前に堆積した、鮮新—更新統の菖蒲谷層（大阪層群下部相当）で構成される。丘陵を開析する谷には、小堂谷池など多数の溜池が分布する。

㈡　上位段丘

桛田荘付近の紀ノ川は、両岸に河岸段丘を広く形成している。丘陵状に浸食されたその頂部には平坦面が残っており、やせ尾根状の形態を呈する。背山北東の移では一一〇メートル、窪・萩原の北側では一三〇メートル、広浦では一〇〇～一三〇メートルに南側へ緩く傾斜した地形面が分布する。桛田荘絵図の「大豆畑中山」は、こうした上位段丘面の平坦な畑地と考えられる。位置的にみると、窪・萩原集落北側の果樹園（柿畑）となっている一三〇メートル平坦面が、それにあたると思われる。上位段丘は、桛田荘絵図では丘陵状に画かれている。同面を構成する薄い砂礫層は、菖蒲谷層を覆っており、丘陵が形成される以前に堆積したものと考えられる。

㈢　中位段丘

中位段丘は、笠田丘陵から南流する小支流によって切断され、紀ノ川右岸の笠田東から窪にかけての標高八〇～五五メートルに断片的に分布する。同面は、背山付近ではその山麓を取り囲むように分布し、高田集落をのせている。桛田荘絵図に画かれる宝来山神社・神願寺は、中位段丘面に位置する。

慶安三年（一六五〇）賀勢田荘絵図からは、宝永四年（一七〇七）の小田井開削以前の灌漑形態を知ることができる。それによると、一の井（文覚井）の一筋は宝来山神社とその背後の丘陵との間を西へ流れて萩原村へ、もう一筋の水路は無量寺（笠田中）から東へ流れて中村・東村に至っていることがわかる。したがって、文覚井は中位及び下位段丘面を灌漑するための用水路と推定される。

紀ノ川左岸では、龍門山地北麓の東渋田から西渋田にかけて、小規模な中位段丘面が分布するだけである。

(四)　下位段丘

下位段丘は、紀ノ川右岸の佐野―笠田中―萩原付近の標高六〇～五〇メートルに分布し、南へは折居までひろがっている。同面上には、佐野から笠田中まで大和街道が通過する。また、小田井は、標高六〇メートルの等高線にほぼ沿って同面の最も高い所を流れ、この付近では下位段丘面を灌漑している（北沢　一九九三）。萩原以西では、中位段丘面と同様に下位段丘面が背山を取り巻くように分布する。小田井は、現在背山をトンネルで越え、穴伏川両岸の下位段丘間が狭くなっている小字龍ノ口において掛渡井で河川をわたしている。その旧用水路は、現在のＪＲ和歌山線に沿って背山南側の中位段丘面から下位段丘面を半円状に迂回していた。

紀ノ川左岸の下位段丘面は、東渋田から西渋田にかけて標高六〇～五五メートルにかなり広く分布する。

下位段丘面には集落が多くみられ、紀ノ川右岸では佐野・笠田・萩原・窪が、左岸では東渋田と西渋田が立地する。移集落は、穴伏川沿いの中位段丘面から下位段丘面にかけて立地する。

同面上には、条里型地割の分布することが特徴である。紀ノ川右岸では佐野から笠田中のＪＲ和歌山線付近から折居にかけて、左岸では東渋田付近に条里型地割がまとまってみられる。左岸の下位段丘面には、旧河道と浅い浸食谷が発達しており、そこにあたる西渋田には条里型地割がほとんど残存しない。右岸の笠田条里区では阡陌がＮ22°Ｗ、左岸の渋田条里区ではＮ10°Ｗで、その規模はともに約二〇町あり（中野　一九八九）、そこは古代から安定した耕地であったと思われる。大門口橋から南の高野街道は、条里の坪界線にあたっている。

㈤　沖積低地

沖積低地は、紀ノ川の氾濫原にあたり、自然堤防・旧中州の微高地、後背低地、旧河道からなる。紀ノ川両岸の下位段丘間には沖積低地が盆地状に発達する。船岡山付近は、紀ノ川の両岸に山地がせまって氾濫原の幅が狭くなり、紀ノ川北岸に堤防が建設されるまで、増水時には湛水する不安定な土地条件の所で、桛田荘付近の沖積低地は遊水池のような役割を果したと考えられる。そのため、沖積低地には島を除いて集落の立地がみられない。

旧河道は、かつての流路跡の凹地で、その両岸とは若干の比高が認められるが、大部分は細粒堆積物で充填・埋積されている。空中写真で観察すると、数本の細長い微低地が連続して分布する。そのうち主な旧河道は三本あり、ⓐ紀ノ川右岸の下位段丘崖下の北流路、ⓑ紀ノ川右岸の中流路、ⓒ紀ノ川左岸の下位段丘崖下の南流路である。そのうち、今回の発掘調査区域にかかる旧河道は、大和街道南側のⓑ中流路にあたる。

自然堤防は、河川から溢流堆積して河岸に形成された微高地で、やや粗粒なシルト質砂からなる。今回の発掘調査区域では、大和街道の北側にあたるⓑの旧河道の右岸側に位置する耕地などが自然堤防にあたるが、その規模は小さい。後背低地は、自然堤防などの背後に位置し、溢流堆積物のうち細粒なシルト～砂が堆積して形成された低地である。

旧中州は、自然堤防と類似の形態を示すが、河道内に堆積した砂礫によって構成される微高地で、河道変遷により成長が停止したものを指す。紀ノ川中流域では、典型的な交互砂礫堆の河川地形がみられ、折居より下流には右岸と左岸に一つずつの砂礫堆が形成されている。島地区の微高地は、左岸の砂礫堆と連続し、旧流路跡は判然としないが、旧中州状の地形と考えられる。

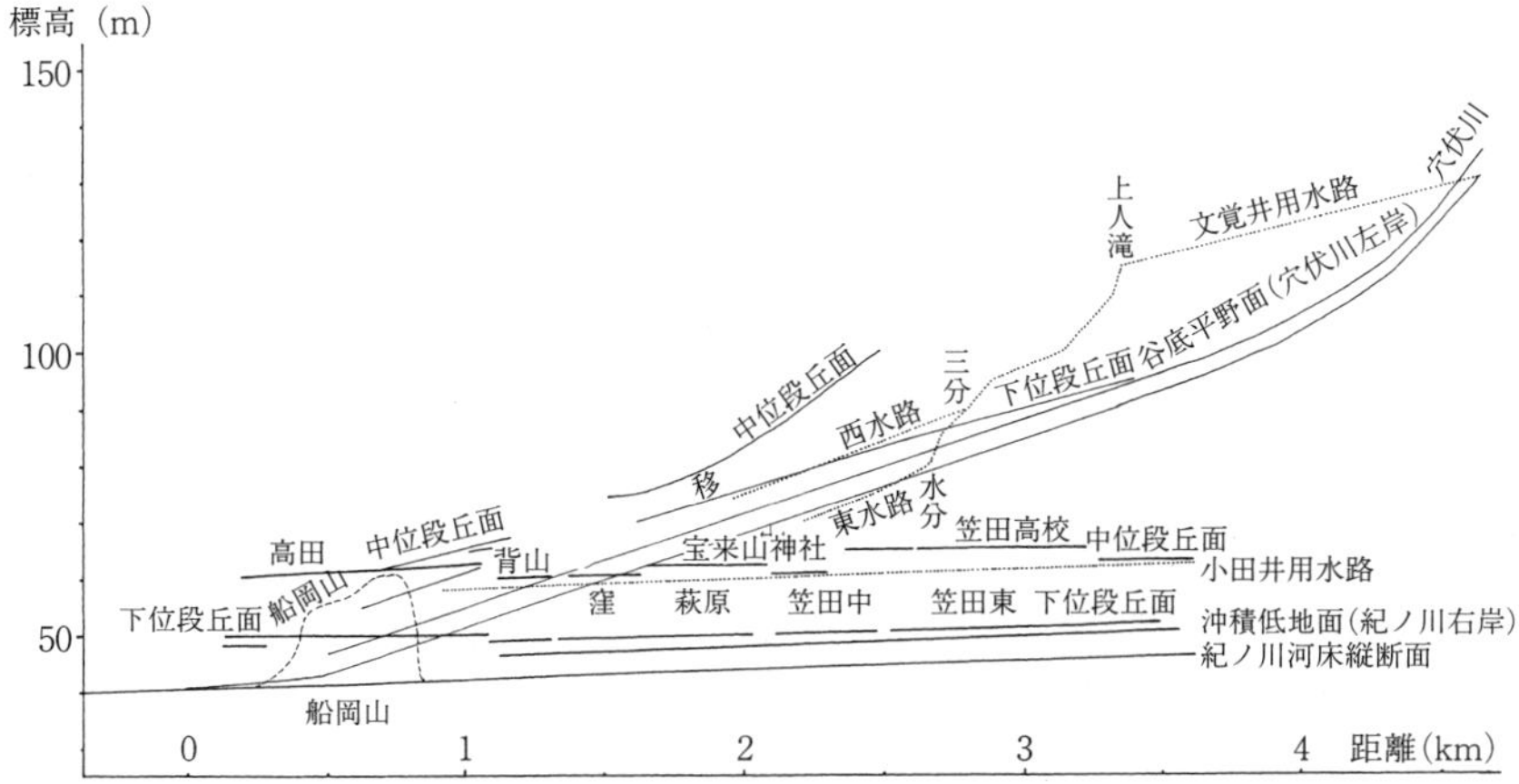

図３　桛田荘付近における紀ノ川と穴伏川沿いの地形縦断面図

次に、各地形面と用水路の傾斜を示した、桛田荘付近における紀ノ川・穴伏川沿いの地形縦断面図（図３）をみてみたい。紀ノ川の河床縦断面は約六五〇分の一と緩やかな傾斜である。紀ノ川沿いの沖積低地や河岸段丘面の傾斜もほぼ同程度で、集落の立地する下位段丘面は紀ノ川の河床から六～七メートル高く、沖積低地から二～三メートルの比高があることがわかる。穴伏川は紀ノ川との合流点付近では緩やかになるが、合流点から一～三キロメートルでは約五〇分の一と急傾斜で、それより上流ではさらに急傾斜になっている。穴伏川沿いの沖積低地や河岸段丘面の傾斜もそれと同様に急傾斜となっている。下位段丘面は、穴伏川河床から三～八メートル高く、沖積低地から一～五メートルの比高がある。比高は下流ほど大きく、移橋付近では約一メートルで、それより上流では分布しなくなる。

文覚井は、急傾斜する穴伏川から取水して、紀ノ川から用水が直接引くことができない紀ノ川沿いの河岸段丘面を灌漑するために開削された用水路である。笠田東の字北川の標高一三一メートルで取水して標高約一一五メートルの丘陵鞍部まで約八〇分の一の傾斜で流れ、上人滝から紀ノ川支流の風呂谷川へ入る。風呂谷川は三分で萩原・窪地区の中位・下位段丘面を灌漑する西水路を

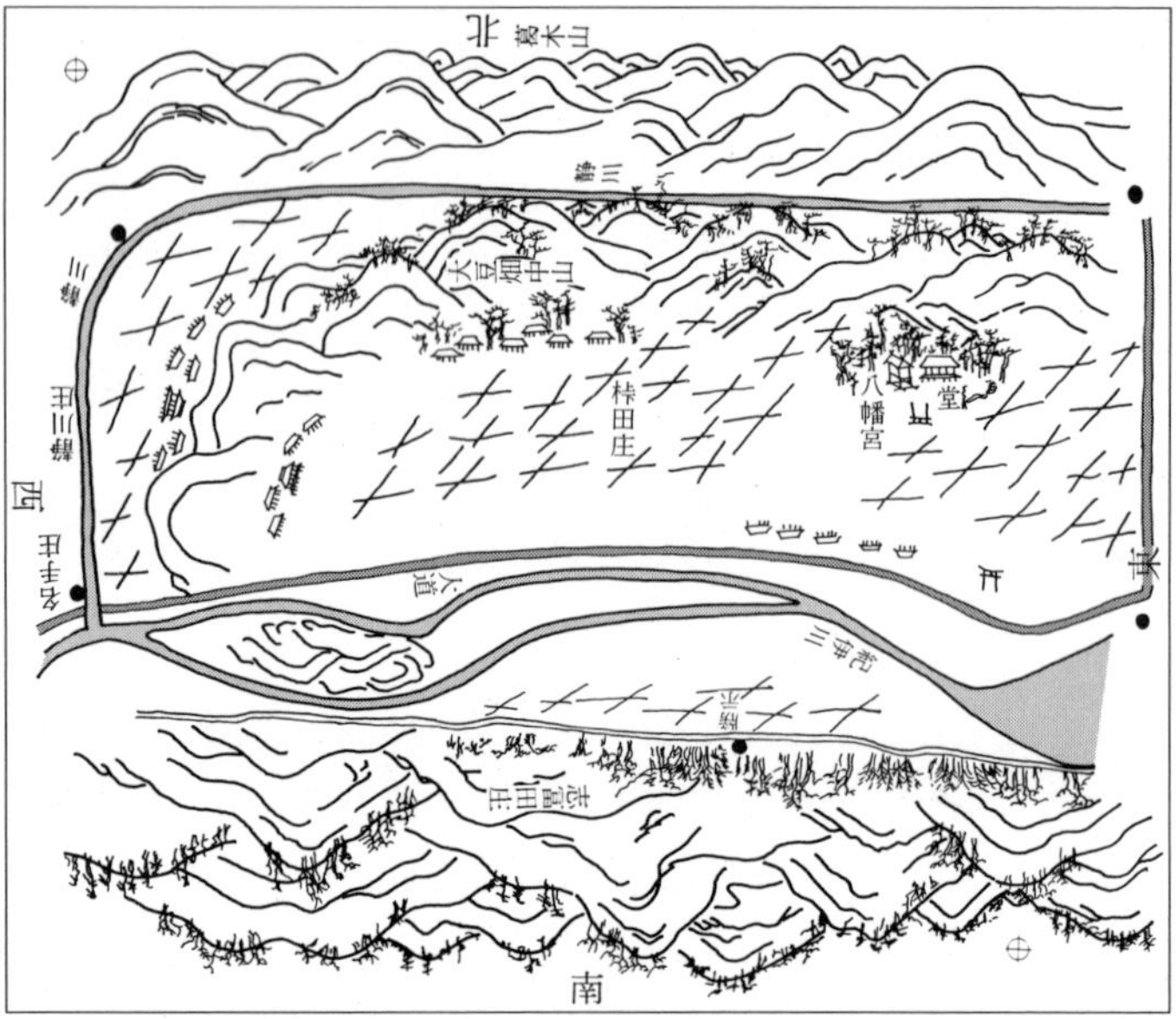

図4　紀伊国桛田荘絵図（トレース図）

分派し、水分で笠田中・笠田東地区の中位・下位段丘面を灌漑する東水路を分派する。小田井は、約六〇〇分の一の勾配で標高六〇メートルの等高線に沿って中位段丘崖沿いを流れ、笠田東から窪の下位段丘面を灌漑している。

第三節　桛田荘を画いた絵図と地図

(一) 紀伊国桛田荘絵図（神護寺所蔵）（口絵1）

桛田荘絵図は、荘園が立券された寿永二年（一一八三）の翌年に作成された荘園絵図で、荘園の立券荘号図の写とみられる。しかし、在庁官人や荘官の署判はない。立券荘号図は、荘園の範囲に「四至を堺し牓示を打」ったので四至牓示絵図とも呼ばれる。桛田荘絵図は、荘園の領域を四至と牓示の計九地点で表現し、四至牓示絵図の典型とされる。

同絵図は、紀伊川と静川に挟まれた荘域を画き、中央に大道、東側に八幡宮・堂・鳥居二基を画いている。四つの集落は、移・背山・窪・萩原の前身で、在家二三宇が散在する。やや大きい掘立柱風建物二宇は荘官の家であろうか。耕地は斜め井桁で示し、北・南に樹木で覆われた山々を画くなど、この絵図は当時の荘園村落の景観を髣髴とさせる。

牓示は、東西南北の四つの境界線が交差する艮・巽・乾・坤の四地点と、地勢が複雑な場合には補助的に脇牓示を置いた。同絵図を見て目につく牓示は、艮・巽・乾・坤と南脇牓示の計五カ所に黒点で示されている。南脇牓示は、紀ノ川左岸の氾濫原にある島畠を桛田荘に取り込むため、段丘崖に打ったものと考えられる。

(二)　紀伊国桛田荘絵図（宝来山神社所蔵・口絵5）

もう一幅の桛田荘絵図は、室町時代に西隣りの静川荘と用水権をめぐる堺相論がおこり、延徳三年（一四九一）の四至牓示注文とともに証拠書類として神護寺の絵図を模写したもので、絵図中の八幡宮にあたる宝来山神社に伝えらてきた。

二つの絵図はほぼ同じ大きさ・内容で、紀ノ川と静川の中央に南海道、移・背山・窪・萩原にあたる集落、八幡宮と書かれた現在の宝来山神社、斜め井桁の田畑、樹木で覆われる山々などを画いており、八幡宮と堂が側面観で建築的な表現で画かれ彩色が施されている点など若干異なるだけである。しかし、神護寺の絵図には牓示が五カ所あるのに対し、宝来山神社の写図には巽示と南脇牓示の二カ所しか黒点で示されていない。ほかの三カ所の牓示の位置には、異筆で「桛田領」と貼紙をして書き換えられている。これは近世初期に用水絡みの堺相論が再発し、その際に桛田荘側が相論を有利にしようとして改竄したものと考えられる。

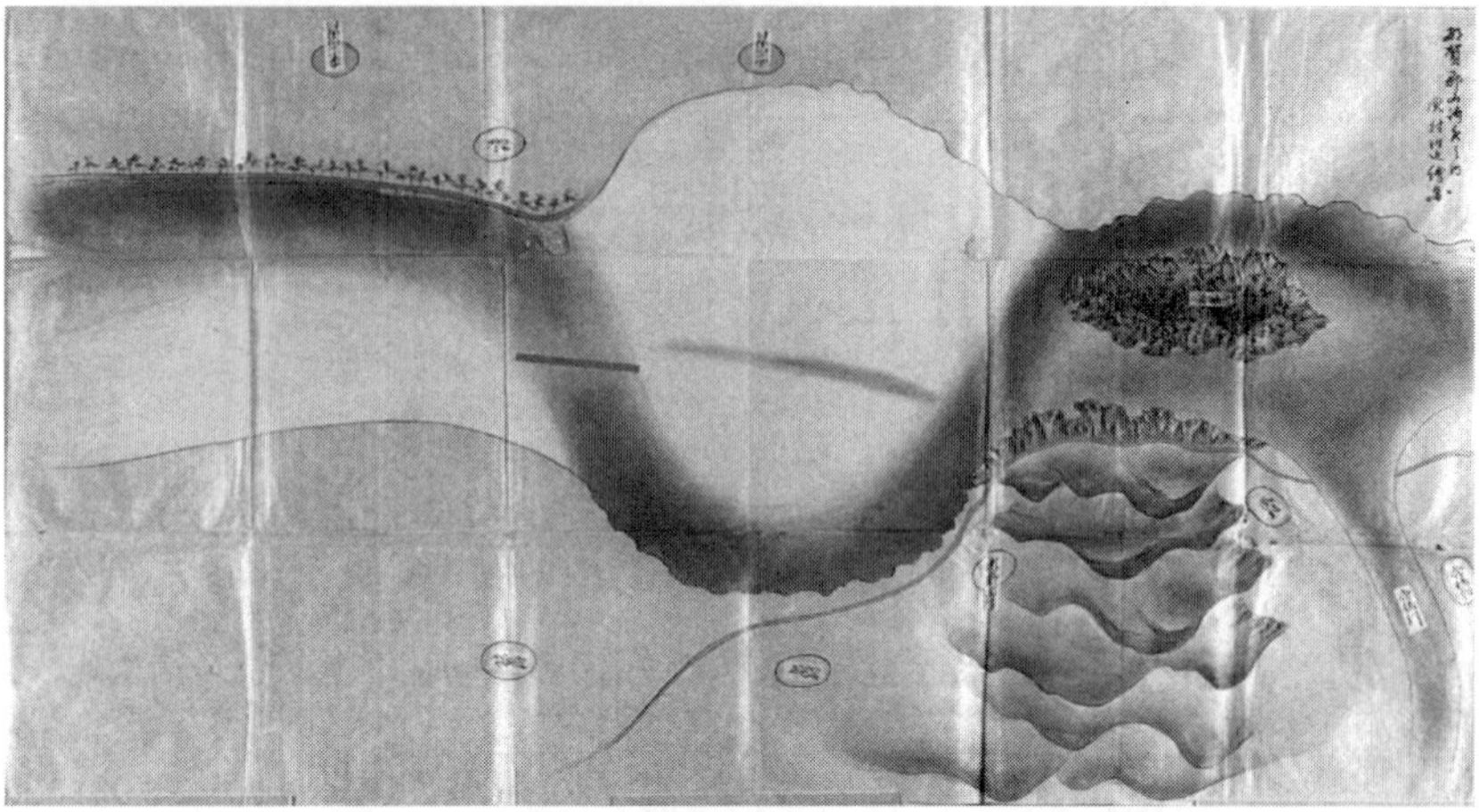

図５　伊都郡加勢田荘内紀伊川瀬替目論見絵図
（内題：那賀郡山崎庄之内夙村付近絵図）

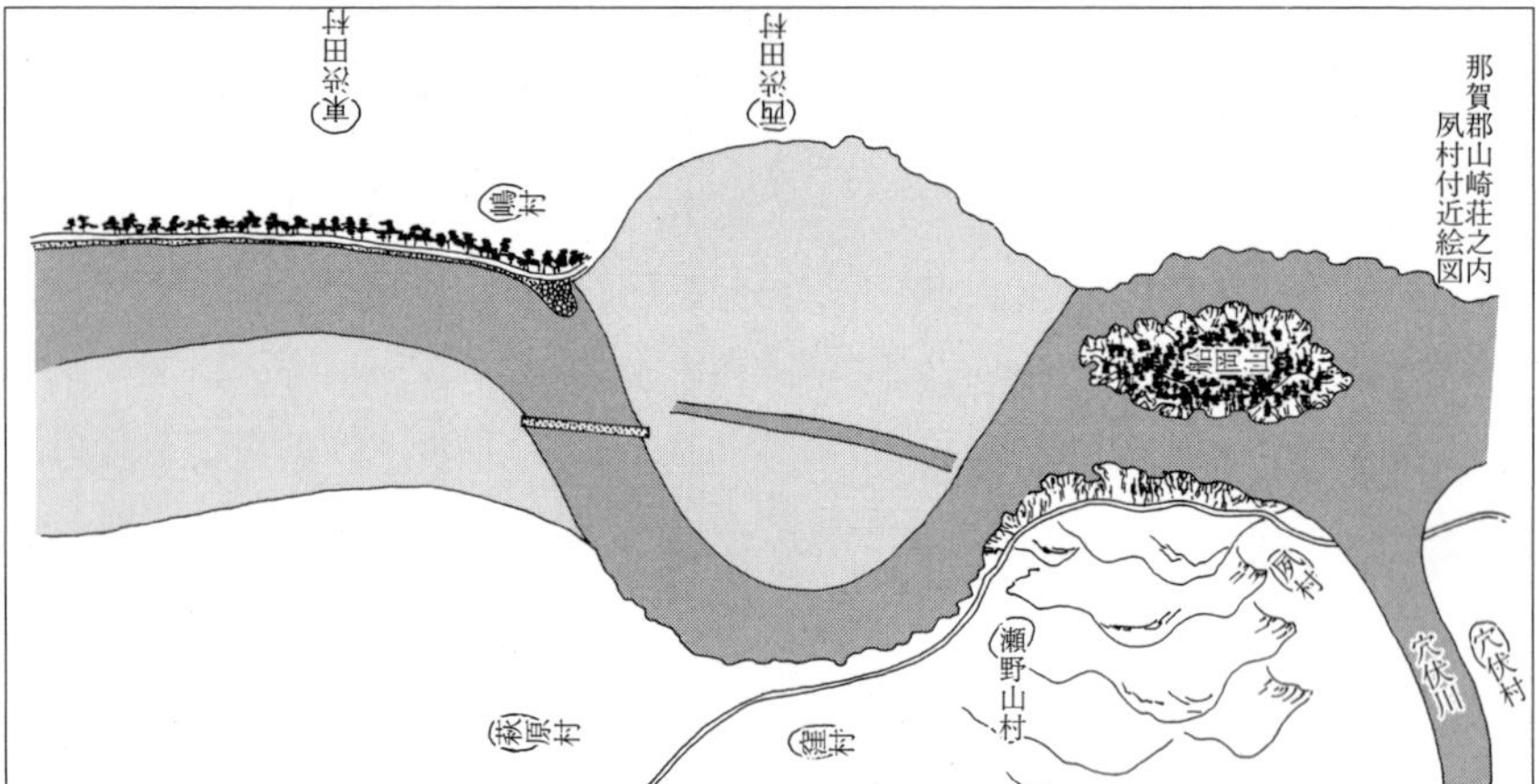

図６　伊都郡加勢田荘内紀伊川瀬替目論見絵図（トレース図）

(三)　慶安三年賀勢田荘絵図（口絵6）

賀勢田荘絵図は、近世の用水相論の際、宝来山本絵図と四至牓示注文が矛盾するため作成されたと考えられる。牓示は朱点で五カ所に示されている。静川右岸の牓示は三カ所とも段丘崖に打たれ、静川を桛田荘に取り込んでいる。桛田荘の牓示は、静川右岸・紀ノ川左岸に打たれ、河川の用水権・氾濫原の耕地領有を主張するものであったと考えられる。

朱線の大和街道は、穴伏村から瀬山村・中村・東村を通り佐野村・大谷村へ通じている。段丘面上に集落・耕地が分布し、紀ノ川氾濫原の耕地は画かれていない。桛田荘の耕地は、大半が段丘上にあったため、高野山領官省符荘を越えて上流の紀ノ川から用水を引くことができず、すべて静川から取水していた。絵図には中世の両絵図にみられなかった用水路が画かれており、桛田荘は静川に井堰を設けて用水を取水し、段丘上の耕地を灌漑していたことがわかる。

(四)　伊都郡加勢田荘内紀伊川瀬替目論見絵図（図5・6）

伊都郡加勢田荘内紀伊川瀬替目論見絵図は、加勢田荘内の紀ノ川を画いた絵図で、江戸時代中期以降の作成と考えられる。同絵図は、紀ノ川本流に堰堤を設けて紀ノ川の流れを南側に変えるために作成された計画図の写しと思われる。

絵図では、紀ノ川北岸の大和街道付近が激しく浸食を受けたように表現されている。南岸の東渋田には、松並木のある堤防があり、石組みの護岸と水ハネのような石組みの突堤が画かれ、当時の河川は浸食作用が強かったことがわかる。紀ノ川右岸には、護岸が画かれていないが、砂礫堆の中央には水路のような藍色の直線が引かれている。それは、大和街道がある紀ノ川右岸の浸食を防ぐため開削を計画したものであろう。

近世初期～中期の紀ノ川中流域では、灌漑用水路の開削及び護岸・築堤工事が行われ、紀ノ川沿岸低地の新田開発が盛んに行われた。同絵図は、大和街道をまもる目的とともに、河道を直線化してその旧河道・遊水池化していた氾濫原の部分も開発しようとする意図があったと思われる。しかし、現在の河況をみると、河川の流れを変えることは当時の土木技術をもってしては困難で、この計画は失敗に終わったと思われる。同地区の紀ノ川改修に関連する古文書が発見されていないため、その詳細を知ることはできないが、護岸工事は紀ノ川の上流側から順次進められたようで、加勢田荘付近では、江戸中期頃に工事が行われたと思われる。

(五)　伊都郡移村預所墨引絵図（図7・8）

同絵図は、移村全域と下夙村・背山村の一部、及び飛地の「東村新田」・「中村新田」を画く。凡例は、右から朱色が「道」、墨が「預所墨引」、小豆色が「畑」、黄色が「田地」、青色が「川井出」、緑色が「山」と注記される。

絵図には、溜池が一四カ所、用水路が七本が画かれる。一ノ井（文覚井）は「北川」（穴伏川）左岸から「井神」で丘陵を越えて笠田東・笠田中・萩原の三ケ村を、二ノ井（移井）は主に移村の中位・下位段丘面を三ノ井（高田井）は下夙村と背山村を灌漑している。二ノ井の余水は「城山」（背山）北麓の「馬カ背池」と、「水越」で丘陵を越えた「小堂谷池」に貯水して窪村の耕地を灌漑する。賀勢田荘絵図では、単に河川を堰き止めて取水しているが、同絵図では溜池がかなりのウエイトをしめ、用水路から溜池へ貯水して灌漑する方法をとっていたことがわかる。

絵図の添書からは、三本の新溝が計画され、「井神」から一ノ井を掘継いだ新溝は、「水越」で二ノ井より約五・五メートル高い所を流れていたことがわかる。それより下流で丘陵東側へ新溝を掘削し、「背山村領馬カ背池」へ流入させると、下夙・背山両村の水利はよくなるが、移村は迷惑として新溝の掘削に強く反対したことがうかがえる。

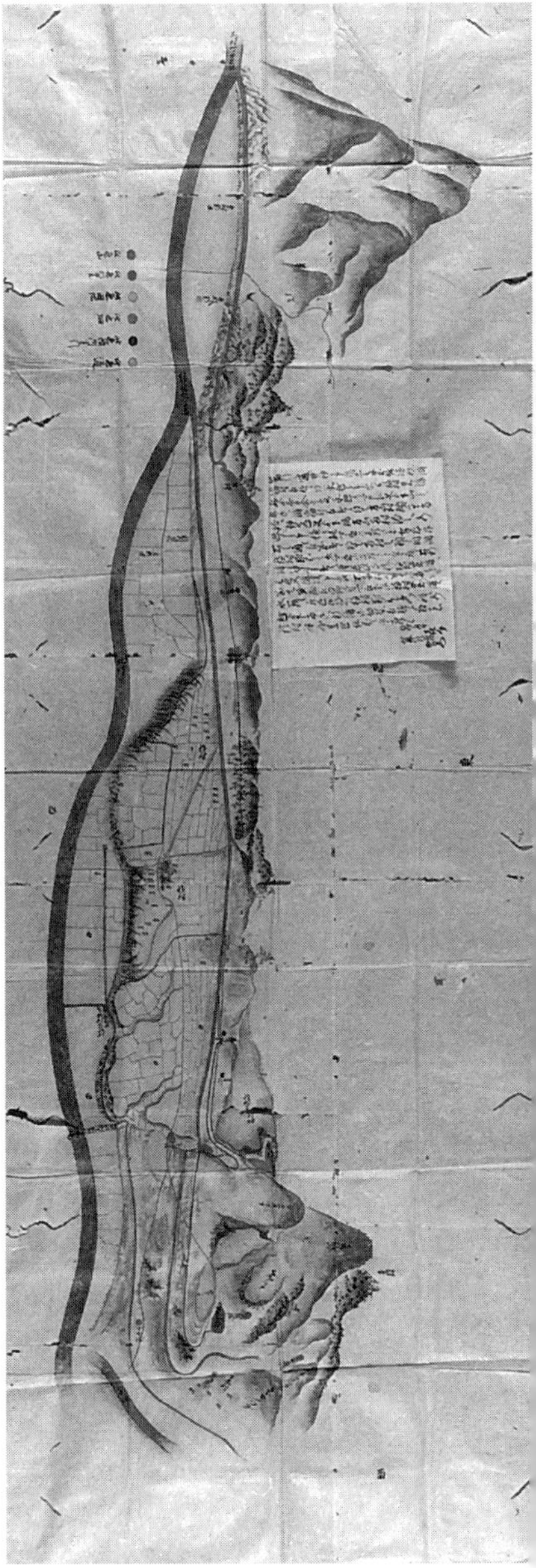

図7　伊都郡移村預所墨引絵図

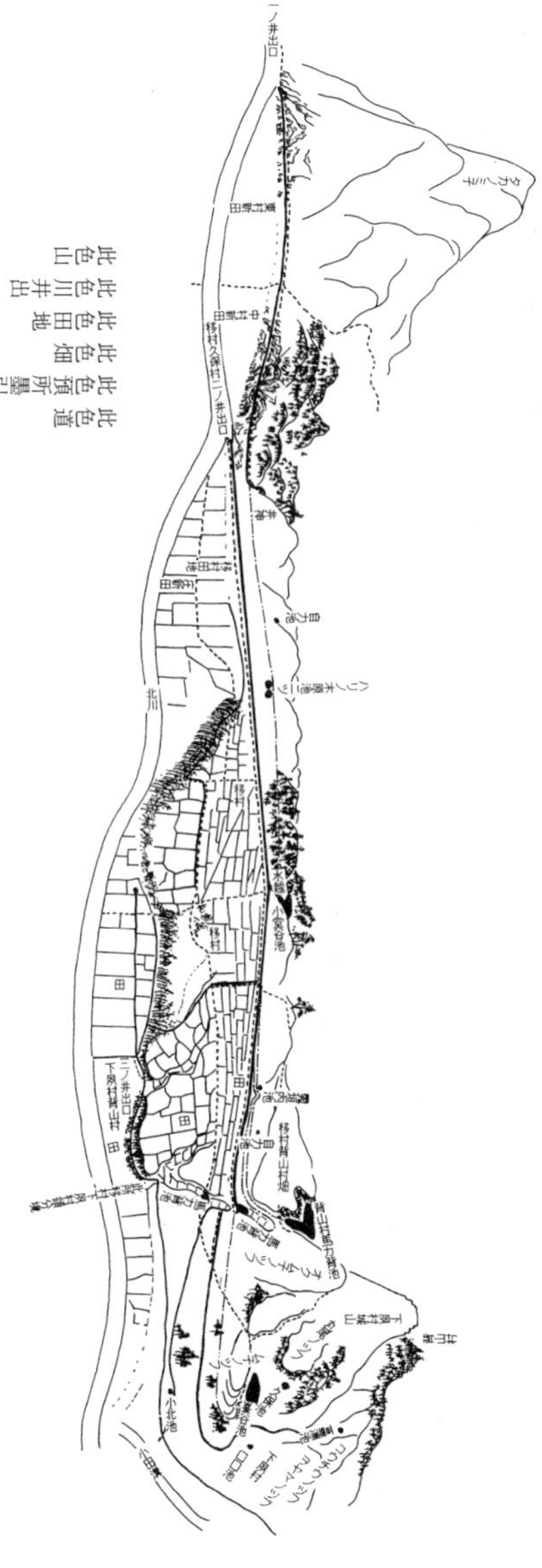

図8　伊都郡移村預所墨引絵図（トレース図）

絵図の作成時期は、宝永四年（一七〇七）の「小田溝」（小田井）の開削時期と移村庄屋「㐂助」の在任時期からみて、享保年間（一七一六～三六）前後と考えられる。

絵図の作成目的は、預所による新溝の墨引線を示すことである。凡例及び添書から推測すると、預所は絵図に墨線で引いた一ノ井の「井神」と「小堂谷池」、広浦付近の二ノ井と「背山村馬カ背池」及び「峯谷池」をつなぐ新溝三筋の掘削を丘陵裾部に計画した。新溝は複数の用水路と溜池を結合するもので、渇水時に用水を有効に活用できると思われるが、これらの水路跡は現在確認できず、「預所墨引」は机上の線引きだけで、実際に掘削された可能性は低い。この計画は移村で展開されることになるにもかかわらず、移村にはまったく利益がなく、移村の反対で新溝は実現しなかったと考えられる。

㈥　仮製地形図（図9）

仮製図は、当時の地形だけでなく市町村制施行以前の町や村の姿、現在の大字にあたる町村境界や地割など様々な情報が画き込まれ、土地利用をよく表現している、貴重な歴史資料である。

窪・萩原遺跡発掘調査区域で検出された堤防付近は水田となっていて、その痕跡はまったく認められないが、地形や土地利用などが読み取れる。

①河川

文覚井末の風呂谷川には、大和街道を越えた南側から紀ノ川に注ぐ付近にかけて「堤塘」と「徒小径」の記号がある。それは、水田と大和街道を保護する堤防、あるいは河岸段丘面から沖積低地へ出る大和街道以南において風呂谷川が天井川化していたことを示すと考えられる。その痕跡は現在残っておらず、風呂谷川は紀ノ川に直角に注いでいる。

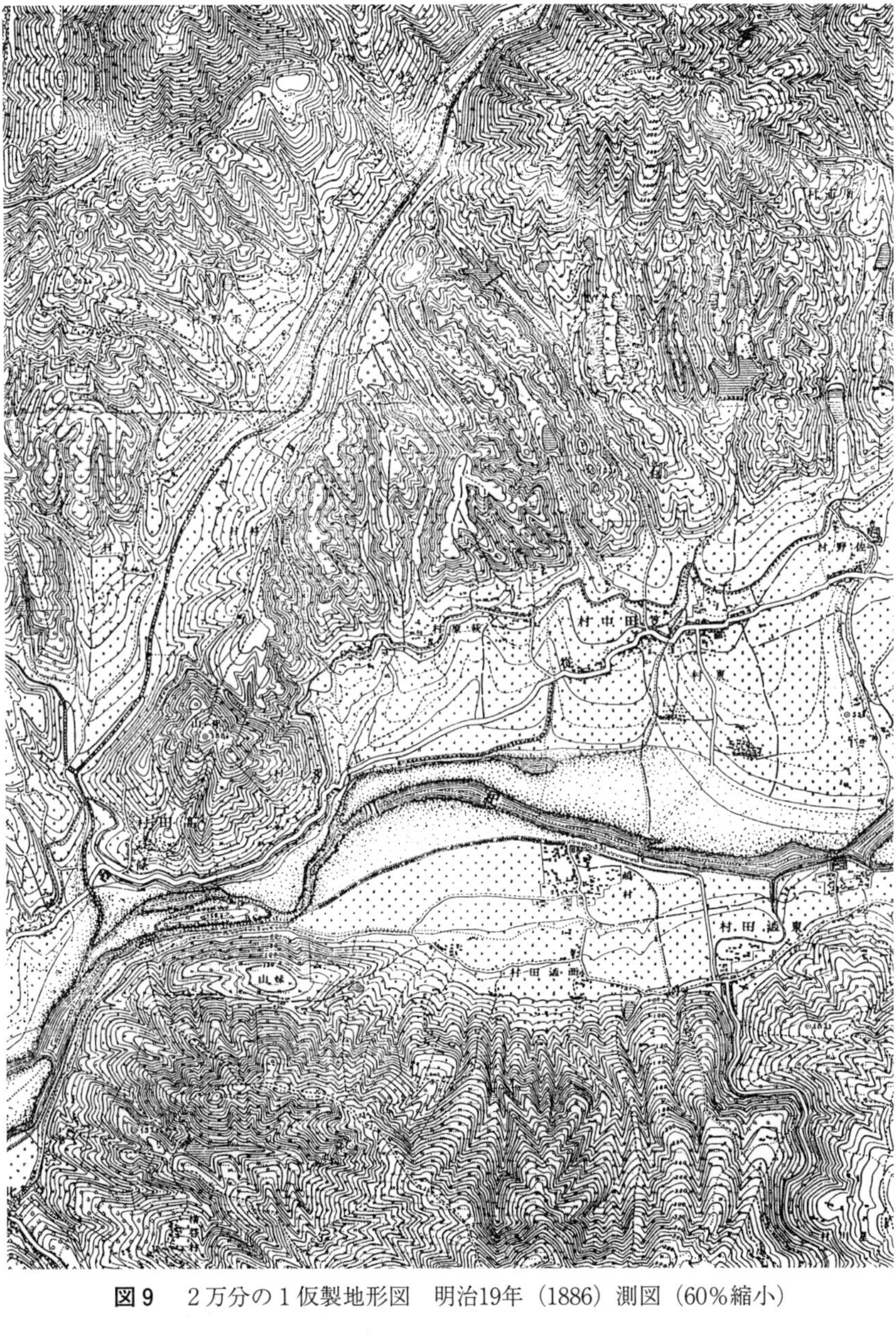

図９　２万分の１仮製地形図　明治19年（1886）測図（60％縮小）

その南側、笠田中村・萩原村地先の紀ノ川現河床には河跡が残っている。

②堤

紀ノ川左岸の大門口橋より下流には現在堤防があるが、当時の島集落より下流の紀ノ川左岸堤防は、現在より六〇～七〇メートル北側（堤外地側）に位置していたようである。右岸には、上記の風呂谷川の「堤塘」以外なく、紀ノ川沿いに堤防の記号はない。

③用水路

用水路は、小田井のみ記載している。

④道路

近世の大和街道にあたる、桛田荘を東西に貫通する道路には「従五條至和歌山道」と注記される県道が幅広く表現されている。その他は村道以下の小径である。

⑤土地利用

仮製図からは、明治前期の土地利用がよくわかる。沖積低地・下位段丘面・中位段丘面及び開析谷は、主に水田として利用されている。笠田丘陵の頂部には上位段丘の平坦面が認められ、萩原村の北側と窪村の北側はマツ林、背ノ山と移村の間は畑地となっている。図7の「移村背山村畑」の所と背山西麓の「ム子ノツフ」は畑地、笠田丘陵と上位段丘面は松林・雑樹林（雑木林）・尋常荒地（荒れ地）・果園（果樹園）となっている。背山南麓の「ヲヤマノツフ」は水田、「丸尾ノツフ」は果園、高田・背山村境の「コウチウノツフ」は尋常荒地、背山の東麓は雑樹林・松林、北麓の「オクム子ノツフ」は雑樹林と斜面ごとに土地利用が異なる。

第四節　桛田荘付近の紀ノ川の河道変遷

桛田荘絵図の河道は、南側がほぼ現流路、北側が大門橋付近から窪方面を通り文覚橋付近から船岡山の北側へ流れていた旧河道と考えられる。紀ノ川両岸の段丘崖下を流れる旧河道は、それより古い時期の旧河道と思われる。本章では、桛田荘付近の紀ノ川の河道変遷について、地形・史料・絵図から検討したい。

桛田荘付近の紀ノ川は、両岸に河岸段丘を形成している。左岸の佐野―笠田中―萩原付近と右岸の渋田―西渋田付近には下位段丘面が広く展開し、条里型地割がみられる。右岸の笠田では阡陌がＮ22°Ｗ、左岸の渋田ではＮ10°Ｗで、その規模はともに約二〇町あり、そこは古代から安定した耕地であったと思われる。その間は、紀ノ川の氾濫原で、増水時には遊水池となる不安定な地形環境の所にあたる。

桛田荘絵図の紀ノ川南岸には下位段丘崖が画かれることから、桛田荘や志富田荘が成立した中世初頭以降、その付近の地形配列には大きな変化がなかったと推定される。人工堤防で固定される以前の河道は、洪水ごとに大きく流路を変えたり、側方浸食によって徐々に流路を移動したりした。紀ノ川中流域は砂礫の堆積する扇状地性の低地にあるが、桛田荘付近の沖積低地の範囲にはほとんど変化がないことからみて、河道はその範囲内で移動を繰り返したり、あるいは複数の流路を流れることもあったと思われる。

地形分類図（図２）をみると、桛田荘付近には三本が有力な旧河道が認められる。最も北側の旧河道は、発掘調査区域の北側を折居から西北西に流れ、下位段丘崖下を西流するⓐ北流路である。現河道のすぐ北側に沿う旧河道は、

ⓑ中流路で、第一次・第四次調査の発掘区域から検出された旧河道にあたる。最も南側の旧河道は、紀ノ川南岸のⓒ南流路で、渋田の下位段丘崖を西流している。桛田荘絵図の一列に並んだ樹木列は下位段丘崖の植生、雑木林を示していると考えられ、そこには同絵図の南脇牓示が位置する。

次に、史料によって判明している桛田荘付近の紀ノ川の河道変遷に関する知見を列記する。志富田荘の立券を記した久安二年（一一四六）七月一〇日の「鳥羽院庁下文案」（『根来要書』上）によると、同荘の四至のうち北は「大河古流」とあり、紀ノ川の旧河道を北堺とすることから、それ以前のある時期に河道の移動があって当時の紀ノ川主流はどこかのほかの河道に移っていたことになる。その「古流」は、現流路ないしⓑ中流路付近と推定される。それまでは、古流を北の境界とする志富田荘が島畠（島地区）を領有していたことになるが、長寛二年（一一六四）七月四日の「太政官牒案」（『根来要書』下）では、古河以南の島畠が久安二年に讃岐院（崇徳上皇）領桛田荘へ入れられたとあり、志富田荘の四至の北は「大河当時流北際岸」に堺を変更にしている。この段階では、当時流は島畠の南側を流れており、地形分類図の旧河道の分布から推して、それはⓒ南流路と考えられる。

立荘時に河川を荘園の境界とすることは一般的と考えられるが、立荘後に河道変遷がおこった場合、旧河道をそのまま境界とすることが多かったと推察される。例えば、越後国奥山荘波月条絵図では、東西に流れる太伊乃河（胎内川）を中央に画き、波月条を四方朱線で囲んでいるが、新河ではなく古河を南堺としている。

島畠をめぐる桛田荘と志富田荘との相論は、紀ノ川の新・旧河道のどちらを境界とするかという相論で、桛田荘が神護寺に寄進される以前の流路変遷に原因があったことになる。大伝法院側は当時流北側の島畠を放棄させられており、その境界の変更は大伝法院より上皇側に有利な決定であったことになる。海津（一九九七）はこれを受けて桛田荘絵図が作成されたとした。しかし、「大河当時流北際岸」が両荘の境界となったが、紀ノ川自体は先に立荘した志富田荘の領有のままであるから、紀伊川南岸の段丘崖に南脇牓示を打つ同絵図の四至牓示の範囲とは明らかに異なる。

寿永二年（一一八三）一〇月一八日の庁御下文と元暦元年（一一八四）八月一六日の立券文を基にして四至牓示を書き出した延徳三年（一四九一）三月日の「桛田荘四至牓示注文」（宝来山神社文書）によると、桛田荘の四至の南は「大河」とされるが、南脇牓示は「紀伊河南岸栢木本渋田庄堺」とあり、両者は矛盾することになる。というのは、前者は紀ノ川自体を境界としているが、後者は紀ノ川南岸に脇牓示を打ち紀ノ川を桛田荘領に取り込んでいるからである。

中世以前には、人工堤防がほとんど築堤されていなかったので、河川の範囲が判然としなかった。河川の中分線が境界ではなく、氾濫原や遊水池を含めた広い範囲を河川とみなした、あいまいなゾーンであったとも考えられる。河川は自然境界として古くから利用されたが、降水量が少なく灌漑用水が不足するこの地域では、河川を占有して水利権を確保することが重要であった。そのため、対岸まで領域に組み込んだと思われる。現在でも、穴伏川右岸の谷底平野には、かつらぎ町萩原の飛地が、文覚井の取水口から重谷川の合流点まで帯状に連続している。

桛田荘絵図は後者の牓示位置を示した絵図で、木村（一九八七）や海津（一九九七）のいう長寛二年段階を示す絵図ではないと思われる。桛田荘は、紀伊川を領有し、神護寺領として立荘される直前まで地続きであった島畠を荘域に組み入れるため、南脇牓示を下位段丘崖に打ったものと考えられる。紀ノ川は元暦元年以前の近い過去まで南岸の下位段丘崖下を流れていたと推定される。

次に、桛田荘絵図に画かれる紀ノ川の二本の河道がどこにあったかを検討したい。

同絵図の紀伊川は、二つに分流して船岡山の南北両側を流れており、南岸の下位段丘崖から離れて流れていることから、少なくともⓒではないとみられる。地形から判断して、南側がほぼ現流路、北側が大門口橋付近から発掘調査区域をへて文覚橋から船岡山北側へ続くⓑ中流路にあたると推定される。これは、仮製地形図の紀ノ川の流路の位置に近い。

紀ノ川両岸の下位段丘崖沿いにはⓐとⓒの有力な旧河道が分布し、島地区は紀ノ川の現流路と南側の段丘崖沿いのⓒ南流路に挟まれた旧中洲状の土地であることがわかる。紀ノ川が南側の段丘崖沿いのⓒの流路を流れていた時には紀ノ川北岸の桛田荘と、現流路あるいはその北側のⓐまたはⓑを流れていた時には紀ノ川南岸の志富田荘と地続きになる。河川を荘園の境界とする場合、流路変遷に伴って荘域や面積も大きく変化することになる。

宝来山神社本は、神護寺本を延徳三年（一四九一）に写したもので、当時の流路の位置を示していない。慶安三年（一六五〇）に作成された賀勢田庄絵図の紀伊川は、流路形態からみて、ⓑ中流路にあたると考えられる。それは、発掘調査で検出された旧河道が近世初頭に築造された護岸を伴うことから、絵図作成当時、河川として機能していたと考えることと矛盾しないであろう。

平成九年の窪・萩原遺跡の発掘調査では、荘園に直接結びつくような遺構遺物はまったく検出されず、江戸中期の水田跡や旧河道などが発掘された。旧河道の北岸からは、蛇行した河道の攻撃斜面をまもるための護岸と大和街道が検出された。発掘調査以前、地形分類図からみて、調査区域は沖積低地の自然堤防から旧河道にあたるとわかっていたが、実際にその位置から護岸を伴う旧河道が検出された。埋没地形は地表面下二メートル程度まで判読可能といわれるが、それ以上埋積されていたにもかかわらず、地形分類図で旧河道としていた所から河跡が検出されたことは、空中写真を用いた地形分類の有効性を実証することになった。護岸は、砂岩などの円礫（河床礫）と緑色片岩の割り石で構成され、十六世紀末～十七世紀初の築造と推定され、長さが一三五メートル以上、最高約二・一メートルで、法面の勾配は二五度前後である（和歌山県文化財センター一九九七）。護岸で紀ノ川が固定された十七世紀以降には、少なくとも大和街道より北側へ流路が移ることはなかったと思われる。仮製地形図と慶安三年賀勢田荘絵図の紀ノ川の河川形態が類似するのは、そのためと考えられる。

筆者は流路変遷に伴う同様の相論絵図に関して、和泉山脈を挟んだ北側の日根荘付近について報告した（額田・古田 一九九四）。「天和三年（一六八三）日根野村・上之郷村川論絵図」は、樫井川の河道の変更・用水の取水に関わる相論の時に作成された絵図で、護岸の石列が画かれている。同絵図は、樫井川の北流路の右岸（日根神社側）を護岸するため、南北に分流していた樫井川の中州中央に新たな川筋を開削し、中央の新川筋に河道を一本化しようとして画いた計画図で、両村がとり交わした文書とともに日根野の慈眼院に保管されてきた。しかし、南流路と新川筋は段丘化し、その計画は失敗に終わり、北流路が樫井川の現流路として残っている。日根神社付近では、天和三年以降の約三〇〇年間に約八メートル隆起するなど、著しい地形環境の変化があったことが知られる。地盤変動の活発な地域では、近世以降という短期間でも大きな地形変化がおこりうることを頭に入れて、今後地形を観察しなければならないと考えている。

参考文献

海津一朗　一九九七「中世　桛田荘研究の現状と争点」和歌山地方史研究三三。
かつらぎ町史編纂委員会　一九八八『かつらぎ町史』近世史料編。
北沢　斉　一九九三「小田井用水路水系図」『大畑才蔵』橋本市。
木村茂光　一九八七「荘園の四至と牓示―紀伊国桛田荘絵図」『絵画にみる荘園の世界』東京大学出版会。
小山靖憲　一九八七「桛田荘絵図と堺相論」『中世村落と荘園絵図』東京大学出版会。
小山靖憲　一九八八「桛田荘絵図の変遷」『絵画のコスモロジー』上巻、地人書房。
高橋　修　二〇〇〇「桛田荘―文覚と湯浅一族―」『きのくに荘園の世界』上巻。
中野榮治　一九八九『紀伊国の条里制』古今書院。
額田雅裕・古田　昇　一九九四「泉佐野平野の地形とその変化」『和歌山地理』一四。
額田雅裕　一九九五「桛田荘と文覚井」『紀ノ川―水の歴史街道―』建設省近畿地方建設局和歌山工事事務所。

額田雅裕　一九九七「桛田荘の立地に関する地形地理学的検討」和歌山地方史研究三三。
額田雅裕　一九九八「伊都郡加勢田荘内紀伊川瀬替目論見絵図の記載内容について」和歌山地方史研究三五。
額田雅裕　二〇〇一「紀伊国伊都郡移村絵図について」和歌山市立博物館研究紀要一五。
前田正明　一九九九「『紀伊国桛田荘絵図』に描かれた島の領有問題」『和歌山県立博物館紀要』四。
前田正明　二〇〇〇「荘園絵図と文覚井」『きのくに荘園の世界』上巻。
水田義一　一九七二「台地上に位置する荘園村落の歴史地理学的考察」『史林』五五－二。
吉田敏弘　一九八九「四至牓示絵図考」『歴史地理学』一四四。
㈶和歌山県文化財センター　一九九七『窪・萩原遺跡（桛田荘）現地説明会資料』。

第二章　穴伏川流域用水群と文覚井

第一節　文覚井の再検討

文覚井は、高雄文覚上人による開鑿に仮託された神護寺領荘園草創神話と、尾根を越えて紀ノ川側の段丘面を灌漑するという独自の通水技術によって名高い中世用水であり、昭和四十七年（一九七二）に「中世農耕用水路跡　文覚井」として和歌山県の史跡に指定されている。指定されたのは一ノ井のみであるが、用水路の文化財指定としては県内で唯一のものである。

平成九年（一九九七）大和街道沿いの紀ノ川河川敷に石造連続堤防遺跡（窪・萩原遺跡）が確認され、文覚井を含めた桛田荘域総合調査が実施された（和歌山県文化財センター 二〇〇一）。その調査過程で、穴伏川から取水する用水群を総体として把握し、その中に文覚井を位置付けなおす必要があることが確認された。この紀ノ川流域荘園詳細分布調査を立ち上げるきっかけとなった調査であり、平成十四・十五年度の本調査において、穴伏川左岸・右岸を緊急調査することとなった所以である。左岸（かつらぎ町側）の文覚井のうち一ノ井・二ノ井については昨年度の報告書で概要を報告しているが（紀ノ川流域荘園詳細分布調査委員会 二〇〇二のⅤ「特論・文覚井」）、今回改めて、穴伏川から取水する用水群が歴史的に一体性のあるものという観点に立ち、文覚井を再検討した上で、那賀町域を中心とする右岸用水群についてまとめる。

さらに、平成十五年（二〇〇三）初頭、国道四八〇号の拡幅・付け替えの工事計画が明らかになり、文覚井一ノ井の取水口が暗渠化される可能性も含め、穴伏川流域用水群の現況が大きく変更される危機的な状況を迎えた。穴伏川右岸用水群の現況および地域史料調査を中心としつつも、文覚井再検討のための基礎的なデータも提示することにした。各節では、調査成果をもとに執筆者各人が新たな問題提起を試みる。文覚井の歴史的な解明と、それを踏まえた文化財としての再認識を進めるための一里塚としたい（第一・二節海津、第三節高木、第四節額田）。

なお、穴伏川については、上流地域と下流地域、右岸地域と左岸地域によって呼称の違いもみられるが（静川・四郷川・北川・前川・四十八瀬川など）、本論では便宜上穴伏川で統一し、穴伏川の東南側を左岸、西北側を右岸と表記する。桛田についても同様に、史料からの引用以外は桛田で統一する。

第二節　穴伏川流域用水群の概要

最初に、調査地区である穴伏川流域用水群の全体像を示したい（口絵2・3・4・図1）。井堰取水口の位置関係を明示した概念図が口絵2、それを地形図上に略記したのが口絵3・図1、右岸用水の詳細図が口絵4である。穴伏川の右岸には、上流から名手上・平野・名手下の三地区（近世の上村・平野村・下村）が並び、河川沿いにはかつらぎ町（萩原）分が帯状に存在している。口絵4には、小字名称を明示したが、煩雑になるため字界は記載していない

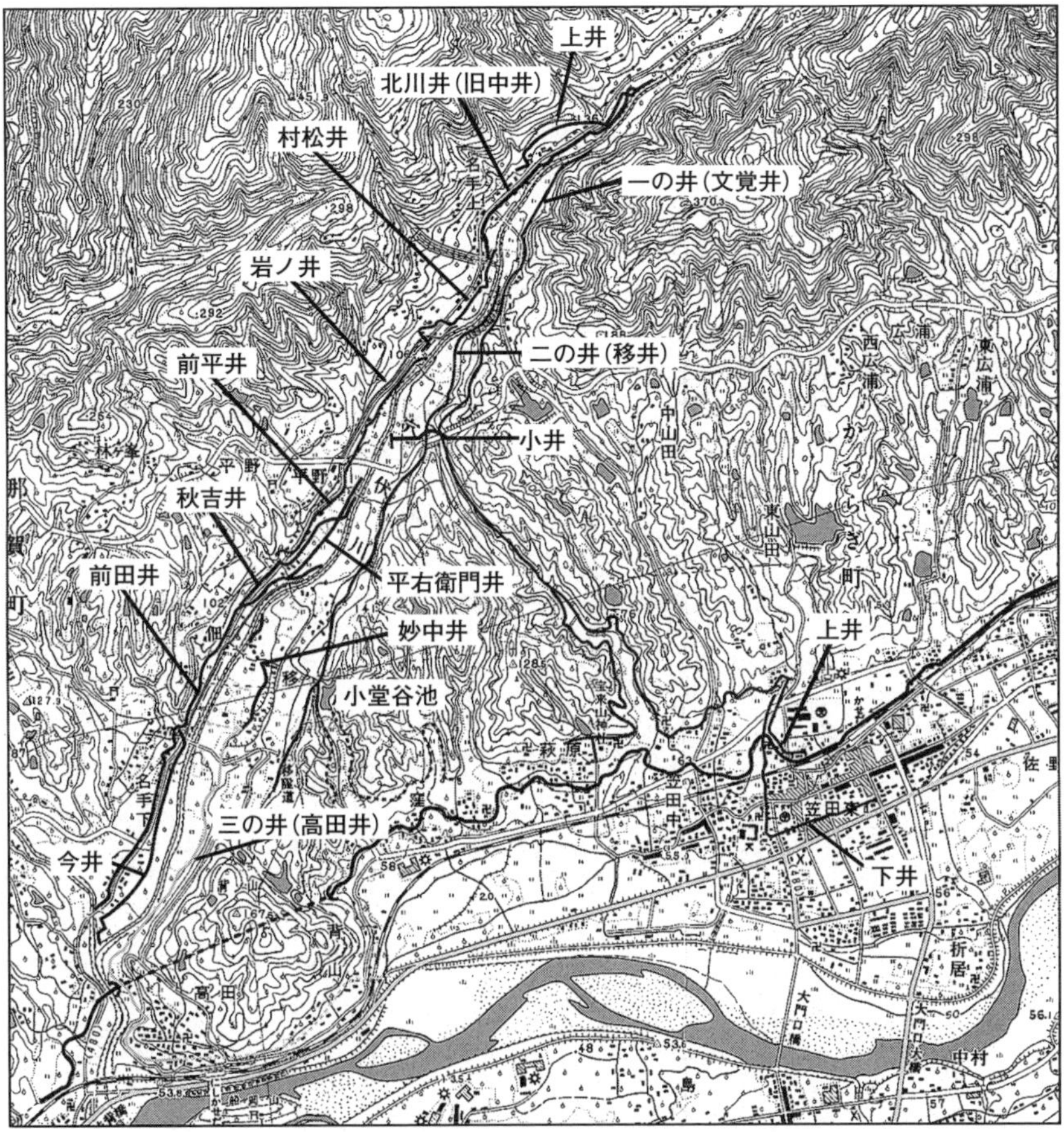

図1　穴伏川流域用水群概略図（口絵3）

(各地区ごとに、最古の地籍図を使用して二五〇〇分の一地形図にプロットした字界図は作成しているので、県教育委員会に閲覧を依頼していただきたい)。右岸井堰・用水路の水利組合のありかたと調査成果については第四節に詳述するので、文覚井を含む左岸用水の現況について、注目される点を指摘したい。

先述のように現在県指定史跡の文覚井は一ノ井のみであるが、穴伏川左岸の下流に二ノ井(移井)・三ノ井(高田井)などがあり、この三本が文覚井と総称される。文覚堂にあった「文覚大竜神」記念碑(現在一ノ井橋北の高台に移動）にみられるように、昭和四十一年（一九六六）までは三つの水利組合が合同で文覚井の「井祭」（竜神祭）を執行していた。口絵2には近代の文覚井の流路を明示したが（実線は現況、破線は近代以後廃絶）、一ノ井・二ノ井・三ノ井の相互関係が注目されよう。すなわち、二ノ井はクボンタニ池（小堂谷池）に落ちて背ノ山流と窪流（オカイデ・ハカイデ）に分かれて、後者が木戸口地区まで至っている。その間の狐谷筋の耕地は取水することが禁止ないし制限され、木戸口地区が優先的に余水を取ることが認められていた（「トコミズサンゴウ」慣行）。一ノ井のうち萩原地区への分水もまた、窮水の時は宮の池で補充し、西谷川を樋で越して木戸口地区に水をかすりあげるという水利慣行が口承されている（本書第六章）。また、三ノ井は背ノ山の基幹用水池であるバッチ池（二又池）などを補充しつつ、高田の山麓を経て、延々、背ノ山まで至っていた。以上は、平成八年（一九九六）・同十四年（二〇〇二）の荘園調査によって明らかになった事実であり、古老の記憶に残り、部分的には敗戦後の一時期まで行われていた水利慣行である。つまり、一ノ井・二ノ井・三ノ井は、それぞれが山越えないし山回りをして桛田荘の紀ノ川側に至り、池水とも密接な関係を維持しつつ、特別な慣行にもとづいて、高田・背ノ山・窪・萩原・笠田中・笠田東の六地区（近世の下夙村・背ノ山村・窪村・萩原村・中村・東村）に分配されていたのである。文覚井の機能を考える場合、一ノ井のみを孤立して扱うのでは不十分であることが明らかになった。このような三本の文覚井の関係は、これまでの桛田荘研究ではまったく顧慮されてこなかった（文覚井の研究史については第三章・四章参照）。三本の文覚井の関係が、いかなる歴史的な経過をへて成立したかについて、明らかにする必要がある。

慶安三年（一六五〇）の年紀のある「賀勢田荘絵図」（宝来山神社蔵、以下「慶安絵図」と略す）を見ると、三本の文覚井の関係が示されていることがわかる（口絵6）。この段階には、三本の文覚井の慣行は成立していたとみてよかろう（ただし「慶安絵図」の成立年や契機については研究史上論争がある。「はじめに」参照）。また、二ノ井が「小堂が谷池」を経て窪・背ノ山に回っていることは元禄九年（一六九六）の文書（紀の川流域荘園詳細分布調査委

員会 二〇〇四の史料番号15）で確実であったが、さらに今回の調査で次のような文書が確認された。

「小田井出来候に付き（二ノ井は）窪村領字岡と申す田地ばかりの池用水にて御座候に付き、小堂谷池えも付く用水までの内、二ノ井の水任せ篭み満水致し置き、右岡田地用水に致し来たり申し候」（本書第三章史料1）。意味するところは、小田井開削（一七〇七年）以後、小田井以南の耕地への用水が不用になったので、「岡田地用水」を作って東部に回したということである。現オカイデの史料上の初見（岡田地用水）であり、山越えした二ノ井（小堂谷池）が小田井開削以前は、窪村の南部の現小田井掛りの地域に利水していたというのである。用水契約文書であり史料批判を要するが、現代の木戸口地区優先（トコミズサンゴウ）慣行は、オカイデの出来た十八世紀以後につくられた歴史的なものであったことになる。オカイデは崩落してすでに実在しないが、人々の記憶に伝えられた水利慣行が、古文書によって裏付けられたのである。

以下の考察では、このような「三本の文覚井」に留意しつつ、文治元年（一一八五）の桛田荘検田取帳（坪付帳）や「慶安絵図」などの基本史料を読み直していきたい。

図2　上人滝

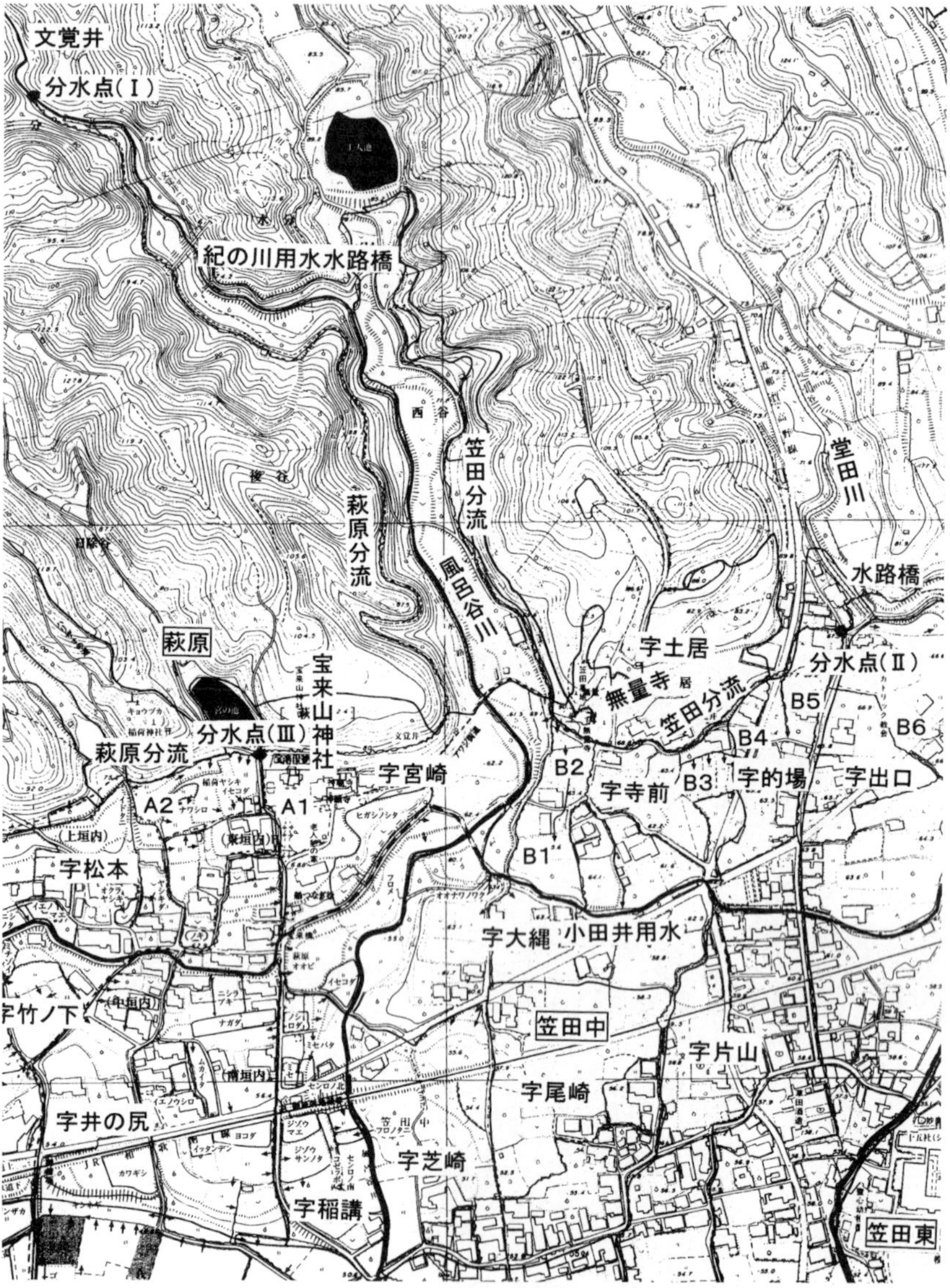
文覚井
分水点(Ⅰ)
紀の川用水水路橋
笠田分流
萩原分流
風呂谷川
堂田川
水路橋
分水点(Ⅱ)
萩原
宝来山神社
字土居
無量寺
笠田分流
B5
B6
分水点(Ⅲ)
萩原分流
B4
B2
字宮崎
字寺前
B3
字的場
字出口
A2
A1
B1
字松本
字大縄
小田井用水
字竹ノ下
笠田中
字片山
字尾崎
字井の尻
字芝崎
字稲講
笠田東

図3　文覚井要図

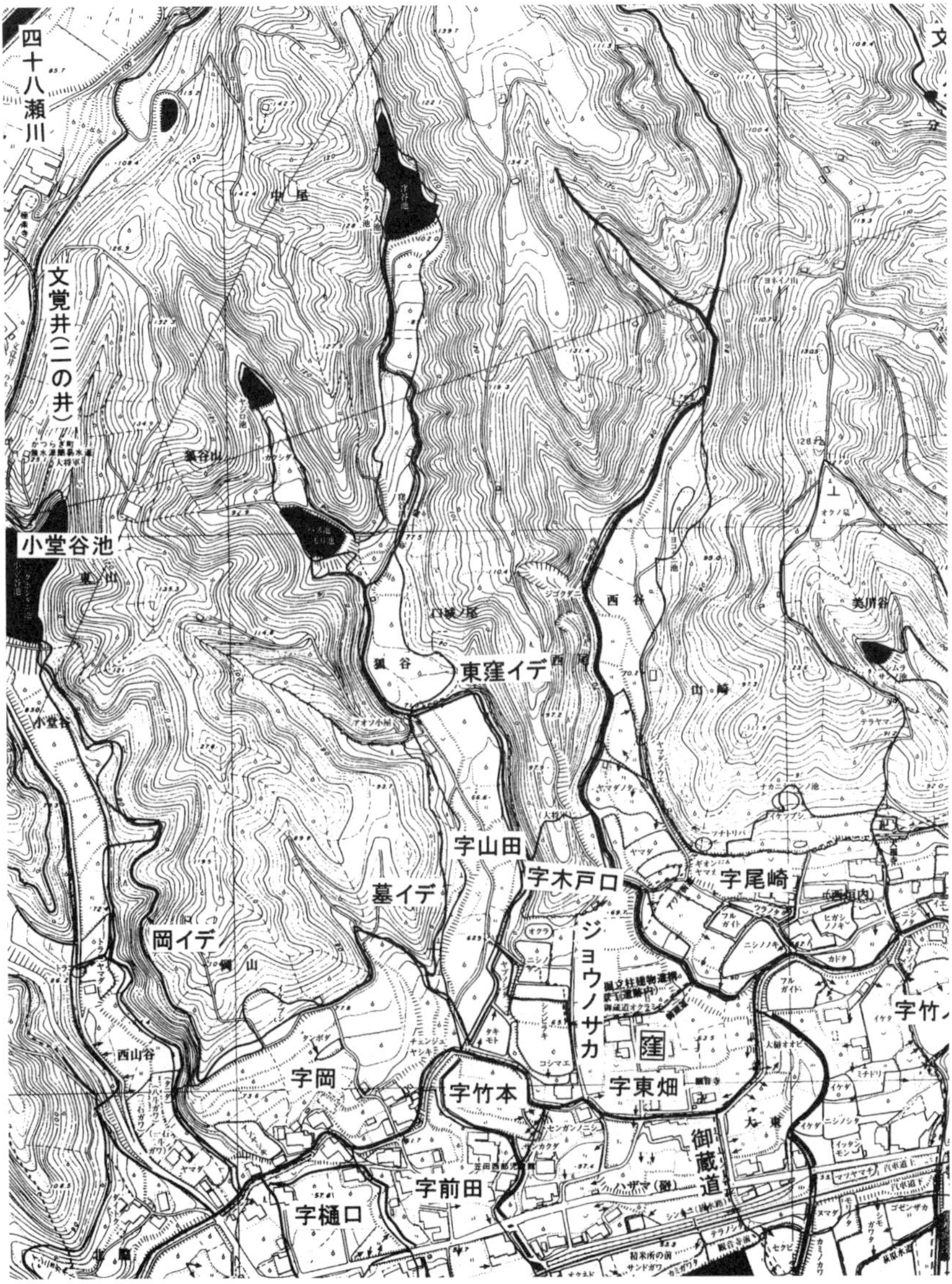
四十八瀬川
文覚井(二の井)
小堂谷池
東窪イデ
字山田
墓イデ
字木戸口
字尾崎
岡イデ
ジョウノサカ
字岡
字竹本
字東畑
御蔵道
字前田
字樋口
字竹ノ

第三節　穴伏川左岸の井堰群について

㈠　桛田荘域の水利の概況

桛田荘域を灌漑する最も主要な用水は文覚井（一の井）と呼ばれる。平安末期から鎌倉初期にかけて、京都の神護寺復興に功のあった傑僧・文覚が開削したと伝えられる用水路で、現在のかつらぎ町北西部で四十八瀬川《しじゅうはっせ》（穴伏川）から取水し、和泉山脈の丘陵の中腹から鞍部を掘抜いて約五キロメートルを流れる。途中、丘陵中腹の急崖を通過し、鞍部から風呂谷川の源流に滝（上人滝、図2）となって落とし込むなど、その建設には高度な土木技術を要したと思われる。

文覚井の名前が最初に史料上に登場するのは、紀州藩が紀の川に沿って小田井用水を築造した際、流域の既存用水・溜池などの統廃合により用水系統の再編を行うための予備調査として大畑才蔵が作成した宝永六（一七〇九）年の「小田新井筋品々書留」(1)においてである。しかし、平安後期の桛田荘の景観を示す「紀伊国桛田荘絵図」（神護寺蔵）に描かれた広大な水田は、文覚井の存在を抜きにしては耕作できないと考えられる。現在、文覚井（一の井）は大字萩原・笠田中・笠田東を灌漑しているが、弘治四（一五五八）年の「東村水張番水注文」に現在の笠田東を灌漑する用水として「上井」「下井」が存在したことを記しており、「文覚井」という呼称が中世にさかのぼるかどうかは別として、用水路自体は確実に中世においては存在していたとみてよいだろう。

文覚井（一の井）には大きな分水点が三カ所ある（図3）。上人滝から風呂谷川の自然流路をたどった文覚井の水は、最初、「三分《みわけ》」と呼ばれる分水点（Ⅰ）で萩原方面への分水路が分かれる（図中では便宜「萩原分流」と記した。以下同様）。本流は笠田中および笠田東方面へ向かうが、ここでの分水比は萩原：笠田中・笠田東＝四：六である。そこから約二〇〇メートルほど下流で、風呂谷川の自然流路（本流）から笠田中・笠田東方面へ取水する水路が分流する（「笠田分流」）。一九八四年に完成した紀ノ川用水路が水路橋で風呂谷川を横断している付近である。さらに水路を下流へと下って無量寺の角から集落に入り、笠田カトリック教会の前に分水点（Ⅱ）がある。一方は直角に曲がってまっすぐに南下し笠田中方面へと向かい、一方はいったん北流して水路橋によって堂田川《どうでん》（滝の谷川）を渡り笠田東方面へと向かう。ここでの分水比は、笠田中：笠田東＝三：三である。笠田東へ向かった水路は、JR笠田駅の前を通って、笠田中央選果場で直角に南下する。この南流する水路が桛田荘と官省符荘との荘境である。

一方、（Ⅰ）で分かれた萩原分流は、宝来山神社・神願寺のやや西で南流する水路を分流している（Ⅲ）。南流した一方の水路は字松本を灌漑し、もう一方の水路は字尾崎を灌漑して、字木戸口の手前で川に落ちる。ここでの分水比は二：二である。

なお、文覚井には、これまで説明してきた「一の井」とは別に、「二の井」と呼ばれる用水もある。「二の井」は四十八瀬川の「一の井」の取水口から約五〇〇メートルほど下流で取水し、約六〇〇メートルほどの間、「一の井」と平行に流れる。「二の井」は移井《うつりゆ》とも呼ばれ、大字移を灌漑する用水路であるが、途中で水路を分流し小堂谷池に導水できるようになっている。小堂谷池に溜まった用水は、岡イデ・墓イデ・東窪イデを通って字木戸口および東畑へと導水されるようになっている。また、小堂谷池からは、大字背ノ山を灌漑する背ノ山イデも出ている。

さらに二の井（移井）の下流には、桛田荘域を灌漑する用水として字和田・下芝・中芝の一部を灌漑する中芝井、字中川原などを灌漑する妙中新田井《たいなかしんでん》、大字高田方面を灌漑する高田井（三の井）などがあるが、本稿は主に、文覚井

（一の井、二の井）についてのみ記述する。

㈡　一の井

分流と灌漑範囲

一の井は主に大字萩原・笠田中・笠田東を灌漑する。三つの大字は、それぞれ近世村の萩原村・中村・東村に相当する。昭和二十～三十年代で、一の井によって灌漑された水田の石高は、萩原で一〇〇石、笠田中で一〇〇石、笠田東で八八石と言われており、そのうち笠田東は、面積で九反八畝二六歩あったという（他地区は調査が不十分で不明）。

分水点（Ⅰ）で分かれた萩原分流は、前述した通り、神願寺・宝来山神社のやや西にある分水点（Ⅲ）でA_1、A_2を分流させて字尾崎の西端で川に落ちている。現況では萩原分流の灌漑範囲は小田井より北の字松本・尾崎と、小田井より南側も含む字宮崎ということになるが、後述するように、かつては字木戸口も灌漑範囲に含まれていた可能性がある。

萩原分流の特徴として挙げられるのは、小田井との関係である。A_1、A_2の分流とも、流末は小田井に合流し、字竹ノ下・井ノ尻の耕地は小田井から水を受けている。小田井を越えて一の井の用水が行っているのは小田井をまたいで南北に字域を占めている字宮崎の一部の耕地のみである。この水は字宮崎を出ると、南側の字稲講には入らずに、そのまま風呂谷川に落ちてしまう。字宮崎の範囲は、小田井の流路とは無関係に一の井の灌漑範囲に規定されてのものであろう。

一方、分水点（Ⅰ）で分かれた笠田分流は、小田井との関係において顕著な特徴を示す。無量寺の前で分流するB_1、B_2は字寺前を灌漑した後、小田井をまたいで字大縄を灌漑する。その後、小田井より取水した水路と合流するので、その南の字芝崎・尾崎などには一の井と小田井双方の水が入ることになる。

B_3、B_4、B_5の分流はそれぞれ字的場を灌漑した後は小田井に合流するが、B_6の分流は、笠田カトリック教会の敷地を横断するように旧水路があり、字出口の東端まで行き、小田井とは合流せずに字片山方面へと流れ、楠橋のところで堂田川へと落ちる。このように考えると、小田井より南側でも、字大縄および片山には文覚井一の井の水が掛かっていたことになり、小田井が築かれる以前から開発が行われていた可能性が指摘できる。

また、分水点（Ⅱ）で笠田東方面へと分流した流れは、字森ノ脇・松ノ前などを通って小田井と合流するが、聞き取り調査によれば、合流後、小田井からの分流で取水する形をとる水路も、字垣添・蛭子前や字北ノ前などの付近で「文覚井」と呼ばれており、後述する文覚井の水利組合に費用を負担していることから、市街地化が進んでいるこの地区も、本来は一の井の灌漑範囲であったとみてよいだろう。

水利組合

文覚井を管理する水利組合は、もともとは一の井のみを管理していたが、二の井にも、渇水時には一の井から水を分流できるような導水路（地主の松山氏が作ったので松山井手という）があることから、現在では一の井・二の井の両方を管理し、笠田東・笠田中・萩原・移の人々によって運営されている。このうち一の井については、四十八瀬川の取水口から三分（分水点Ⅰ）までの水路の溝掃除を笠田東・笠田中・萩原の分担で、分水点（Ⅰ）～（Ⅱ）までを笠田東・笠田中の分担で、分水点（Ⅱ）～流末までを笠田東の分担で、また分水点（Ⅰ）から萩原分流の流末までを萩原の分担で行うことになっており、溝掃除の負担は笠田東が最も重かった。溝掃除は田植え前の五月と水路の利用が一段落する九月頃に行われるという。

水利組合の世話人を「年番」といい、一の井・二の井・三の井でそれぞれ一人ずついる。一の井では、笠田東・笠田中・萩原地区からそれぞれ一人ずつ代表が出て、一年交替で年番を務めることになっていた。年番の他に会計がいて、「経費帳」（一の井と二の井とで別に作成）などの文書を管理している。用水の供給を受ける者は、所有する水田の反別（面積）に応じて水利組合に対して水費を支払い、逆に水利組合は、水路が通っている敷地の地主に対し、「トノコ料」と呼ばれる地代を支払っている。また、笠田中などでは、一の井の水がかりに入っていないと区長などの要職にはつけなかったといい、地域の中で水利組合の占める位置が相当大きかったことを示している。

なお、大字笠田中の区長が引き継ぐ文書の中に、明治の地租改正時の地籍図の原本に当たると考えられる「笠田中区小字見取図」（表紙に「寄贈　片山喜義」とある）という図面がある。小字ごとに「田方」「畑方」「宅地」「社地」「荒地」「墓地」「溜井敷」などの面積が記載されており、注目される。

㈢　二の井

灌漑範囲

二の井は、主に大字移を灌漑するための用水である。しかしこの二の井は、前述の通り途中で小堂谷池（クボンタニ池）へ分水する分水路をもっており、移で農業用水を必要としない農閑期においては、すべての水を小堂谷池に溜めることになっている。また、農繁期においても、移で水を使わないときも同様に小堂谷池へ導水してもよいことになっている。このため、四十八瀬川の取水口では、一の井が農閑期には取水しないのに対し、二の井では一年中取水することになっている。小堂谷池に溜められた用水は、岡イデ・墓イデ・窪イデを通じて大字窪の一部を、また、背ノ山井手を通じて大字背山の一部を灌漑する。(2)

このうち、岡イデ・墓イデについては、現在はすでに使用されておらず水路そのものも廃絶しているが、明治期の地籍図によって明確に復原できる。東窪イデまで含めて、大字窪への三つの用水路は一本の用水路として連続していたと考えられ、その灌漑範囲は字岡・山田・木戸口・東畑と想定される。このうち、字木戸口・東畑については、「文覚一の井の窮水時には優先的に水の配分を受けられる」という取り決めがあるとされ、現在、東の大字萩原方面から流れて字木戸口の東側で川へと落ちてしまう一の井の用水が、かつては川を渡って字木戸口・東畑へと導水されていたことをうかがわせる。いずれにしても、小堂谷池からの用水路流域では最も下流に位置する字木戸口・東畑は、その用水使用にあたっては強い優先権を持っていたことが分かる。

また、字山田については、こうした字木戸口・東畑の強い優先権の影響を受けてか、「床水《とこみず》サンゴウ」という限定的な用水使用が決められた協約が慣習的に存在していたという。

管理と運営

二の井の水利組合では、毎年四月末頃の「苗代」作りをはじめる前に、「洗井《あらいゆ》」と呼ばれる用水路の掃除を行う。これには各家一戸から一人、半日ずつ出ることになっており、水田を持たない家でも、防火用水や水道水として二の井の水を使うこともあるので、原則として各家一人出ることにしているという。さらに、用水の使用が一段落する八～九月頃に再び用水路の掃除や草刈り、藻の除去を行う。これを「藻切り」という。

一の井同様に、「年番」がおり、「水番」とも呼ばれる。大字移区内から三人が選ばれ、その三人が一年交替で「水番」を務める。移ではおよそ二五軒の農家があり、他所からの入作を含めると三〇軒ほどが水利組合に入っているという。

このように一の井・二の井は一応独立した水利組合を持っているが、約二十年ほど前に「文覚井水利委員会」と名称を改称した組織によって、現在では両者を統合する形で水利組合の運営がなされている。

(四)　水利から見た桛田荘の景観

以上のように、文覚井一の井・二の井は、桛田荘域の北部、和泉山脈が紀ノ川に向かって山裾を落とすその山麓部の耕地を、まさに山裾に沿うような形で灌漑している。十八世紀初頭に紀ノ川に沿った横断的な大用水路＝小田井が築造されて以降は、紀ノ川の後背低地のほとんどがこの大規模用水によって灌漑されることとなった。文覚井はこの小田井では灌漑できない、すなわち小田井より地形的に高いところにある耕地を灌漑している。しかし、上述したように、小田井より低い耕地であっても、部分的に文覚井の用水が掛かっている部分があることから考えて、文覚井の灌漑範囲の基幹的な部分は小田井の築造によっても大きく変化することはなかったと思われる。

ところで、神護寺所蔵の「紀伊国桛田荘絵図」に描かれた景観は、荘域の西半分を広く描き、東半分が極端に圧縮されて描かれていることが早くから指摘され、近年では絵図は文永八（一二七一）年十月日付の前大僧正坊政所下文にみえる「桛田西庄」の景観を描いたものであるという見方さえ提起されている。(3)文覚井一の井の用水は、上述のように風呂谷川を境にして萩原分流と笠田分流とに二分されており、桛田荘が西荘・東荘に分かれていたとすれば、それぞれに荘域は、水利の点からはそれはほぼこの風呂谷川を境にした萩原分流と笠田分流の灌漑範囲に対応すると考えられるのではなかろうか。

また、この二つの灌漑ブロックに対応するかのように、在地領主の支配拠点と思われる二つの空間が存在するのも興味深い。一つは、萩原分流の延長線上にある字木戸口を中心とする空間である。ここでは、和泉山脈からせりだした段丘に向かって、「ジョウノサカ」《（城ノ坂）》と呼ばれる道が伸びており、それに近接して中世の掘立柱建物遺構が検出されている。そしてこの建物遺構を迂回するように淡路街道（アワジ道）が通り、この建物遺構の前の道はとくに「御蔵道」と通称されているという。さらに字木戸口の南側には、館＝「タチ」から転訛したと考えられる「竹本」「竹ノ下」の字名や、集落の存在を思わせる「フルガイト」などの通称地名も遺存している。

一方、笠田分流が笠田中の集落に入る辺りに、字土居・的場があり、もう一つの領主の支配空間が想定できる。その字名は当然、居館（土居）と騎射の修練を行う場（的場）に由来すると思われるが、字土居の北方の段丘上には城跡があるとの伝承があるのも興味深い。また、小田井より南側にありながら、文覚井からの用水を受けている字大縄も、城の縄張りに由来する字名と考えられる。

これらの領主居館の主が誰であるのか、湯浅党の一族である桛田氏（前述の文永八年の前大僧正坊政所下文で預所に任命された宗能らの一族）に関連するものなのかは、ここでは即断できない。また桛田荘においては、桛田氏に対抗する「地頭」勢力の存在も明らかになっているが[4]、二つの居館がいずれかの勢力が拠る居館である可能性はきわめて高いと思われる。ただ現時点では、これらの点の解明を今後の桛田荘域全体を対象にしたさらなる総合調査の実施に委ねるしかない。

註

（1）小田新井筋品々書留（大畑家文書、大畑才蔵全集編さん委員会編『大畑才蔵』〈橋本市、一九九三年〉所収）。

（2）二の井および四十八瀬川右岸の用水については、前田正明「紀伊国桛田荘文覚井考」高橋啓先生退官記念論集編集委員会編『地域社会史への試み』所収、原田印刷所、二〇〇四年、同「穴伏川流域における水利秩序の形式と展開」紀の川流域荘園詳細分布調査委員会編『紀伊国名手荘・静川荘地域総合調査』所収、和歌山県教育委員会、二〇〇四年、で詳しく論じられている。前田氏は一の井の成立時期を十五～十六世紀とし、二の井がこれに先行して中世前期に成立していたとする意欲的な提起を行っているが、本稿とは根本的に見解を異にしている。

（3）服部英雄「紀伊国桛田庄絵図の受難」国立歴史民俗博物館編『描かれた荘園の世界』所収、新人物往来社、一九九五年。

（4）大覚寺所蔵『諸尊法』紙背神護寺文書。

第四節　穴伏川右岸の井堰群について

㈠　穴伏川流域井堰群の概観

穴伏川から取水する用水については、これまで文覚井を中心とした左岸の用水群について数多く報告されてきた。しかし、右岸については上名手村三起団（一九三六）の『郷土の礎』など郷土誌のほかには服部（一九九五）にしか取り上げられていない。上名手村三起団（一九三六）には、穴伏川（四十八瀬川）の水を利用する井堰及び井溝として、名手上の「上井湯・村松湯・中井湯・前平湯・岩ノ井湯」、平野の「平右衛門湯・秋吉湯」、名手下の「前田湯・今新井田湯・宮新田湯」の一〇本の用水を掲載している。

これに対して、近年、穴伏川流域の用水調査を行なった服部（一九九五）は、右岸から取水する用水として、上流から「北川井手・村松井手・岩のゆ・前ひら井手・あきしゅ（う）・前田井手・むかいにし」の七本をあげており、穴伏川の用水系統を図にあらわした。

筆者らは、これらの穴伏川右岸の用水群について、その取水口と施設、用水路の位置、ほかの河川・井溝との位置関係、灌漑地域などの現状確認に主眼を置いて調査し、用水組合やその他の不明な部分については地域の用水管理者、年番の方々から聞き取りを行った。そうして、まず、穴伏川右岸から取水する用水の取水口・用水路などの位置・分布図を作成した。口絵4は、那賀町二五〇〇分の一都市計画図にそれらを記し、縮小したものである。そして口絵2は、それを模式的にまとめた穴伏川流域の灌漑用水概念図である。

服部（一九九五）の用水系統図と大きく異なる点は、次の二点である。一つは、北川井の上手に上井、前平井と秋吉井の間に平右衛門井、向西井の下手に今井があり、それより三本多いことである。もう一つは、口絵4及び口絵2に河川やほかの用水との位置関係を示したことである。用水路は河川の上を渡井《とい》でわたしているものやトンネル・サイフォンで地下をくぐらせているものがある。村松井と岩ノ井、平右衛門井と秋吉井は途中で用水路が立体交差し、取水口と灌漑地区の位置関係が入れ替わっている。それから開削時期に新旧のあることがわかる。

調査の結果、静川荘側には合計一〇本の用水が静川荘側に確認できたが、同じ一〇本でも上名手村三起団（一九三六）のとすべてが一致するわけではない。村松井より上流側の三本は同名の上井・中井でも北川井との位置関係から同一とは考えられない。また、前田井より下流側の二本の対比も難しいと思われる。

穴伏川の呼称は、資料の年代や聞き取り調査の話者によって異なるが、おおむね上流の地域から四郷川・北川・四十八瀬川・穴伏川となっている。ここでは、引用やことわりのない限り、便宜的に国土地理院発行の二万五千分の一地形図で使用されている「穴伏川」に統一して用いることにする。

次に、個々の用水について、井溝名の由来、資料上の初見、慶安三年賀勢田荘絵図（以下慶安絵図と略す）・明治十二年〜二十一年の四郷川用水絵図の記載の有無、取水口・経路・井末など用水路の現況、灌漑地区と地形、組合と組織軒数などを詳細にみていきたい。

(二)　名手上地区の井堰とその現況

上井《うわい》・中井《なかい》

上井・中井は取水口が北川井より上手にあった用水で、三用水とも文覚井より上流で取水していた。この上井と中井は、慶安絵図をはじめ絵図や文書にその記載がみられない。明治十二年～二十一年の作成と推定される四郷川用水絵図（木村篤邦氏所蔵文書）に「字同所上井」「字同所中井」とあるのは北川井より下手で現在の村松井付近の用水と考えられ、同名であるが別の用水である。同絵図には、北川井より上手に用水は画かれていない。両井名は、北川井の上井・中井の意であろう。

現在、両井は通水されておらず機能していない。福岡良晃氏（昭和二年生まれ）からの聞き取りによると、上井は荘域を越えた、かつらぎ町広口の選果場前で穴伏川から取水し、福岡氏宅の裏山の際を流れ、月露谷川《げつろだにかわ》を月露谷橋の北側で渡し、現在果樹園となっている旧水田まで灌漑していたという。上井の水路は現在使われておらず、昭和二十八年（一九五三）の水害後に穴伏川が改修され、その取水口は確認できなかった。また、上井は露谷川と姫谷川をそれぞれ掛け樋（トユ）で渡しているのが確かめられた。同氏からの聞き取りによると、昭和二十八年水害以前の月露谷川は川幅がもっと狭く掛け樋で渡していたという。

上井の灌漑地域は那賀町の耕地が主で穴伏川右岸の狭い谷底平野に発達する下位段丘Ⅱ面・Ⅲ面、中井は下位段丘Ⅲ面と氾濫原に位置するかつらぎ町の耕地が主であったと考えられる。両者の組合は、平成九年（一九九七）に北川井の組合と合併し一本化された。

北川井《きたがわい》

北川井は、穴伏川の桛田荘側の呼び名「北川」から取水することに由来する。同井は慶安絵図には画かれておらず、寛政十一年（一七九九）の「広口村川筋用水盗水に付約定書」（広口区有文書）にみえる「広口村領川筋本新田用水井出」がこれにあたると推定される。四郷川用水絵図をみると、文覚井より小規模ながら上流で石積み堰を設けて取水し、萩原村領の飛地で穴伏川の氾濫原に位置する新田を灌漑することがわかる。

福岡種和氏（大正八年生まれ）からの聞き取りによると、昔は谷が深かったが、昭和二十八年の水害後、土砂で埋積され、川幅をひろげた。北川井はかつて境谷川と穴伏川の合流点の下流約五〇メートルの所から取水していたが、昭和二十八年水害の後「あてくち」（取水口）が穿った（埋まった）ので井出口を川上へあげ、旧中井の取水口から取水するようになったという。この付近は昭和二十八年の水害で河床が掘れた（下がった）ので北川井の取水口を上流へ移し中井と共同で利用するようになったらしい。文覚井も同時に取水口を上流へ移して現在地になったが、移井（二ノ井）の取水口は変わっていない。

北川井の取水口は、穴伏川の堰堤の所で堤防に鉄製の閘門を設け取水し（図4）、堤防の内側にはマスを設けている。そして、同井は穴伏川に沿って流れ、旧中井の取水口から福岡氏宅前まで旧中井の水路を使っている。北川井は、境谷川を伸縮して接岸できるパイプで渡し、月露谷川をトンネル（サイフォンか）でくぐっている。恩地谷川両岸の北川井は調査時に繋がっておらず確認できなかったが、パイプで渡していると思われる。余水は突出川へ落としている。

北川井は、氾濫原に位置する「庄新田」（かつらぎ町域）を主な灌漑地域とすると思われるが、恩地谷川左岸で用水路を下位段丘Ⅲ面へあげ、字突出尻付近の下位段丘Ⅲ面も灌漑する。福岡種和氏からの聞き取りによると、北川井末付近で分水し、北川橋下流の上名手簡易水道水源地付近で余水を穴伏川へ戻したという。現地調査ではその手前に村松井があり、そこへ用水を落としているのが確認できた。その南側の果樹園地（旧水田）が井末にあたり、その余水は突出川に落としている。

北川井の利用者は那賀町（現紀の川市）の耕作者が大半であるが、水田はかつらぎ町域に属する。

図4　北川井取水口

穴伏川流域の水田が減少し、平成九年に上井・中井・北川井の三組合を統合し、北川井利用組合に一本化された。昔は、文覚井より上流で取水するため文覚井より権利が上であったという。旧来からある用水は、用水量確保のため、それより上流で取水されることを嫌うが、北川井は新田開発のための用水ではあるが、その範囲が萩原領であるため、文覚井より上流での取水が認められたと推定される。

水利組合は、昔はひとりの人が長く年番を務め文覚井との水争いに対処したが、現在は田植え前の溝あげ・掃除のあとに年番を決め、五年くらいで交替している。組合は約二〇軒で構成され、年番は昭和四十二年（一九六七）以降の『北川井出帖』（合冊）を持ち送っている。昭和四十年代にはまだ水争いがあったが、今は水田が少なくなって水が余り、争う必要がなくなったという。

図５　村松井の突出川掛渡井（U字溝）

村松井《むらまつい》

紀の川市名手上字前田の「村松垣内」を灌漑するため、村松井と呼ばれる。名手上の字溝浦とかつらぎ町萩原字梅木原地区も灌漑している。四郷川用水絵図に画かれる「字同所上井」か「字同所中井」のどちらかが、現在の村松井にあたると思われる。村松井は慶安絵図には画かれていないが、文覚井と二ノ井の間で取水する。対岸の二ノ井より上手で取水するため旱魃時には争議となったが、桛田荘側の水利権の方が強かったという。

福岡種和氏及び岩本邦雄氏からの聞き取りによると、昭和二十八年の水害以前は、突出川との合流点の約三〇メートル上流で穴伏川から取水していたという。同水害時に、突出川が氾濫して合流点付近では国道四八〇号沿いの林商店の下まで水がくる大洪水になったという。その後、穴伏川が改修されたため当時の取水口は確認できない。両氏からの聞き取りによると、同水害後、村松井は穴伏川にかかる北川橋の上流約五〇メートル、現在の山口モーターズ付近で取水していたという。旧取水口付近では、村松井が堤防内側の水路を流下し、恩地谷川の下をトンネルでくぐっている。

両氏からの聞き取りによると、村松井は上名手の簡易水道水源地付近の梅畑の地下をサイフォンで通していたが、中が詰まって使用不可になり、三十年くらい使われていないという。突出川にはコンクリート製のU字溝がそのまま残っており、用水路は旧上名手小学校分校跡前をとおり、岩ノ井の上を立体交差している。

村松井は、突出川以南の下位段丘Ⅲ面を主に灌漑しており、最下流は中林耕三氏宅付近の氾濫原の水田を潤している。

四郷川用水絵図にみられる「梅ノ木原下井」は、今回の聞き取り及び現地調査では確認できなかった。

岩《いわ》ノ《の》井《ゆ》

岩ノ井の由来は不明であるが、その初見は延宝七年（一六七九）の「加勢田庄・静川庄山論願書」（静川庄文書）の「岩ノ湯」で、四郷川用水絵図には「岩ノ井」とある。慶安絵図には、三筋半の溝の最も上流側に位置し、「井手」と記され、対岸に溝が掘られている。溝と川岸との間には「三間ほり付不申候」と注記があり、服部（一九九五）は「用水路の長さを規定したもの」としているが、その注記の位置からみて、溝は川岸とのあいだを三間あけて掘らなければならな

図6　岩ノ井（左：穴伏川右岸）と中芝井（右：同左岸）の取水口付近

いとの規制と解される。

岩ノ井は、中芝橋の上流約五〇メートル、かつらぎ町萩原字梅ノ木原で取水する。岩ノ井と村松井とは立体交差し、岩ノ井が下、村松井が上を流れることから、開削時期は岩ノ井が古く、村松井が新しいと考えられる。そこから水路は国道四八〇号の西側沿いに南下し、柳谷川をパイプ（現在は未通）で越し、広域農道付近まで達する。

岩ノ井も現在未使用で組合がない。かつての灌漑地域もはっきりしないが、岩ノ井は主に上名手の下位段丘Ⅱ面を灌漑する用水である。平井卓造氏（大正十四年生まれ）によると、静《しずか》建設以南の水利権は広域農道施設に伴なう立退き料をもらって放棄したという。それ以前は下流の平野・佃の下位段丘Ⅱ面も灌漑していたようである。

名手上地区の用水をみると、現在使われているのは②北川井だけで、ほかの三本は未使用となっている。①と②の用水は基本的に氾濫原に位置する耕地を、③と④は下位段丘面の耕地を灌漑する用水といえる。

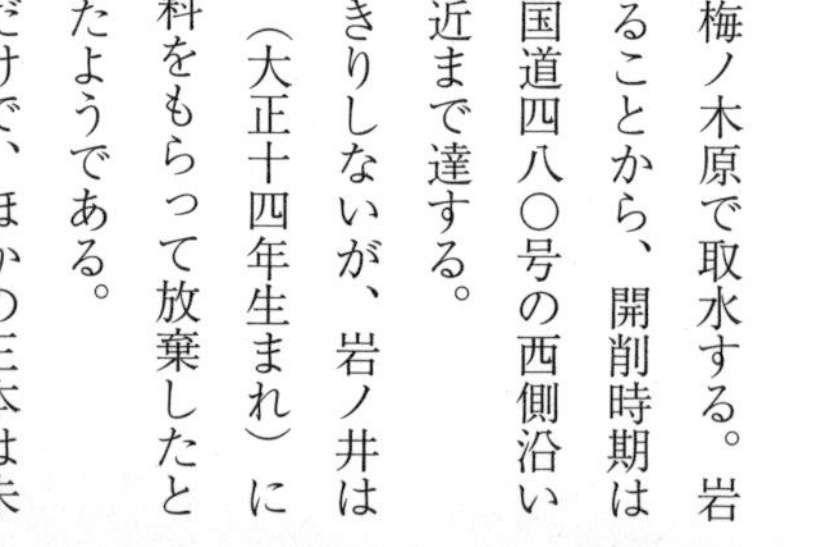

図7　前平井頭首工と前平井

(三)　平野地区の井堰とその現況

前平井《まえひらゆ》

井溝名は平野地区の字前平を灌漑することに由来するが、名手上の一部も利用している。前平井の初見は、延宝七年（一六七九）の「加勢田庄・静川庄山論願書」（静川庄文書）の「二ノ湯」「前平湯」である。慶安絵図には、三筋半の溝の上流から二番目に位置し「井手」と記されるが、対岸には溝も注記もない。

その取水口は、昭和五十四年（一九七九）の災害後、旧那賀町（現紀の川市）の復旧工事で建設された、幅一四メートルの前平井頭首工（堰堤）にある（図7）。その左岸からは、萩原村領の庄新田を潤す中芝井が取水している。水路は、柳谷川の下をトンネルでとおり、下位段丘崖沿いに南流して、広域農道付近で下位段丘Ⅱ面へのせ、本流と支流の二本に分かれる。

本流は国道四八〇号の東側に沿っており、国道東側の下位段丘Ⅱ面を灌漑し、余水を平右衛門井に落としている。支流は伊都・那賀郡境の段丘崖に沿って流れ、段丘崖下の下位段丘Ⅲ面の一部を灌漑する。余水は秋吉井に落としている。

前平井は平野村掛りの全長一キロメートル余の用水で、組合は一三軒で構成される。年番の水利組合長は年次ごとに『前平湯水費賦課帳』を作成し、『大正十四年度前平湯諸費割帳』をはじめ五一冊を伝えている。

平《へい》右《え》衛門《もん》井《ゆ》

平右衛門井は、明治十二年～二十一年の四郷川用水絵図にみえるが、慶安絵図には画かれていない。上名手村三起団（一九三六）によると、平右衛門井は平右衛門という人が独力で開削した用水と伝えられる。

平右衛門井は、広域農道の文覚橋の下流約三〇メートルで取水し、堤防の地下をヒューム管で越え、堤防沿いに流下する。下位段丘Ⅲ面へあげる所で秋吉井と立体交差し（図8）、同Ⅲ面の中央を走る道の東側に沿って流れ、その東側のかつらぎ町域の下位段丘Ⅲ面を灌漑する。井末は「茶所」付近で、針尾谷川へ余水を落としている。平井卓

図8　平右衛門井（上）と秋吉井（下）の立体交差

造氏と旧庄屋家の木村恵一氏（大正十五年生まれ）によると、平右衛門井の掛りは六軒で水利組合をつくっている。

秋吉井《あきしゅ》

秋吉井は、慶安絵図には桛田荘の三筋半の山道と交換した三筋半の井手のうち「半井手」と記される用水にあたり、四郷川用水絵図にその名がみえる。平井卓造氏によると、秋吉井は同氏宅の敷地を以前から「秋吉《あきしゅう》」（屋号か）といったことによるという。

秋吉井は、平右衛門井の下流約一〇〇メートルにある堰堤で取水し、静松《しずかまつ》神社の崖下を流れ、下位段丘Ⅲ面へあげている。静松神社の南約五〇メートルの所で、秋吉井が平右衛門井に掛樋を渡し立体交差する。秋吉井が下、平右衛門井が上を流れることから、開削時期は秋吉井の方が古く、平右衛門井は新しいと考えられる。

秋吉井は下位段丘Ⅲ面の中央を走る道の西側に沿って流れ、そこから段丘崖下へ移り、下位段丘Ⅲ面の相対的に高い部分、中央を走る道の西側半分の地域を灌漑する。そこから平井氏宅前で針尾谷川を「トユ」で渡し、井末の水田まで水路が確認できた。

秋吉井は、水掛りの下ノ垣内八軒で水利組合をつくっている。年番は上から下へ一年交替で回り、「アラミゾ」という溝浚えの行われる五月に交替する。平右衛門井と秋吉井の水利組合は構成員がほぼ重複する。

平右衛門井はかつらぎ町域の水田を、秋吉井は針尾谷川以南の那賀町域の水田を灌漑する。下位段丘Ⅲ面は、「半井手」が段丘面にのせる手前の氾濫原との間にある耕地の可能性が高い。近世初頭には氾濫原としてとらえられる地形であったかもしれない。秋吉井は下位段丘Ⅱ面を開発するため江戸初期に開発されたが、平右衛門井はかつらぎ町域の下位段丘Ⅲ面及び氾濫原を開発するため、下位段丘Ⅱ面の開発後に（同Ⅲ面の耕地を満作化するため）開削された用水と考えられる。

平野地区の用水は、灌漑に利用する軒数は少ないが⑤⑥⑦の三本とも使用されている。それらはすべて下位段丘面を開発するため開削された用水と考えられ、⑦秋吉井は慶安絵図の黄色に彩色された真ん中の「田」を灌漑するため開削された用水と考えられる。

(四)　名手下地区の井堰とその現況

前田井

前田井は、名手下の字前田の段丘面上を新田開発するため開削されたと考えられる。三筋半の溝の最も下流の用水で、慶安絵図には「井手」「三間ほり付不申候」と記され、対岸に溝が掘られている。前田井は、延宝七年（一六七九）の「加勢田庄・静川庄山論願書」（静川庄文書）には「三之湯」「横かき湯」と出てくる。

前田井は、静松の下流約二五〇メートルで取水し、西国街道の「茶所」の前を流れ、針尾谷川をサイフォンで越え、字東ノ段・佃原など平野地区の下位段丘Ⅱ面及び氾濫原を灌漑する。そこから宮ノ谷川の谷底平野を等高線に沿って約五〇メートルさかのぼり、紀の川用水の下手にある橋で渡していたが、のちに針尾谷川の谷底平野の幅二五メートルをサイフォンで伏せ越しにして名手下の下位段丘Ⅱ面へのせていた。現在は、紀の川用水のすぐ下の前田圦で同用水から水を入れており、前田井の上流部と下流部は繋がっていない。その上流部では、現在、平井猛氏だけしか利用していない。前田井は名手下の下位段丘Ⅱ面で上井《うえい》と下井《しもい》に分かれ、上井は段丘崖下を流れ、下井は国道の西側に沿って南流し重谷川へ落としている。

上井・下井は名手下の下位段丘Ⅱ面を国道を挟んでそれぞれ西側半分と東側半分を灌漑し、穴伏川流域で最も広い下位段丘Ⅱ面全体の約八町歩を潤している。

水利組合の年番は、以前は二年交替であったが今は一年で交替している。

移村領新田絵図（図9）は、北川筋と記された穴伏川右岸の沖積低地の開発を示した絵図で、その範囲は移字上河原から平野字東ノ段付近に比定される。絵図では洪水時に水勢が直接あたる段丘崖の所に大石垣が画かれ、段丘面上の耕地や家屋が侵食されないように保護している様子がうかがえる。現在も国道沿いに大石垣が残っている（図10）。同絵図の中央を北から南へ流れるのが前田井と推定され、大石垣の西側が下位段丘Ⅱ面で平野村領にあたる。その東側は氾濫原で移村領の上河原である。穴伏川沿いには石堤あるいは土手堤が連続するが、この付近で取水するはずの向西井は画かれていない。

向西井《むかいにしゆ》

向西井は、明治十二年～二十一年の四郷川用水絵図にその名がみえるが、由来は不明である。同井は、前田井の取水口の下流約三〇メートルで取水し、針尾谷川をサイフォンで越し、木下ゆき子氏宅のほぼ中央を通りぬけ、郡境の国道四八〇号の西側に沿って南流し、氾濫原に位置するかつらぎ町字影ノ木・上葛原の耕地を灌漑し、余水を宮ノ谷川へ落としている。

今　井

今井は、上名手村三起団（一九三六）の「宮新田湯」か「今新井田湯」にあたると思われる。今井は、宮ノ谷川右岸から取水し、段丘崖に沿って南流し、

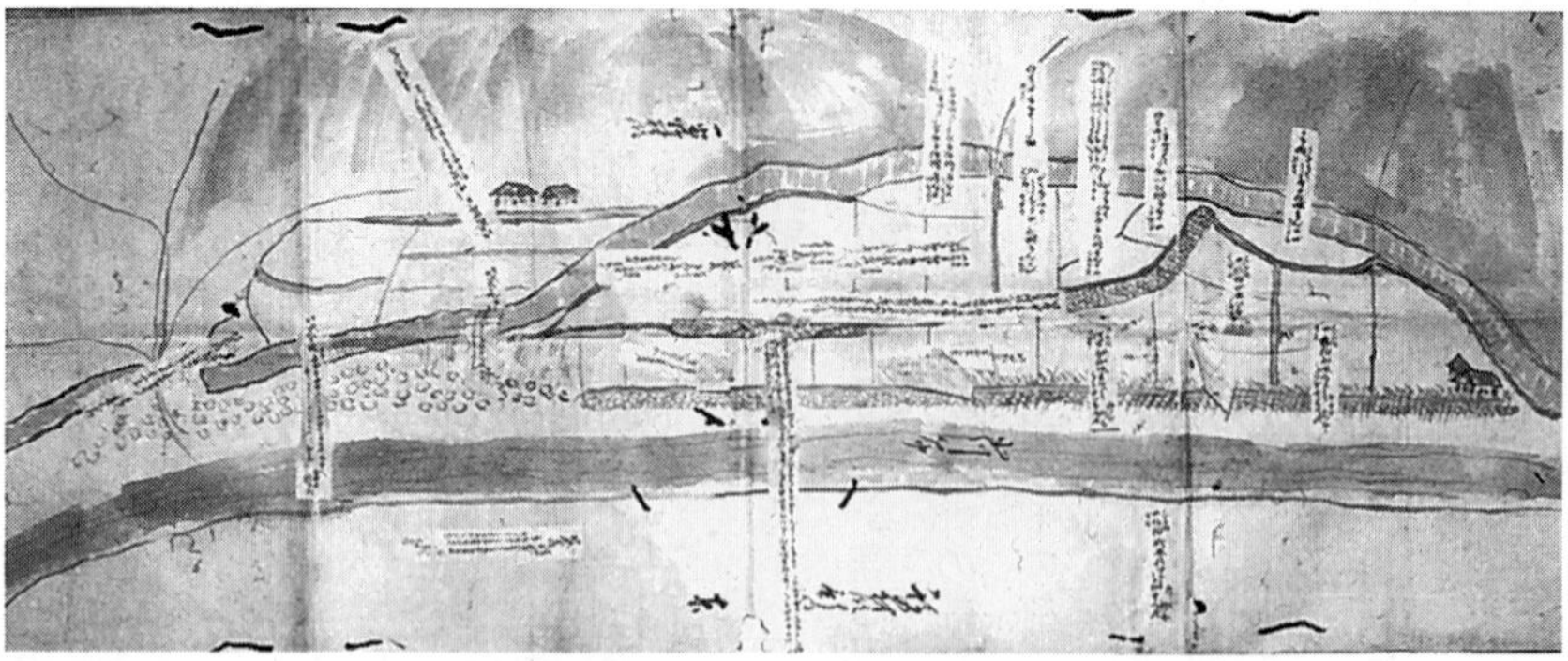

図9　移村領新田絵図（田村茂八郎氏所蔵）

重谷川の手前で穴伏川へ落としている。用水は氾濫原の下葛原を灌漑し、穴伏川へ余水を落としている。下葛原の耕地は宮新田と呼ばれるが、昭和二十八年の水害で流失する被害を受けた。昔は名手下の人のみで耕作していたが、近年はかつらぎ町の人が水田を購入し耕作している。

年番の中谷義信氏（大正五年生まれ）によると、現在は紀の川用水から一ヘクタールにつき一万円で水を買っている。今井は九軒で二町一反を灌漑し、年番は二年で交替しているという。

名手下地区の用水は三本とも使用されており、前田井は基本的に紀の川市名手下の下位段丘Ⅱ面を灌漑し、向西井と今井は新田開発された、かつらぎ町萩原の氾濫原に位置する耕地を灌漑する用水といえる（図11）。

(五) 慶安絵図に画かれる灌漑用水と耕地の立地環境

慶安絵図の記載内容については額田（二〇〇四）に詳述したので、本稿では灌漑用水と耕地の分布について、その概略述べ、灌漑地域と地形との関係を明らかにしておきたい。

慶安絵図からは、穴伏川に井堰を設けて用水を取水し、穴伏川の両岸と紀ノ川右岸の河岸段丘面上の耕地を灌漑していることがわかる。穴伏川の両岸へは、それぞれ四本ずつの用水路が画かれている。最上流で左岸から取水する有名な文覚井は、丘陵を超えて二本に分かれ、一本は宝来山神社境内の裏を通って萩原村へ、もう一本は中村・東村へ流れ、紀ノ川の河岸段丘面にひろがる耕地を灌漑している。そのほか左岸には、二ノ井・小井・三ノ井が画かれ、窪村・移村・夙村・背ノ山村の耕地を潤している。

図10　大石垣（移村領新田絵図）と崖下の前田井

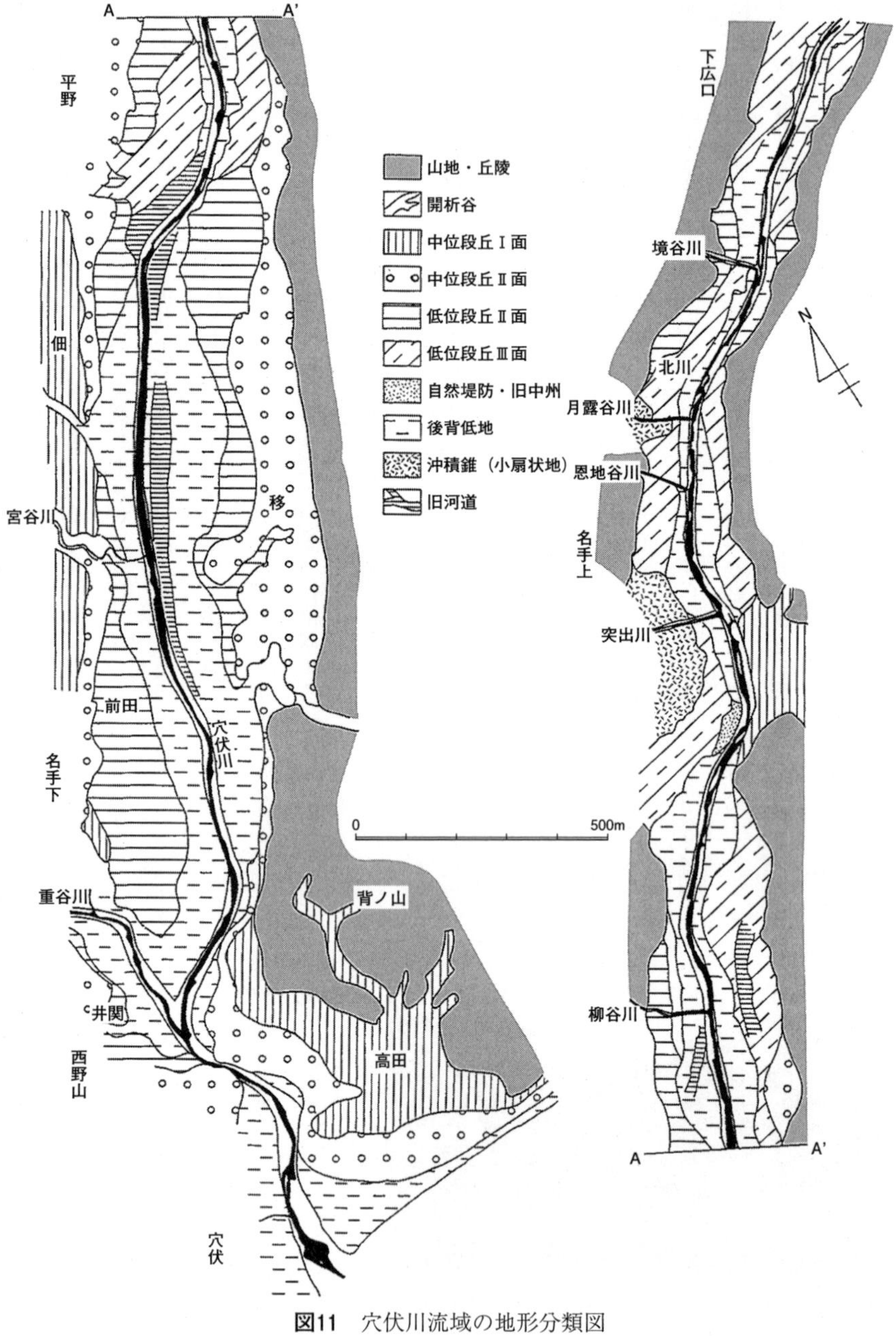

図11　穴伏川流域の地形分類図

絵図には穴伏川沿いの段丘崖のほかに段丘地形の表現はないが、桛田荘と静川荘の主な集落及び「田」と記載され黄土色に彩色される耕地の立地するところが段丘面にあたる。耕地にはL字型のような記号をともなうところがあり段丘面の傾斜あるいは耕地の区画を表わすと思われる。耕地の大半は段丘面上に分布し、紀ノ川氾濫原には耕地があまり画かれていない。

慶安絵図の北川（穴伏川）右岸には、黄土色に着色され「田」と注記される所が三カ所ある。上流側からⓐ「静川庄平野村」と記された集落の南側、ⓑ「井せき夙村瀬ノ山村」と記された井堰の北側、ⓒ「静川庄下村」と記された集落の南側の三カ所である。

ⓐは、「北川」から取水する「井手」二筋が「田」と記された耕地へのびて灌漑されており、「半ノ山道」と記された朱線がそこを横切って平野村に達している。穴伏川沿いの河岸段丘の崖は、クサビ状の記号で表され、「井手」はその付近でS字状に屈曲して描かれている。その図像は、用水路が等高線に沿うように段丘崖に設けられ、用水を段丘面へあげる様子を表わすと思われる。ⓑは、北川から取水する「半ノ井手」一筋によって灌漑されている。「半ノ井手」と「田」を横切って「山道」が「中尾村」に至る途中まで朱線でひかれている。ⓒは、北川から取水する「井手」一筋によって灌漑されている。「山道」は「田」をかすめ「静川庄下村」を通り抜けて山の裏を通り、ⓑの「田」から中尾村に至る「山道」と合流する。

桛田荘から名手荘にかけての地形分類は、図11に示した。それと岩ノ井・前平井・秋吉井・前田井の灌漑地域を照し合わせると、「田」三カ所の位置は地形的に独立した三カ所の低位段丘Ⅱ面（二見面）の分布と一致する。すなわち、ⓐは岩ノ井と前平井、ⓑは秋吉井、ⓒは前田井によって低位段丘Ⅱ面の耕地がそれぞれ灌漑されている。ⓐでは岩ノ井が中位段丘の崖下に沿って流れ、前平井が低位段丘Ⅱ面のほぼ中央部を流下し、それぞれ用水路の東側の地区を灌漑し段丘面全体をカバーしている。

穴伏川右岸の氾濫原には、彩色は施されていないが「新田跡」と記されているが二カ所ある。そのうち、穴伏川の上流側に位置するものは、かつらぎ町笠田東の字北川付近の氾濫原にあたると思われる。そこは、文覚井より上流で取水する北川井などによって灌漑される地域と推定される。穴伏川の下流側に位置するものは、かつらぎ町萩原の字影ノ木付近の氾濫原にあたると思われる。そこは近世初期に新田開発され、前田井かその下手で取水する向西井によって灌漑された地域と推定される。「新田跡」の所は一時的に耕作が行われたが、河川の氾濫等により荒廃したと考えられる。そこには何も記されていないが、耕作されていたとき双方の新田は桛田の水帳に入れられたであろう。「いぬい牓示」付近の氾濫原には、黄土で彩色されたところが一カ所ある。彩色から耕地と判断されるが付記はなく、「半ノ井手」掛かりの低位段丘Ⅲ面に位置する新田かと思われる。

㈥ 穴伏川右岸の用水群と土地開発

① 今回の調査では穴伏川右岸の用水一〇本を踏査し、その現況を明らかにすることに終始したが、全体を概観すると、名手上地区の用水は五本のうち一本しか使用されていないが、平野地区と名手下地区の合計六本は灌漑面積を縮小しながらも一応すべて機能していた。これは名手上地区が上流側に位置し、耕地が狭小で砂礫質のため果樹園地・畑地に転用されたためと考えられる。

② 慶安絵図は、段丘面上に位置する桛田荘の耕地の分布と灌漑用水をよく示しており、灌漑地域と地形分類図を重ね合わせてみると、穴伏川左岸の文覚井は東村・中村・萩原村の下位段丘面と中位段丘面、二ノ井は移村と窪村の下位段丘Ⅱ面と中位段丘Ⅱ面、小井は移村の下位段丘Ⅱ面、三ノ井は夙村・瀬ノ山の下位段丘Ⅱ面と中位段丘Ⅱ面を灌漑しているのがわかる（額田 二〇〇一）。同様に穴伏川右岸の用水の灌漑地域と地形を考察すると、岩ノ井と前平井がⓐ平野地区の低位段丘Ⅱ面、秋吉井がⓑ平野佃地区の低位段丘Ⅱ面、前田井がⓒ前田地区の低位段丘Ⅱ面を灌漑し

ていることがわかった。慶安絵図は作成当時の穴伏川両岸の耕地と灌漑の状況をよく表わしていると考えられ、これら四本の用水路は段丘面を新田開発した江戸初期に開削されたものと推定される。

③　用水の灌漑地域と段丘地形とがよく対応することは、日根野荘の段丘面と開発時期の関係とよく似ている（額田一九九四）。段丘面の開発には、用水の確保の必要性から、新しい用水の開削が不可欠であった。したがって、新田開発と用水の開削はワンセットで行われたと考えられる。

④　用水の現状は、水利組合があって管理されている用水が七本（向西井は聞き取り未調査）、使われていない用水が三本であるが、前田井のように上流と下流が分離しているもの、紀の川用水の水を利用するものなど旧来の取水・用水体系が崩れてきている用水もある。また、組合員数の減少及び高齢化など組織が弱体化し、今後の用水路の維持管理が困難になる恐れがある。

引用文献

上名手村三起団　一九三六『郷土の礎』。
額田雅裕　一九九四「日根野荘の地形環境と絵図」大阪府埋蔵文化財協会編『日根荘総合調査報告書』。
額田雅裕　二〇〇一「桛田荘（窪・萩原）遺跡の地形環境」和歌山県文化財センター編『桛田荘（窪・萩原）遺跡』。
額田雅裕　二〇〇四「慶安三年賀勢田荘絵図に画かれる灌漑用水と耕地の立地環境」和歌山市立博物館研究紀要一八。
服部英雄　一九九五「紀伊国桛田庄絵図の受難」国立歴史民俗博物館編『描かれた荘園の世界』新人物往来社。

第三章　紀伊国桛田荘文覚井再考
―紀ノ川支流、穴伏川流域における水利秩序の形成―

はじめに

紀伊国桛田荘（現在の和歌山県伊都郡かつらぎ町笠田《かせだ》地区周辺）には、中世の村落景観を描いた二枚の絵図（桛田荘絵図、神護寺本と宝来山《ほうらいさん》神社本とがあり、いずれも重要文化財に指定されている。）が残されている。この二枚の絵図の制作時期や制作目的をめぐって、これまで活発な論争が行われてきた。(1) 桛田荘の西隣に位置するのが静川荘で、両荘の境界付近を紀ノ川の支流である穴伏川《あなぶしがわ》（静川、北川、四十八瀬川とも呼ばれる。）が流れている。桛田荘の荘域が穴伏川の右岸（西岸）に張り出しているため、両荘の境界は穴伏川ではなく、右岸の下位段丘崖付近にあった。この境界は伊都郡と那賀郡との郡境でもあり、現在のかつらぎ町と紀の川市との境界にもなっている。

ところで、前述した桛田荘絵図には、大きく四つに区分された耕地（開発地）が描かれている。しかし、開発に不可欠であるはずの水路は、なぜか描かれていない。一方、慶安三年（一六五〇）の年紀のある賀勢田荘絵図（宝来山神社蔵、宝来山神社本の「附」指定となっている。以下、「慶安絵図」と略す。）には、穴伏川の両岸から引かれた八本の水路が描かれている。このうち、左岸の最上流に描かれた水路は、昭和四十七年（一九七二）に「中世農耕用水

路跡　文覚井」として、和歌山県の史跡に指定された。この水路が「文覚井」と呼ばれるのは、鎌倉時代前期の文覚上人が開削したという伝承によっている。[2] 一方、宝永六年（一七〇九）から享保十五年（一七三〇）までの間に描かれたとされる伊都郡移村預所墨引絵図には、[3]「一ノ井出《手》口」とあるように、「一ノ井」とも呼ばれていた。これまでの研究では、この二つの呼称（「文覚井」と「一ノ井」）については、あまり意識されずに混同して使用されてきた。後述するように、本稿では文覚井＝一ノ井という理解にたっているが、この理解とは異なり、文覚井は一ノ井、二ノ井、三ノ井の総体であるととらえる理解もある。

　これまでの桛田荘にかかわる研究では、桛田荘絵図に関連する研究が中心で、文覚井（一ノ井）に関するものは皆無である。その理由として、桛田荘絵図に水路が描かれていないことや灌漑水利に関する史料のほとんどが近世以降であったため、中世史研究ではほとんど取り扱われなかったことなどが挙げられる。また、西隣の静川荘の研究についても同様である。こうしたなかで、文覚井やその周辺の歴史的景観が大きく変化しようとする昨今の状況を考えると、穴伏川をはさむ桛田荘と静川荘の開発史を明らかにすることは歴史研究に携わるものの責務といえるだろう。本稿では、こうした問題関心から、桛田荘開発の基幹水路である穴伏川からの水路（主に一ノ井・二ノ井・三ノ井）について、可能な限りその歴史的変遷を跡づけてみる。そのうえで、これまであまり問題にされなかった文覚井と一ノ井との関係を、桛田荘・静川荘の開発と不可分の関係にあった穴伏川流域における水利秩序の形成との関連で明らかにしてみたい。なお、「桛田」の地名は「笠田」や「賀勢田」などと表記されることもあるが、本稿ではとりあえず「桛田」に統一した。また、本稿で引用した史料の多くは、かつらぎ町史編集室が収集した史料である。改めて謝意を述べたい。

第一節　文覚井をめぐる研究史

まず、文覚井（一ノ井）に関するこれまでの研究を確認しておきたい。

小山靖憲氏は、慶安三年（一六五〇）の年紀のある賀勢田荘絵図に描かれた水路（四本のうち三本）について、「あるいは桛田荘の立荘以前から存在したかも知れないが、一三世紀前半期より相論が起っている事実を考慮すれば、神護寺領になって以後、その開削と整備が強力に推進されたとみた方が妥当であろう」[4]とし、さらに、「桛田荘と静川荘の相論が、鎌倉時代中期の貞応二年（一二二三）ごろより起っている（神護寺文書）ので、このころまでに一ノ井が開削されていたことは確実である。」[5]と述べている。また、黒田日出男氏も「鎌倉前期以降に、静川からの取水（井手）の権利をめぐる在地秩序が形成されていったのであろう。そうしたなかで、恐らく文覚井も構築され、『上人池』などの溜池築造もなされ続け、『桛田』地域の水利条件が大きく改善されていったであろう。」[6]と述べている。小山氏・黒田氏とも、貞応年間（一二二二〜二四）に起こった桛田荘と静川荘との相論[7]を前提として、十三世紀前半には一ノ井は開削されていたとし、この時期の穴伏川流域の水利秩序が、穴伏川左岸で取水する一ノ井を中心に形成されていたとしている。ここで問題なのは、静川荘との相論が仮に用水相論であったとしても、一ノ井をめぐるものであったかどうかである。残念ながら、その理解の前提となるべき一ノ井が、最初に開削された穴伏川からの水路であることを示す史料は提示されていない。

一方、文治元年（一一八五）の桛田荘坪付帳[8]に注目したのが、木村茂光氏[9]と、黒田日出男氏[10]である。木村氏は、坪付帳に記された四つの地域（冒頭の地域名は不明）について、「坪付帳に記載された小字名と現在の小字名の比較から、前欠部分は現在の窪・萩原・笠田中・同（笠田）東の地区、川南は不明、川北は背山、静川は移・高田地区に該当する。」と述べている。そのうえで、「『萩原・笠田』の主要な用水源が池水や谷水やヤトの湧水にあった」のに対して、「『移』地域の主要な用水源は池水や谷水や湧水ではなく、静川からの取水であった」とする。つまり、「一二世紀後半の桛田荘において依拠すべき耕地が『移』地域の耕地であった」ことを明らかにしたのである。残念ながら、木村氏は「静川からの取水」が具体的にどの水路であるかについては言及していない。一方、黒田氏も「（文治元年の坪付帳の作成時点で）静川沿岸の上田を灌漑する井手が設定されていたと考えられる。それに対して、「桛田」地域を灌漑するための文覚用水はまだ存在していなかった。」と述べている。こうした研究によって、一ノ井以前に存在した移地域を潤す水路（二ノ井）が明らかになってきた。

服部英雄氏は、これまでの研究史をふまえたうえで、文献史料（近世史料も含む）と現地調査によって、文覚井の沿革に迫っている[11]。本格的に文覚井にふれたのは服部氏が最初である。服部氏は従来の桛田荘研究にも再検討を加えているが、ここでは直接文覚井に関する指摘だけに限定しておく。服部氏は、聞き取り調査から「文覚井はきわめて強い水利権をもっていた」と指摘する。さらに、文覚井の呼称に関する初見史料は、宝永六年（一七〇九）の小田新井筋品々書留[12]であるとし、「かなり時代的に下がることになるが、小田井のなかった時代には基幹用水は文覚井のみであるから、他の用水と区別する必要もなく、単に井手と呼ばれていたものであろうか。文覚上人に関する伝承はあったとしても一般に文覚井と呼ばれるようになったのは近世も中期頃なのかもしれない。」と述べている。その一方で、桛田荘絵図の制作時期との関連のなかで、「もし桛田庄図が貞応相論時に画かれたものであるならば、領有の有力根拠となる文覚井を画かなかったことはきわめて不自然となる。その場合には文覚が開鑿したとする文覚井伝承は後世の仮託といわざるを得ないであろう」とも述べている。

このように、一ノ井の開削時期が二ノ井のそれよりも下る可能性が濃くなるなかで、筆者も同様なことを述べたことがある。[13] では、一ノ井はいつ開削されたのか。そして、どのようにして一ノ井が周辺の水路のなかで強い水利権をもつようになったのだろうか。次節以下では、桛田荘とその周辺地域の開発を具体的に明らかにしたうえで、これらの点について言及したい。

第二節　桛田荘における開発と北川井手

(一) 中世から近代にいたる開発の概況

中世から近世にかけての桛田荘の開発を知ることができる格好の史料がある。一つは前述した文治元年（一一八五）の桛田荘坪付帳[14]で、もう一つは宝永五年（一七〇八）の伊都郡丁ノ町組指出帳[15]である。この二つの史料によって、十二世紀終わりと十八世紀初頭という、五〇〇年余りの開きがある二つの時期の開発状況を知ることができる。そこでまず、両者を比較する前提として、文治元年の坪付帳に記された四つの地域と宝永五年の指出帳に記された八カ村（「桛田荘八カ村」と呼ばれている）との対応関係を明らかにしたい。表1は、これまでの研究によって明らかにされた両者の関係を一覧にしたものである。木村氏・黒田氏とも、坪付帳の前欠部分（黒田氏は「桛田」地域と呼ぶ）は近世の東村・中村・萩原村・窪村とし、川北地域は背ノ山村、静川地域は移村・下夙村、川南地域は島村（木村氏は不明とする）に比定している。木村氏・黒田氏の地域区分は、坪付帳に現れた地名と現在の字名との比較、各

表1　桛田荘八カ村の地域区分

近世の村	木村茂光「文治坪付帳」	木村茂光「桛田荘絵図」	黒田日出男「文治坪付帳」	前田正明「文治坪付帳」	前田正明「慶安絵図」
東村	前欠部分	「大豆畑中山」と「大道」に囲まれた地域 八幡宮の東から南にかけての地域	「桛田」地域(仮称)	「桛田」地域(仮称)	「井セキ東村・萩原村・中村」
中村	前欠部分	「大豆畑中山」と「大道」に囲まれた地域 八幡宮の東から南にかけての地域	「桛田」地域(仮称)	「桛田」地域(仮称)	「井セキ東村・萩原村・中村」
萩原村	前欠部分	「大豆畑中山」と「大道」に囲まれた地域 八幡宮の東から南にかけての地域	「桛田」地域(仮称)	「桛田」地域(仮称)	「井セキ東村・萩原村・中村」
窪村	前欠部分	「大豆畑中山」と「大道」に囲まれた地域 八幡宮の東から南にかけての地域	「桛田」地域(仮称)	静川地域	「井セキ移村・窪村」
背ノ山村	川北地域	「大豆畑中山」と「大道」に囲まれた地域 八幡宮の東から南にかけての地域	川北地域	川北地域	「井セキ夙村・瀬ノ山村」
移村	静川地域	「大豆畑中山」と「静川」に囲まれた西側の地域	静川地域	静川地域	「井セキ移村・窪村」
下夙村	静川地域	「大豆畑中山」と「静川」に囲まれた西側の地域	静川地域	川北地域	「井セキ夙村・瀬ノ山村」
島村	※川南は不明	紀ノ川を越えた南側の地域	川南地域	川南地域	

(出典) 黒田日出男「荘園絵図と牓示―神護寺所蔵『紀伊国桛田荘絵図』―」二〇〇〇
木村茂光「荘園の四至と牓示―紀伊国桛田庄絵図を読む―」二〇〇六

村の地理的な位置関係などに基づいて行ったものである。これに対して、筆者は以前にも指摘したように[16]、地域区分を考える場合、どの水利系統に属しているかに指標を置くべきであり、この点から「慶安絵図」に記された穴伏川から桛田側に引かれた水路と受益村との関係に注目すべきであると考える。したがって、後述するように、文治元年の時点ですでに存在した可能性が濃い二番目の水路（二ノ井）の受益村である移村・窪村の二カ村は、静川地域に比定できる（厳密にいえば、明治七年に萩原村領とされた穴伏川右岸の桛田荘新田も含まれる）。一方、一番目の水路（一ノ井）や四番目の水路（三ノ井）は文治元年の時点で開削されていないものの、静川地域との位置関係も考慮して、「桛田」地域は萩原村・中村・東村の三カ村、川北地域は下夙村・背ノ山村の二カ村、川南地域は島村にそれぞれ比定できる。

表2は、文治元年から明治初年までの桛田荘八カ村の田地の増加を示したものである。文治元年から宝永五年まで

表2　文治元年から明治初年までの桛田荘八カ村の田地の増加

文治元年(1185)	慶長6年(1601)(本田のみ)	元禄17年(新田のみ)	宝永5年		正徳5年(新田のみ)	安永2年(新田のみ)	明治4年(新田のみ)	明治9年	
			(本田のみ)(註1)	(新田のみ)				田反別	うち増加分
A「桛田」373反28			萩原村 142反0-00	1反9-06	26反8-27.7	31反4-10.4		410反4-10	134反2-18.2
			(桛田荘新田)	34反4-27	51反9-06	58反7-21			
	中村 189反1-29		中村 210反5-08	14反1-06[註2]	24反5-17	39反7-15.9	33反7-24	329反2-28	89反4-02.7
	東村 308反3-04	47反5-06	東村 362反4-29	65反5-06	66反5-21	105反7-18		808反2-22	367反3-03.9
			(小計) 715反0-07						
B川南 24反97			島村 75反1-20	3反1-15	3反1-15	3反1-15		――――	――――
C川北 19反11			下夙村 75反3-22.7	3反1-03	3反1-18	3反5-15		116反2-27	49反3-02.3
			背ノ山村 119反7-21	2反0-12	5反0-23	7反6-11		152反4-01	25反4-01
			(小計) 195反1-13.7						
D静川 208反30	移村 125反5-21		窪村 111反1-22	なし	4反6-18.9	?		189反7-14	39反3-06.5
			移村 129反1-21	32反7-27	35反3-21	41反9-12		259反9-09	112反2-13
			(小計) 240反3-13						
(合計) 624反166			1225反6-23.7						
出典①	出典②	出典③	出典④		出典⑤	出典⑥	出典⑦	出典⑧	

この表は、黒田（2000）「表4　五世紀間の田地増加」を加筆・修正したものである。文治元年（中世）と慶長6年（近世）以降では「反」の表記に違いがあるので留意する必要がある。

註）1：（本田のみ）には、屋敷を含まない。また、この（本田のみ）の本田には、慶長6年検地帳に登録された田地に、慶長6年以降地目変更によって本畑から本田に変更された田地も含む。

2：宝永3年「伊都郡中村新田畑地詰検地帳」（笠田中区文書）に記載されている新田の面積も「14反1-06」である。

（出典）①文治元年「桛田荘坪付帳」（神護寺文書『かつらぎ町史』古代・中世史料編）
②慶長6年「笠田中村検地帳帳尻」（笠田中区文書『かつらぎ町史』近世史料編）
慶長6年「伊都郡東村検地帳」（笠田東区文書『かつらぎ町史』近世史料編）
寛政12年「反別畝高改帳　伊都郡丁ノ町組移り村」（松山良樹氏文書）
③元禄17年「伊都郡東村新田畑地詰検地帳」（笠田東区文書）
④宝永5年「伊都郡丁ノ町組指出帳」（中谷正敏氏文書『かつらぎ町史』近世史料編）
⑤正徳5年「伊都郡丁ノ町組指出帳」（田村茂八郎氏文書）
⑥安永2年「伊都郡丁ノ町組指出帳」（松山良樹氏文書）
⑦明治4年「笠田中村新田畑御検地帳」（笠田中区文書）
⑧明治9年「第四大区一小区反別収穫地価合計書上げ帳」（松山良樹氏文書『かつらぎ町史』近代史料編）

をみると、A「柞田」、B川南、C川北の三つの地域では顕著な増加がみられるのに対して、D静川の地域では増加が少ない。一方、表3は近世後期における田地の水掛かり状況を示している。この地域では、宝永四年から翌五年にかけて開削された小田井によって水利系統は大きく変化するが、小田井以南でも依然として井手（一ノ井）掛かりの田地もあった。また、宝永六年（一七〇九）から享保十五年（一七三〇）までの間に描かれたとされる伊都郡移村預所墨引絵図[17]には、「三ヶ村一ノ井出（手）口」・「移村・久保（窪）村二ノ井出（手）口」・「下夙村・背山村三ノ井出（手）口」という記述があり（一ノ井・二ノ井・三ノ井の呼称に関する初見）、この三本の水路が「慶安絵図」に描かれた三つの水路と一致している。

(二)　東村の開発と一ノ井

一ノ井は、近世の東村・中村・萩原村の田地を潤す水路である。一ノ井は、かつらぎ町笠田東の字北川で穴伏川から取水し、笠田中と移の境界沿いを南西に流れ、萩原の字滝ノ上と笠田中の字井上原《いがみはら》の境界を通り、風呂谷川の源流に落としている。しばらくは風呂谷川を流れ、萩原の字三分《みわけ》で萩原に分水され、さらに少し下流の笠田中の字水分原《みわけはら》で分水され、笠田中・笠田東方面に流れていく。萩原への水路は、段丘崖に沿って開削され、神願寺・宝来山神社の裏側から萩原の田地を潤している。一方、分水され、笠田中・笠田東方面に向かった水路は、笠田中の字寺前《てらまえ》の「二王堂ノ西ノ戸」と「二王堂ノ前ノ戸」、字出口の「出口ノ戸」の三カ所で分水し、笠田中の田地を潤している。水路はさらに東進し、笠田東との境を流れる堂田川《どうでんがわ》（滝の谷川）の手前で、上井《うえい》と下井《したい》の二つの水路に分かれる。上井は堂田川と主花谷《しゅけだに》を掛樋で越えるのに対して、下井はいったん二つの谷（堂田川・主花谷）にそれぞれ落とされ、すぐ下流で堰き止めて再び取水され、それぞれ笠田東の田地を潤している。現況調査から、上井は笠田東の字垣添《かきぞえ》・蛭子《えびす》前《まえ》・中野・芝ノ前・久保田といった比較的高い田地を、下井は字拾五社《じごせ》・室ノ木《むろのき》・前田・西地蔵前・東地蔵前・男子《おのこ》といった比較的低い田地を、それぞれ灌漑していることが確認できる。

文治元年の坪付帳からもわかるように、桛田荘の東部（東村・中村付近）は、荘域のなかで開発の遅かった地域である。しかし、弘治四年（一五五八）の東村水張番水注文[18]によると、東村の灌漑面積は上井が七町四反半、下井が一七町大四〇歩で、合計二四町五反一〇〇歩となっており、十六世紀半ばの時点で、東村の開発はかなり進んでいたことがわかる。服部氏は前述した史料をもとに、「一時《いっとき》（二時間）にかけ得る水の田積が上井が一反三一〇歩、下井が四反一〇〇歩と二・五倍の差があったことである。おそらく上井が池がかり、下井が文覚井がかりだったのであろう[19]。」と述べている。しかし、上井と下井との違い（上井の水源が中村からの一ノ井の水だけであったのに対して、下井はそれに加えて二つの谷を通じて池の水も利用している。）からすれば、むしろ「上井が一ノ井がかり、下井が一ノ井がかりと池がかり」とすべきであろう。

ところで、慶長七年（一六〇二）の諸寺諸社造営目録[20]には、紀ノ川沿いに木食応其が改修した溜池が記されている。そのなかで「かせたの池」の記述があり、池を特定できる資料は確認されていないが、池の規模から考えると東村にある太尾池《ふとおいけ》である可能性が濃い。東村の慶長検地の分析から、慶長六年の時点において、太尾池などの池水は下井の水を補塡するために使用されていた可能性がある。この時期、東村の田地は一ノ井（上井と下井）と、太尾池を中心とする溜池とによって、灌漑されていたのである。

最後に、近世以降の状況をみてみよう。表2で示しているように、慶長六年の検地帳に記された東村の田地面積は三〇町八反三畝四歩であり、小田井が開削される直前の宝永五年（一七〇八）の時点での新田は六町五反余であった。近世前期に赤坂池（中村領）や上ノ池（廻尾池、中村領）などが築造され、一ノ井の水が掛からなかった村内北部の上位段丘や丘陵部の開発が行われるようになった（市右衛門新田と呼ばれる地域も含まれる。市右衛門は、後述する是吉の子孫である）。表3をみると、東村では小田井掛かりは、本田（慶長六年の検地帳に登録された田地と慶

表3　近世後期における田地の水掛かり状況

	下夙村	背ノ山村	移　村	窪　村	萩原村	中　村	東　村
【本　田】							
小田井掛かり	9反8-03.5	54反8-09.5	――――	103反1-27.7	135反5-15.4	89反0-10.9	304反3-06.4
池掛かり	21反9-16	14反2-14	5反8-18	10反8-25.6	21反3-17.5	32反6-13	55反2-00
井手掛かり	20反2-20	4反4-03	114反2-25	16反4-08	32反0-19.2	79反4-10.5	15反4-26.72
天水待	30反1-00.4	2反3-21	――――	――――			
（合　計）	82反1-09.9	75反8-17.5	120反1-13	130反5-01.3	188反9-22.1	201反1-04.4	375反0-03.12
【新　田】							
小田井掛かり	2反2-00	（不　明）	（不　明）	（不　明）	（不　明）	（27反□-□□）	37反4-11.2
池掛かり						（ 7反0-21）	49反2-09.5
井手掛かり	7-18					（ 3反7-□□）	2反9-19.9
（合　計）	2反9-18	――――	――――	――――	――――	――――	87反6-10.6

（出典）安永２年「伊都郡丁ノ町組指出帳」（松山良樹氏文書）

長六年以降に地目変更によって本畑から本田に変更された土地）が三〇町四反余、新田が三町七反余、池掛かりは本田が五町五反余、新田が四町九反余、井手掛かりは本田が一町五反余、新田が三反弱となっている。宝永期以降、東村の田地は小田井掛かりが圧倒的になり、井手掛かりは新田を合わせても二町に達していない。さらに、明治九年（一八七六）の時点で東村の田地は八〇町八反二畝余りで、やや時期は下るが、明治十六年（一八八三）の時点で小田井の灌漑面積は四七町二反三畝余りに達している[21]。

㈢　移村の開発と二ノ井・三ノ井

二ノ井は近世の移村・窪村の田地を潤す水路である。二ノ井は、かつらぎ町移の字上芝《かみしば》で穴伏川から取水し、穴伏川と並行して河岸段丘沿いに流れ、移村の中位段丘から下位段丘にある田地を灌漑している。途中、水越と呼ばれる所で分水され、丘陵の鞍部を越えて窪村の田地も潤している。丘陵を越えた所に小堂谷池と呼ばれる溜池があり、かつて「小堂谷池に溜められた用水は、岡井手・墓井手・東窪井手を通じて大字窪の一部を灌漑[22]」していたという。

表４で示したように、文治元年（一一八五）の時点で静川地域（近世の移村と窪村の二カ村）の上田は、田地全体の四二・三％を占めている。このことは、静川地域が「桛田」地域とは対照的に、桛田荘のなかで最も早く開発されたことを示している。中世における移村・窪村の開発状況は全くわからないが、表５で示

表4　文治元年の坪付帳における各地域の等級別比率

	「桛　田」	静　川	川　南	川　北
上　田	17反53（4.7%）	88反18(42.3%)	0反　(0%)	4反08(21.4%)
中　田	40反58(10.9%)	21反85(24.5%)	24反97(27.9%)	2反　(9.6%)
下　田	315反17(84.4%)	98反27(47.2%)	0反　(0%)	13反03(68.2%)
合　計	373反28（100%）	208反30（100%）	24反97（100%）	19反11（100%）

黒田（2000)「表2　各地域の上田・中田・下田比率」をもとに作成した。

表5　慶長6年の検地帳における各村の等級別比率

	中　村	東　村	移　村
上々田	103反9-21	93反4-18	59反0-00
上　田	43反2-04	103反2-00	21反4-00
中　田	17反4-10	90反3-27	24反4-06
下　田	8反7-27	10反1-03	10反7-24
下々田	15反7-27	7反2-12	9反9-21
下々山田	―――	3反9-04	―――
屋　敷	8反0-15	13反7-10	4反8-15
田方（小計）	197反2-14	322反0-14	130反4-06
上々畠	―――	64反8-03	反4-03
上　畠	6反5-27	29反7-21	1反7-27
中　畠	9反3-20	54反9-19	1反3-06
下　畠	4反7-24	33反8-03	反5-27
下々畠	9反8-18	17反7-12	反1-15
畠方（小計）	30反5-29	201反0-28	4反2-18
合　計	227反8-13	523反1-12	134反6-24
	出典①	出典②	出典③

（出典）①慶長6年「笠田中村検地帳帳尻」（笠田中区文書『かつらぎ町史』近世史料編）
②慶長6年「伊都郡東村検地帳」（笠田東区文書『かつらぎ町史』近世史料編）
③寛政12年「反別畝高改帳　伊都郡丁ノ町組移り村」（松山良樹氏文書）

註）1　中村の田方（本田）面積は、宝永5年「伊都郡丁ノ町組指出帳」（中谷正敏氏文書『かつらぎ町史』近世史料編）と慶長6年「笠田中村検地帳帳尻」とで数値が合わない。荒れ記載は省略してある。

2　東村の田方（本田）面積は、宝永5年「伊都郡丁ノ町組指出帳」（中谷正敏氏文書）と慶長6年「伊都郡東村検地帳」とでは数値が合わない。荒れ記載は省略してある。

3　移村の田方（本田）面積は、宝永5年「伊都郡丁ノ町組指出帳」（中谷正敏氏文書）では、13町4畝6歩となっている。

正徳5 (1715)	明和8 (1771)	安永2 (1778)	安永7 (1778)	文化2 (1805)	文化3 (1806)	安政4 (1857)	明治6ヵ (1873)	明治12～21 (1879～88)
北川井手	文学井出	北川井出		文学井手・一ノ井		文学井出		文覚井
北川井手		北川井出	大井出溝	二ノ井文学上人御掘立	大井出	移り村大井出	大井出	移り村井
					小井出		小井出	移村新田井
			宇藤			宇藤井出	宇藤井出	
			移村領浦川井出		川原用水溝	浦井出	浦井出 下川原井手	
北川井手	下夙・背山二ケ村ニ限り本田筋へ懸候北川井出	北川井出	夙・背山用水井出			下夙村小溝用水		高田井(旧称下夙井)
小田新井				小田井				
丁ノ町組指出帳(田村茂八郎氏文書)	木村篤邦氏文書/松山良樹氏文書	丁ノ町組指出帳(松山良樹氏文書)	松山良樹氏文書	松山良樹氏文書	松山良樹氏文書	松山良樹氏文書	松山良樹氏文書	木村篤邦氏文書

したように慶長六年（一六〇一）の移村検地帳に登録された土地のうち九七％近くが田で、その六二％近くが上々田・上田に位付けされている。このことは近世初頭における移村の土地生産力の高さを物語っている。近世になると、小堂谷池の水を背ノ山村の田地にも掛けるため、「上置」（堤を高くすること）も行われた。元禄九年（一六九六）の約定書[23]から、その時期は延宝四年（一六七六）と貞享元年（一六八四）であったという。柞田庄宝来山境内記[24]によれば、境内にあった地蔵堂のなかに納められていた古札にも、それを示す文言が記されていたという。

表6は、北川井手と総称されていた穴伏川左岸の水路について、個々にどのように呼ばれていたのか、残されている史料からその変遷をみたものである。穴伏川左岸の幹線水路四本のうち、一番目・二番目・四番目の水路は、近世中期には「一ノ井出《手》」・「二ノ井出《手》」・「三ノ井出《手》」と呼ばれていた[25]。二ノ井は大井出《手》・移村大井出《手》・移村井とも呼ばれていたことがわかる。一方、「慶安絵図」には上流から三番目に描かれている水路がある。これは、のちに小井出《手》・移村新田井と呼ばれた水路と考えられる。移村には、このほか安永期以降に

表 6　史料に現れた穴伏川（静川・北川・四十八瀬川）左岸の水路

文正元（1466）	弘治4（1558）	寛永11（1634）	慶安3（1650）		元禄12カ（1699）	宝永5（1708）	宝永6（1709）	宝永6～享保15（1709～30）
神護寺領用水	上井 下井	中村・東村いて（東村・中村いで）	井せき東村・萩原村・中村	井せき東村・萩原村・中村		北川井出	北川文学井 北川井	三ケ村一ノ井出口
			井せき移村・窪村	井せき移村・窪村		北川井出	北川井	移村・久保村二ノ井出口
			（水路描写）	（水路描写）				
				（水路描写）				
			井せき夙村・瀬ノ山村	井せき夙村・瀬ノ山村	下夙村・背ノ山村井出	北川井出		下夙村・背山村三ノ井出口
						小田新井	小田新井	
神願寺文書	木村篤邦氏文書	木村篤邦氏文書	「慶安絵図」（宝来山神社蔵）	「慶安絵図」（所蔵者未詳）	松山良樹氏文書	丁ノ町組指出帳（中谷正敏氏文書）	大畑昌平氏文書	伊都郡移村預所墨引絵図（個人蔵）

確認できる宇藤井出(手)・浦井出(手)・下川原井出(手)などの水路もあった。こうした井手によって開発されたのが、中芝新田・和田新田・浦川新田・下川原新田などで、地形的には穴伏川左岸の沖積低地に該当している[26]。いずれの水路も山際では大雨による「山崩・砂入」、水際では洪水による「欠落・破損」の被害をしばしば受けている。とくに後者の被害は大きく、一ノ井・二ノ井以外の新しく開削された移村の水路については、現況から当時の取入口を特定するのは困難である。

移村では、極楽寺がある字和田付近で中位段丘崖が穴伏川に迫っており、それを境に北と南に大きく二つの沖積低地が存在している。このうち北側の字名をみると、上芝・中芝（この「中芝」は萩原村領）、中芝・下芝で、南側のそれは上川原・中川原・下川原である。近世の土地台帳と近世の地番がついた明治期の地籍図をもとに、近世の移村の景観を復元した藤本清二郎氏・田村和士氏によれば、沖積低地の田地は慶長検地の時点ではほとんど登録されておらず、慶長期以降の新開地であるという。このうち、字湯神《ゆがみ》と字中芝（この「中芝」は移村領）の田地の多くは「和田」と呼ばれていることから、和田新田と推定できる。「慶安絵図」に描かれた三番目の水路は、その位置から考えて和田新田付近を潤した水路ではないかと考えられる。一方、字中川原の川沿いに「浦川」と呼ばれる田地があり、この付近が浦川新田と呼ばれた場所であろう。さらに、字下川原付近にあったのが下川原新田と考えられる。

これに対して、三ノ井は下夙村・背ノ山村の田地を潤す水路である。三ノ井は移・高田の河岸段丘面沿いに穴伏川と並行して流れ、高田の集落を反時計回りして背ノ山まで通じている。現在はほとんど使用されていないため、現況を確認するのは困難である。ただ、前述した伊都郡移村預所墨引絵図[27]によって、移村の領内に取入口があったことは確認できる。しかし、しばしば襲った洪水が原因と考えられるが、現在その取入口の痕跡はみられない。明和八年（一七七一）の願書[28]には、三ノ井は「下夙・背山二ケ村ニ限り本田筋へ懸候北川井出《(手)》水」と記されており、下夙村と背ノ山村の本田を潤す水路であったことがわかる。このことから、三ノ井は慶長六年以前にさかのぼる水路であることは確かであるが、開削時期を示すような史料は今のところ見つかっていない。ところで、前述した史料によれば、明和八年に移村の田人惣代が、移村領内の土地に対して三ノ井の用水利用を求めて、「去年以来移村領分へも可懸筈」と大庄屋に訴えている。もともと二カ村の水路であった三ノ井の水利権をめぐって、移村がその権利を主張した背景には、三ノ井取入口の付け替えにともなう流路の変更や、もともと荒地であった下夙村境に近い移村の土地の開発などが考えられる。三ノ井は、安永七年（一七七八）頃には、移村領内の新田付近で「地床」に埋もれていた（暗渠化していた）という[29]。

第三節　穴伏川流域の水利秩序の形成過程

(一)　是吉の活躍と一ノ井の開削

前節では、十二世紀末から十三世紀初頭にかけて、桛田荘では二ノ井の灌漑地域である穴伏川左岸の下位・中位段丘面（かつらぎ町移付近）と小堂谷池から丘陵を越えた紀ノ川北岸の下位段丘面（かつらぎ町窪付近）を中心とする開発が行われ、これとは別に穴伏川から取水した小規模な水路によって穴伏川両岸の氾濫原付近の一部も開発されていたと述べた。

では、一ノ井は、いつ頃開削されたのだろうか。従来、貞応年間（一二二二〜二四）に起こった静川荘と桛田荘との堺相論を根拠に、この頃には開削されていた、とされてきた。これに対して、服部氏は一つの可能性としながらも、貞応年間にはまだ開削されておらず、「(桛田)東庄・(桛田)西庄の双方に支配権をもつ権力（即ち神護寺以外の勢力）によって、受益三カ村全体の灌漑を目的に開鑿された[30]」と述べている。堺相論を一ノ井の開削に結びつける見解には少し無理があり、むしろ服部氏の指摘に傾聴すべきであろう。

そこで、もう一度現存する史料を見直すことにしよう。一ノ井が確認できる最も古い史料は、弘治四年（一五五八）の東村水張番水注文[31]とされている。この史料から、一ノ井は水末の東村では上井と下井に分かれ、二四町五反余りの面積の田地を潤すかなり規模の大きな水路であったことがわかることは前述した。では、関連する史料はこれ以前には本当にないだろうか。ここで注目されるのが、文正元年（一四六六）の守護畠山政長遵行状写[32]である。このなかに記された「神護寺領用水」の文言に注目したい。服部氏は、「文正文書は『神護寺領用水（脱）』（文覚井）の通水を守護が保証したものである。…（中略）…、守護が保証したという『事実』を捏造することが偽作の目的であった[33]」とし、「延徳文書[34]」と同様に、近世前期の偽作としている。筆者はむしろ中世にまでさかのぼる偽文書ではないかと考える。文正元年かまたはそれに近い時期に「神護寺領用水」と呼ばれるべき水路が存在した。だからこそ、こうした偽文書が作成されたのである。この水路こそ、まさしく一ノ井を指すものであった。

筆者は、以前に「延徳文書」について次のように述べたことがある。「延徳の文書は延徳三年に作成された偽文書ではないかと考える。では、だれが作成したか。これは前述したように、この時期に『桛田領』と称する在地勢力が『島』を中心とする河南地域にも支配を及ぼすようになり、『神護寺領紀伊国桛田庄』と称して、自らの支配の正統性を示すために作成したのではないだろうか[35]」。この「文正文書」も「延徳文書」と同様の性格をもたせるために作成されたものではないかと考える。つまり、文正文書の作成者は延徳文書と同じ「桛田領」と称する在地勢力で、彼らは自ら開削した水路の正統性を示すため、あたかも神護寺が開削したかのように、「神護寺領用水」と名付けたのである。

では、この「桛田領」と称する在地勢力とは、具体的にはだれを指すのか。そこで考えられるのが、東村を拠点にし、十五世紀から十六世紀に活躍した是吉をはじめとする木村氏一族の存在である[36]。残念なことに、是吉に関する確かな史料は少ない。旧例抃諸事記[37]には、是吉は「禁裏様御宿坊小田原御所坊也、抃唐船守事可任先例候、将又於下山天野禁裏様御殿役人事、嘉（賀）勢田住人参内仙人翁也、次ニ去々年（大永三年）当門跡青蓮院高野山御成之時是吉種々忠節之儀」と記され、禁裏や青蓮院への忠節によって、大永五年（一五二五）に後柏原天皇から、神社には「宝来山大明神位」、是吉には「是吉大明神」の神号が与えられたと伝えている[38]。また、『紀伊続風土記』（東村の条）によれば、「仙人翁是

吉墓　…（中略）…是吉は大永年間（一五二一〜二八）当処の富豪にして宝来山の社を再興したる人なり」と記されている。このように、是吉については伝承的な史料に頼らざるを得ないものの、少なくとも弘治四年（一五五八）に東村の上井・下井の水掛かり田地の総面積二四町五反一〇〇歩のうち二四・六％の田地（上井で二三％、下井で二五％）をもっていた是吉（在地勢力）が存在したことは確かであり、前述した是吉の系譜については、ある程度史実を伝えたものではないかと考えられる。

以上の点から、次のように考えたい。十五世紀から十六世紀頃にかけて、桛田荘東部（中村・東村）を開発するために、是吉によって穴伏川から取水する一ノ井が開削された。このとき、宝来山神社に通じる萩原村への水路も開削された可能性が濃い。つまり、宝来山神社とその神宮寺（現、神願寺）のある萩原村への水路と中村・東村への水路とが一体となった一ノ井が開削されたのである。萩原村への水路が同時に開削された背景には、萩原村の開発を目的にしていたことは確かであるが、荘の総鎮守とその神宮寺のある地に水路を引くことによって、一ノ井を由緒ある水路（「神護寺領用水」）にしようとする意図もあったのではないだろうか。東村の上井・下井に関する史料が是吉の子孫の家に伝来している点も、一ノ井と是吉との関係を示すものであろう。開削当初は二ノ井との間で水利権をめぐる相論があった可能性もあるが、前述したような画策の結果、中世後期になると、穴伏川から取水される水路のなかで一ノ井が最も古い水路であるとする由緒が形成され、それに基づく水利慣行（一ノ井が強い水利権をもつ）が形成されていったと考えられる。

（二）　穴伏川右岸の開発と「文覚井」呼称の成立

文治元年の桛田荘坪付帳には、前述したように、穴伏川右岸にあったと考えられる田地も記載されており、十二世紀末の時点で穴伏川右岸の氾濫原付近も桛田荘によって開発されていた。史料的な制約から中世の状況を明らかにすることはできないが、近世初期の状況を記した「慶安絵図」には穴伏川右岸に四本の水路が描かれている。[39] この付近は洪水を受けやすい不安定な土地であったが、古くから開発が行われた場所でもあった。表7は、穴伏川右岸の水路について、文献史料から確認できる名称を抜き出したものである。

戦国期から近世初頭頃にかけて、築堤などの治水技術が進み、穴伏川両岸の氾濫原付近の開発も進むようになると、桛田荘と静川荘との間での開発地（新田）の領有をめぐる争論がしばしば起こるようになる。例えば、寛永十六年（一六三九）から翌十七年にかけて、両荘の村々の間で開発地の領有と穴伏川の水利権をめぐって争論が起こっており、伊都・那賀両郡の代官から桛田荘の主張を認める裁許書が出されている。[40] こうした藩権力の裁定にもかかわらず、両荘の村々の間の争論はその後もやむことはなく、延々と近代まで続いた。

開発地の中心となったのが、「桛田荘新田」[41] と呼ばれる穴伏川の氾濫原付近（特に右岸）の土地であった。桛田荘新田には宝来山神社の「明神田」[42] が数多くあり、宝永五年の伊都郡丁ノ町組指出帳（前出）には桛田荘新田は宝来山神社のある萩原村の条に記されている。さらに、明治初期の地租改正では萩原村領となっている。[43]

同じ頃、桛田荘が穴伏川の右岸でもっていた「三筋半」の水利権と、静川荘がもっていた山道沿いの「三筋半」の入会権との交換が行われた。[44] 静川荘の村々が「三筋半」の水利権を獲得したことによって、穴伏川右岸の段丘上にある自村領の土地を開発することが可能となったのである。こうした状況は「慶安絵図」からも読みとるができる。反面、「慶安絵図」は桛田荘側の主張を表現したものであり、両岸の水路がまったく対称的に描かれている点にも注目すべきであろう。左岸に描かれた四本の水路のうち三本は堅固な井堰をもっているのに対して、右岸に描かれた四本の水路はいずれも簡素で、井堰をもっていない。左岸（桛田荘）側が圧倒的に有利な水利権をもっていたことが、一目瞭然に表現されているのである。

ところで、従来からいわれているように、「文覚井」の呼称が初めて史料に現れるのは、小田井の開削後、周辺の

表7　史料に現れた穴伏川（静川・北川・四十八瀬川）右岸の水路

慶安3（一六五〇）		井手（三間ほり付不申候）	井手		半井手	井手（三間ほり付不申候）		慶安絵図（宝来山神社蔵）
延宝7（一六七九）		岩之湯（上村懸かり）	二之湯・前平湯（平野村懸かり）		半之湯（平野村の内秋吉懸かり）	三之湯・横かき湯（下村懸かり）		史料番号14
寛政11（一七九九）	広口村領川筋本新田用水井出							史料番号30
文化5（一八〇八）							下村領ニ而佃村十右衛門開起仕候用水	史料番号34
明治6（一八七三）						前田井		史料番号40・41
明治12～21（一八七九～八八）	字北川井 字同所（北川）上井 字同所（北川）中井 字梅ノ木原下井	岩ノ井	前平井	平右衛門井	秋吉井	前田井	向西井	四郷川用水絵図（木村篤邦氏文書）
昭和11（一九三六）	上井湯（大字名手上管理） 中井湯（大字名手上管理） 村松湯（大字名手上管理）	岩ノ井湯（大字名手上管理）	前平湯（大字名手上管理）	平右衛門湯（大字平野管理）	秋吉湯（大字平野管理）	前田湯（大字名手下管理）	今新井田湯（大字名手下管理） 宮新田湯（大字名手下管理）	『郷土の礎』

註）史料番号は、『紀伊国名手荘・静川荘地域調査』に収録された史料の番号を示す。

水掛かり状況を調べた、宝永六年（一七〇九）の小田新井筋品々書留[45]である。小田井開削の直前の状況を記した宝永五年（一七〇八）の伊都郡丁ノ町組指出帳[46]には、「北川井出《(手)》」と記されており、小田井と区別をするため、一ノ井が「文覚井」と呼ばれるようになった、とされたのである。しかし、前述した宝永六年の史料を詳しくみると、萩原村に分水された一ノ井が「北川文学《(覚)》井掛り」と記されているのに対して、東村に分水された一ノ井は、これまでと同じ「北川井」のままで記載されている。一方、天保年間に編さんされた『紀伊続風土記』（萩原村の条）には、「文覚堰四十八瀬川の渓流を引きて、当村（萩原村）及中村・東村へ懸る所長一里三町なり、寿永年間文覚上人是を穿《ほ》りて農業の助とすといふ」とあり、『紀伊国名所図会』（第三編・巻之二）には、「文覚堰同村（萩原村）領山手にあり、寿永年中文覚上人の堀《(掘)》る所なり」となっている。いずれも、文覚堰（文覚井）が萩原村を流れる水路を中心に記述されている。また、前出の『紀伊続風土記』には、「当社（宝来山大明神社）祀神、今按するに旧弁財天を祀りし地にて、其後文覚造営の神宮寺ありけるを、是吉初めて四社を勧請して氏神とし、夫より大社となれるなるへし」とあり、宝来山神社・神宮寺（神願寺）と文覚上人・是吉との関係が記されている。さらに、文化三年（一八〇六）の桛田庄宝来山境内記[47]には、萩原村領の文覚井上《(井神)》という場所に「文覚堂」があり、「此堂東村・中村・萩原三ケ村ヨリ皆造営幷修復之時諸入用相弁へ申掛也、因テ言文覚井三ケ村之田育用水ニ限故也」という記述もみられる。服部氏は、「用水の運営と文覚にかかわる祭祀が一体化[48]」していると述べているが、遅くとも十七世紀に入る頃には、一ノ井のなかでも萩原村を流れる水路が強調され、文覚上人と是吉とが結びつけられ、さらに文覚井にかかわる祭祀が行われるようになった。そうしたなかで、一ノ井が「文覚井」と認識されようになり、やがて「文覚井」と呼ばれるようになったのではないかと考えられる。戦国期もしくは近世初頭頃に起こった桛田荘と静川荘との用水争論は、「文覚井」呼称の成立と密接にかかわっていたのである。

ところで、文化二年（一八〇五）の文覚井普請願[49]には、次のように記されている。

【史料1】

奉願上口上覚

一文学《カク》井手と申儀、東村・中村・萩原村・移村右四ケ村田地用水、昔《ムカシ》京都高尾山神護《シンゴヲ》寺文学上人江頼願出御寄《キ》付《フウ》(覚)、加勢田庄五(八カ)ケ村御領主之節、御掘立被為遊候井手ニて御座候、移り村江右井水分水ニ而取来り移村田地用水ニて御座候処、右分水ニてハ毎年損亡《ソンホヲ》致、其上諸造用銀多掛凌《シノギ》兼難渋仕り申ニ付、二ノ井文学上人御掘立、

一ノ井関《セキ》ニて長三間之間土金《はがね》不入、二ノ井ノため土金入致シ申儀、先規ゟ致来候定法ニて御座候、移村領ニ一ノ井形地尓今御座候、尤移村井手御掘立被成候ニ付、一ノ井・二ノ井ト申伝御座候御事

一前段之趣ニ御座候処、小田井出来候付、窪村領字《アサナ》岡ト申田地計ニ池用水ニて御座候ニ付、小堂谷池江毛付用水迄之内、二ノ井水任《マカセコミマンスイ》籠満水致置、右岡田地用水ニ致来り申候、然処苗代前右井筋《ミキイスシ》荒掘《アラボリサラエ》掫申節、右岡田人中拚窪村呼出し掫申通ニて御座候、井口関《セキ》込諸人夫入用其外苗代用水より彼岸《ヒガン》迄之内至極弱人共之内江米八斗ツ、ニ而、井手見廻り・水廻シ給米抔も窪村江壱銭も掛ケ不申、移村ニて相凌申候、且又二ノ井ノ手ゟ上ハ手ハ山々ニ而、毎度雨天之節ハ砂流《ナカレ》込、其節々移村ゟ人夫罷出井掫仕候得共、窪村壱人も呼出し不申候御事

一窪村より小堂谷池御普請其外諸入用銀高三ケ村へ三ツ割と申募り候へ共、移村ゟ井手造用等掛ケ不申儀ニ候、猶又移村領田地之儀、掛り高弐石九斗余ニて御座候、何分三ツ割ハ得受不申候、右ニ石九斗余掛り高窪・背山掛り高都合之上諸入用銀高割符仕候様被為仰付被下候、依之村中一(統)等奉願上候、以上

文化乙丑二歳二月

移村惣代　清次郎　印
同　辻右衛門　印
同　常　八　印
同　藤　蔵　印

右願書差出申候ニ付、加判仕差上申候、宜ク御取計之程奉願上候、以上

同　武兵衛印

移村庄屋　熊次郎印

森田禅助殿

この史料は、移村の村人が窪村から求められた小堂谷池普請などの費用負担の要求に対して、負担する根拠がないことを示すために作成されたものである。そのなかで、文覚井は東村・中村・萩原村・移村の四カ村の水路であるとされ、さらに一ノ井に加えて、二ノ井も文覚上人の「御掘立」であると記されている。しかし、二ノ井＝文覚井であるとする史料はこれ以外にはみられず、不正確な記述であることから、ここに記された内容（二ノ井＝文覚井）を史実とは考えにくい。というのは、この時期には、一ノ井＝文覚井とする認識は定着しており、前述の史料は二ノ井を文覚井の一部であると拡大解釈することで、移村が二ノ井の水利権を確保しようとしたものと考えられる。

桛田荘と静川荘との争論は、十九世紀末になってもなお続いた。明治初年に静川庄の村々との間で起こった用水争論の際に作成したと考えられる次のような史料(50)もある。

【史料2】

例法略申上候

一寿永二年院庁之御下文、文正元年閏二月廿三日禅林書判ニ而、畠山家臣遊佐兵庫助殿へ、かせ田庄之養水可為之書面幷ニ、慶安度寅卯安藤帯刀殿・三浦長門守殿御寄合ニ而被仰渡候郡奉行御書面等ニ而、静川畑地等荒場へ不当ニ用水引せ、庄内之新田旱損等可致定理者無之候御事

一かせ田北川筋新田百五拾石程、東村・中村・萩原・移り・下夙・庄新田等之養水者、他村へ養水取不用、水ヲも無体ニ関立、畑地・荒所無高地へ引渡させ候儀、百五拾石程之新田旱損可仕義定理ニ相立間敷奉存候御事

一文学（覚）井并移村・夙・背山等四ケ所井手者、本田方千石ニ及、町数六拾町余、養水ハ右北川ゟ取、旱損所ニ而古来之例法ヲ以、広口迄新田井手切落シ之認方、川上迄例法ニ御座候、静川へ為取候三筋半之井手ハ水尾より拾ひ掛ケ、右土関ニ而、鍬・唐鍬相用不申定例、山道三筋半之為替同様ニ御座候而、無体之致方者決而不仕筈、右認方破レ候ハ者、かせ田本田立行不申事

（以下略）

一箇条目では前述した「文正文書」が桛田荘の主張を裏付ける証拠の一つとしてあげられ、三箇条目では穴伏川右岸（慶安絵図に描かれた）四本の水路が、「本田方千石ニ及、町数六拾町余」を潤す一体の水路として記されている。これらの記述は、桛田荘の村々の主張を端的に示したものといえるだろう。

おわりに

中世前期には、二ノ井（移井）を中心として、静川地域（近世の移村・窪村と桛田荘新田）の開発は、かなり進んでいた。一方、この時点では穴伏川から取水する一ノ井は開削されておらず、桛田荘東部（近世の東村・中村・萩原村）は十分には開発されていなかった。桛田荘絵図が桛田荘の西部を中心に描かれている理由の一つに、制作当時のこうした開発状況が反映されていたことも考えられる。しかし、十五世紀から十六世紀になると、東村を拠点に勢力を有していた是吉が、桛田荘東部の開発を目的として一ノ井を開削し、桛田荘東部で大規模な開発が行われるようになった。開発の主体者であった是吉は、一ノ井と文覚上人とを結びつけ、やがて一ノ井は「文覚井」と呼ばれるよう

になった。そこには、穴伏川の水利権を確保するため、文覚上人に仮託して、一ノ井の正統性を主張しようとする是吉の思惑があったと考えられる。慶長十九年（一六一四）には、桛田荘の総鎮守である宝来山神社の社殿は再建されるが、その再建に中心的な役割を果たしたのも是吉であった。是吉は神宮寺の再興にも尽力し、やがて文覚堂の建立や文覚上人にかかわる祭祀も行うようになった。その維持・管理を行ったのが、東村・中村・萩原村の三カ村であった。このようにみると、一ノ井は、近世中期（宝永期）に突如として、「文覚井」と呼ばれるようになったのではない。少なくとも近世に入る頃には、一ノ井を「文覚上人ゆかりの水路」（＝文覚井）とする認識は定着していたと考えられる。「文覚井」の呼称が成立する過程は、まさに文覚井（一ノ井）の水利権が他の水路に対して優越するという、穴伏川流域（左岸）の水利秩序が形成されていく過程でもあった。

一方、穴伏川の右岸に眼を転じてみると、中世は左岸の水利権が右岸のそれに対して、圧倒的に優位な状況にあった。ところが、近世以降に起こる桛田荘と静川荘との用水争論や桛田荘がもつ「三筋半」の水利権と静川荘がもつ「三筋半」の入会権との交換などによって、左岸の水利権の優位性を揺るがせるような状況が生まれてくる。こうした状況に対して、桛田荘では穴伏川（左岸）から取水する水路を、川南の島村を除く桛田荘七カ村の田地を潤す一体の水路とみなし、「文覚井」をそれらの水路の一体性を示す象徴的なものとしてとらえるようになる。つまり、桛田荘では静川荘との対立関係のなかで、穴伏川から取水する基幹水路である一ノ井・二ノ井・三ノ井を文覚井（広義の文覚井）として総称するような認識が生まれてくるのである。こうして、中世に形成されていた穴伏川（左岸）を中心とした水利秩序が、やがて穴伏川（右岸）をも包括する形で、水利秩序が新たに形成されていった。「慶安絵図」は、それを端的に表現したものといえるだろう。

これまでの研究では、文覚井＝一ノ井と理解されてきた。しかし、これは一ノ井が最も古い水路であるという理解に立ったものであり、二ノ井・三ノ井の開削時期までを視野に入れたものではなかった。一方、最近出された桛田荘にかかわる報告書では、聞き取り調査の成果をもとに、二ノ井も文覚井の一つであると理解されている。調査地域で二ノ井を文覚井とする認識が存在することを前提にしたものであろうか。しかし、残っている史料のなかで二ノ井を文覚井と記したものは、前述した一例を除いて見当たらない。文覚井の呼称が成立した背景を考えても、本来文覚井（狭義の文覚井）は一ノ井だけを指すものであったとみるべきである。

本稿で明らかにしたように、二ノ井の方が一ノ井よりも開削が早かったにもかかわらず、一ノ井が文覚井と認識され（狭義の文覚井）、強固な水利権をもつようになる背景として、十五～十六世紀に東村を中心に活躍した是吉の存在を抜きにしては考えられない。一方、十七世紀以降に起こる桛田荘と静川荘との用水争論のなかで、桛田荘七カ村では、穴伏川の左岸で取水する基幹水路（一ノ井・二ノ井・三ノ井）を一体的なものとしてとらえ、文覚井をその一体性を示す総称として認識するような状況も生まれている（広義の文覚井）。こうした文覚井に対する認識の変化は、穴伏川流域における水利秩序そのものが変化していったことを物語るものといえるだろう。

註

（1）海津一朗「中世桛田荘研究の現状と争点」『和歌山地方史研究』第三十三号、一九九七年。
（2）例えば、『紀伊続風土記』二には、「文覚堰　寿永年間文覚上人是を穿りて農業の助とすといふ」と記されている。
（3）額田雅裕「伊都郡移村預所墨引絵図について―桛田荘域の用水の開削時期―」『和歌山市立博物館研究紀要』第十五号、二〇〇一年。
（4）小山靖憲「桛田荘絵図と堺相論」渡辺広先生退官記念会編『和歌山の歴史と教育』一九七九年。のち『中世村落と荘園絵図』所収、東京大学出版会、一九八七年。
（5）小山靖憲「紀伊国桛田荘絵図の変遷」葛川絵図研究会編『絵図のコスモロジー』上巻、地人書房、一九八八年。
（6）黒田日出男「荘園絵図と牓示―神護寺所蔵『紀伊国桛田荘絵図』の読解から―」皆川完一編『古代中世史料学研究』下巻、

吉川弘文館、一九九八年、のち一部改題のうえ、『中世荘園絵図の解釈学』東京大学出版会、二〇〇〇年に所収。
(7) 覚観書状・行慈書状、いずれも神護寺文書　かつらぎ町史編集委員会編『かつらぎ町史』古代・中世史料編、一九八三年、に収録、文書番号Ⅳ―九・一〇。
(8) 神護寺文書『かつらぎ町史』古代・中世史料編に収録、文書番号Ⅳ―四。この帳簿について、『かつらぎ町史』古代・中世史料編には、「五八町七反余りの田地が登録されている。字名などから前欠部分はそれほど多くないと推定されている。」と解説されている。
(9) 木村茂光「荘園の四至と牓示―紀伊国桛田荘絵図―」小山靖憲・佐藤和彦編『絵図にみる荘園の世界』東京大学出版会、一九八七年、のち一部改題のうえ、『日本初期中世社会の研究』校倉書房、二〇〇六年に所収。
(10) 黒田前掲論文(6)。
(11) 服部英雄「紀伊国桛田庄絵図の受難」国立歴史民俗博物館編『描かれた荘園の世界』新人物往来社、一九九五年。
(12) 橋本市賢堂　大畑昌平氏文書、かつらぎ町史編集委員会編『かつらぎ町史』近世史料編、一九八八年、に収録。文書番号Ⅹ―三二。
(13) 拙稿「荘園絵図と文覚井」山陰加春夫編『きのくに〔荘園の世界〕―学ぶ・歩く・調べる―』上巻、清文堂、二〇〇〇年。
(14) 神護寺文書『かつらぎ町史』古代・中世史料編に収録、文書番号Ⅳ―四。
(15) かつらぎ町広口　中谷正敏氏文書『かつらぎ町史』近世史料編に収録、文書番号Ⅰ―八。
(16) 拙稿前掲論文(13)。
(17) 額田前掲論文(3)。
(18) かつらぎ町笠田東　木村篤邦氏文書『かつらぎ町史』近世史料編に収録、文書番号Ⅹ―一八。
(19) 服部前掲論文(11)。
(20) 東京大学史料編纂所編『大日本古文書　高野山文書』之三、続宝簡集五四。
(21) 紀伊国伊都那賀両郡小田井筋全図面〔粉河町粉河　恩賀義之氏蔵〕。
(22) 財団法人和歌山県文化財センター編『桛田荘〔窪・萩原遺跡〕―紀ノ川流域下水道伊都浄化センター建設に伴う発掘調査

報告書―』二〇〇〇年。
(23)かつらぎ町窪　前田良治氏文書『かつらぎ町史』近世史料編に収録、文書番号X―二二。
(24)かつらぎ町萩原　神願寺文書『かつらぎ町史』近世史料編に収録、文書番号XⅢ―二一。
(25)額田前掲論文(3)。
(26)前掲書(22)。
(27)額田前掲論文(3)。
(28)かつらぎ町移　松山良樹氏文書、紀の川流域荘園詳細分布調査委員会編『紀伊国名手荘・静川荘地域調査』二〇〇四年、に収録、文書番号二四。
(29)松山良樹氏文書『紀伊国名手荘・静川荘地域調査』に収録、文書番号二八。
(30)服部前掲論文(11)。
(31)前掲史料(18)。
(32)神願寺文書『かつらぎ町史』古代・中世史料編に収録、文書番号Ⅳ―三二。ここでは、「文正文書」と略す。
(33)服部前掲論文(11)。
(34)宝来山神社に残されている延徳三年(一四九一)の桛田荘四至牓示注文。ここでは、「延徳文書」と略す。
(35)拙稿「『紀伊国桛田荘絵図』に描かれた『島』の領有問題―中世から近世にかけての渋田・島地域の開発史―」『和歌山県立博物館研究紀要』第四号、一九九九年。
(36)藤本清二郎氏によれば、是吉とその一統(木村一族)は、東村および桛田荘に根拠をおく土豪であり、一方で禁裏と関係をもち、他方で高野山ともつながりがあった、という。
(37)神願寺文書。
(38)醍醐寺には、江戸時代中期の写しとされる、大永五年八月二十七日付の後柏原天皇綸旨写がある(第三十九函―三)。端裏書には「大永五年行人方福蔵院江被成下候綸旨」と記され、「下綸旨於我国紀州伊都郡高野山禁裏御宿坊之事、小田原御所坊也、幷唐船高麗・琉球船祈禱専可任先例候、…(中略)…、叡感之余、紀州・泉州堺南北僧俗官位之御代官永臣可伝家者也、天気如此、悉之、以状」と記されている（総本山醍醐寺編『醍醐寺叢書目録篇2　醍醐寺文書聖教目録』第二巻（第二十一函～第四十函）、二〇〇五年）。一方、『紀伊続風土記』二の巴陵院の条には、「寺伝にいふ、開基詳ならす、旧福蔵院といふ、相馬家の帰依にて其君侯の法号巴陵院といへるをとりて改め称す、大永年中後柏原帝の皇子尊鎮親王故ありて当院に寓し給ふ時の院主を円弁といふ、其先を是吉といふ、当郡加勢田ノ荘の人なり、親王に奉仕す、親王其志を感し奏聞して本院を禁裏御宿坊として御所坊の称を賜ひ、是吉に参内仙人翁の称を賜ひ、紀泉両国の僧俗官位執掌の事を命せられ、円弁に異国船調伏の祈禱の事を勅命あり（綸旨ありしといふ、今伝へたるは偽物なり、添翰等真物なり）〈（）は割註〉」と記されている。また、『高野春秋』（大永五年八月二十七日条）にも関連する記述がある。

(39) 額田雅裕氏は、「慶安三年賀勢田荘絵図に画かれる灌漑用水と耕地の立地環境」（『和歌山市立博物館研究紀要』第十八号、二〇〇四年）で、「慶安絵図」に描かれている穴伏川右岸の用水を中心に、その灌漑範囲を地形面との関係で観察している。

(40) 松山良樹氏文書『紀伊国名手荘・静川荘地域調査』に収録、文書番号一〇。

(41) 松山良樹氏文書『かつらぎ町史』近世史料編に収録、文書番号Ⅹ―一三。

(42) 松山良樹氏文書『紀伊国名手荘・静川荘地域調査』に収録、文書番号二〇。

(43) 松山良樹氏文書『かつらぎ町史』近代史料編に収録、文書番号Ⅱ―六一。

(44) 静川荘文書、那賀町史編集委員会編『那賀町史』一九八一年、に収録、文書番号九―一・二。

(45) 前掲史料(12)。

(46) 前掲史料(15)。

(47) 神願寺文書『かつらぎ町史』近世史料編に収録、文書番号ⅩⅢ―二一。

(48) 服部前掲論文(11)。

(49) 松山良樹氏文書『かつらぎ町史』近世史料編に一部収録、文書番号Ⅹ―一二。

(50) 木村篤邦氏文書『紀伊国名手荘・静川荘地域調査』に収録、文書番号三九。

(51) 前掲書(22)。紀の川流域荘園詳細分布調査委員会編『高野枡をつくらせた荘園―もうひとつのカタカナ書き百姓申状の世界、紀の川流域荘園詳細分布調査概要報告書Ⅱ　官省符荘現況調査』二〇〇三年。

第Ⅱ部　荘園調査による景観復元と文覚井

第四章　桛田荘の開発と文覚井をめぐる論争について

第一節　文覚井への注目と領域型荘園説

荘園公領制という中世社会の構造を考える上でもっとも合理的な説明は、小山靖憲氏による領域型荘園説であろう（山陰　二〇〇〇）。この小山氏の領域型荘園説が、紀ノ川流域荘園群の具象、とりわけ桛田荘研究のなかから鮮明な像を結んだものであることは論をまたない（小山　一九七九）[1]。

西岡虎之助氏の精力的な研究以後、多くの高校・中学の社会科・地歴教科書に神護寺所蔵の荘園絵図が掲載されるようになった（西岡　一九三一）。小山氏は、この絵図を中世領域型荘園の典型として読み直し、荘園故地かつらぎ町の調査を進めてそのイメージの定着につとめた。とりわけ文覚井については、精力的に紹介した。すでに旧版の西岡虎之助監修『かつらぎ町誌』などで指摘されていた通り、文覚井は尾根（丘陵の鞍部）を越えて紀ノ川側の荘家中核部を灌漑するという注目すべき技術をもつ中世用水であった。一九七二年に一ノ井が県の史跡に指定されている。用水路の文化財指定としては現在県内唯一である。小山氏の働きかけにより、和歌山県立博物館・和歌山市立博物館でも二枚の絵図レプリカを常設して文覚井の構造を明示し、簡潔な現地案内冊子とともに、学校教員にはばひろく活用されるようになった（竹中　一九九七）。こうして中世荘園の文覚井は、地域社会に立脚した中世荘園のイメージを形成する教材として活用されることになった（鈴木哲　一九九一）。

このように領域型荘園のもっとも豊かなイメージを体現した桛田荘文覚井であるが、一九九〇年代に至り、服部英雄氏の詳細な現地調査と近世地方文書の検討（服部　一九九五）、木村茂光氏・前田正明氏・黒田日出男氏の検田取帳の分析・土地条件の復元、河川敷から出現した石造堤防遺跡によって(2)、文覚井の開削時期・機能・名称由来について再検討が必要となってきた。平成十七年（二〇〇五）五月小山氏の急死によって、文覚井と荘園絵図をめぐる論争は交わされることがなかった。だが没後に刊行された遺作の『かつらぎ町史通史篇』（二〇〇六年八月）によって、小山氏の文覚井および紀ノ川堤防についての理解が示された。ここでは、小山説を糸口にして、文覚井をめぐる議論を整理して、解決を図りたい。

第二節　原文覚井から文覚井へ――小山靖憲氏の文覚井一ノ井理解――

まず小山靖憲氏執筆の『かつらぎ町史通史篇』の桛田荘関係記述について確認しておきたい(3)。

中世編の一章二節の冒頭に「古代荘園から中世荘園へ」を置き、十一世紀半ばの官省符荘を例に「免田・寄人型荘園の支配から領域型荘園の支配へ」という氏の中世荘園論を示す。また紀ノ川両岸に広がる渋田郷・笠田郷が寄進を通じて荘園化する過程を跡付け、とくに「紀ノ川流域に本格的な中世荘園が形成される最大の契機となった」高野山大伝法院（根来寺）領としての志富田荘の荘域確定を紀ノ川島畠相論との関係で注目する。

寿永二年（一一八三）一〇月後白河寄進、八四年八月立券、八五年代始正検注という神護寺領桛田荘の成立過程に、荘園絵図をめぐる諸説を位置付け、八氏の関係論文を列記。「論争にはほとんど立ち入らず、執筆分担者の見解にもとづいて記述する」とした。絵図表記物を現地と対比し、笠田中村・東村の情報を欠落させた西に偏した歪みをもつ構図であること、その理由は鈴木茂男氏の説いた通り紀ノ川中州「島畠」の取り込みを企図した絵図であることに起因する（鈴木茂　一九七五）。貞応二年（一二二三）頃作成の「立券絵図もどきないし四至牓示絵図もどき」とする黒田日出男説（黒田　一九九八）に対しては、「論拠のほとんどは…絵図の歪みという問題に帰着する」とした上で、論敵志富田荘側の抵抗によって官使等の立会合点に及ばなかった点で「正規の立券絵図とはならなかった」にもかかわらず立券と検注とを有効にしたと反論する。

「荘園村落の構造」「文治元年の笠田荘検注と一ノ井（文覚井）」において、文治坪付帳（検田取帳）を分析し、桛田地区（窪・萩原・笠田中・東諸村）に対する静川地区（移・下夙村）の水田生産力上の優位から、前者を池水灌漑、後者を河川灌漑と解釈して、文覚井は二ノ井のみで一ノ井は未成立と結論した。一ノ井の成立については静川境論のある貞応二年（一二二三）とした。結論的に黒田説を支持した形である（黒田　一九九八）。ただし、文覚井一ノ井の構造について具体的に分析して、文覚井一ノ井については、谷水のみの風呂谷川から取水した段階（仮に原文覚井）、穴伏川取水を文覚上人滝で風呂谷川源流に接合させた段階（萩原への分水が可能、文覚井成立）と二段階で解釈するのが特色である。そして、荘園絵図の大道沿い集落は、原文覚井段階の生産力に規定されているもの（原萩原集落）とする[4]。また、検田取帳には「秋吉（五筆）」など穴伏川右岸（西側）の地名が優勢であり、静川荘内への進出が確認できることを強調する。

二枚の桛田荘絵図をめぐり、「改竄する以上宝来山絵図（荘家伝来）も神護寺絵図とほぼ同時成立」と主張した服部英雄氏（服部　一九九五）に対して、「基本構図が酷似するだけで個々の図像はまったく異なる」と反論。元暦一年（一一八四）神護寺絵図成立、延徳三年（一四九一）宝来山絵図成立（静川荘用水相論契機）、慶安三年（一六五〇）以前の近世初頭宝来山絵図改竄という三段階の自説を再確認した。

以上のように、編集委員長をつとめた遺作中において、小山氏は自己に寄せられた批判に対してひとわたり回答し、その上で文覚井についても諸氏の見解を踏まえて再論した。文覚井一ノ井については、原文覚井から文覚井へという二段階を想定して、十三世紀以前は原文覚井段階としたのである。だが、文覚上人滝によって風呂谷川に接合していない段階を原文覚井段階というが、畢竟それはただの池水・谷水灌漑に他ならない。黒田日出男氏や前田正明氏の検田取帳理解に従って、神護寺領立券（小山説では絵図作成）段階には文覚井一ノ井は未成立であると結論づけたのである。成立時期については明言をさけて、十三世紀の貞応相論までには成立していると論じてきた小山氏が、木村・服部・黒田氏らの批判を受け入れる形で、文覚井については前田正明説へ変更したことになるだろう。これによって、明言のない木村氏を除き、文覚井一ノ井を立荘段階にさかのぼって理解する桛田荘研究者は居なくなったことになる。だが、平成九年（一九九七）の保存運動以後に桛田荘荘園調査に従事してきた私や楠木武氏、高木徳郎氏ら中世史研究者にとって、この結論は違和感があった（和歌山中世荘園調査会　二〇〇〇・和歌山井堰研究会　二〇〇四b）。以下、現地調査によって獲得した視点から文覚井三流の十二世紀成立の可能性を考えてみたい。

第三節　文覚井再論

(一)　現代文覚井・急水時の水利慣行の記憶

私たち現地調査団が文覚井をみる眼差しを変えたのは平成九年（一九九七）の緊急調査において「トコミズサンゴウ」（床水三合）慣行を知った時であった。二ノ井は小堂谷池（クボンタニ池）に落ちてオカイデ・ハカイデをへて木戸口地区（図1参照）に至るが、急水（窮水）すなわち渇水時においては経由地の窪集落の狐谷・山田筋は田面三合分しか取水できない。つまり流末の木戸口地区を最優先するという水利慣行が狐谷に土地をもつ古老住民に記憶されていたのである（この時の調査で証言したのは西村喜一氏、山本敏夫氏、植野芳子氏、新岡良雄氏。新岡氏以外は大正生まれ）。一ノ井だけでなく、二ノ井も尾根（丘陵鞍部）を越えて紀ノ川側段丘面を灌漑する水路だった、しかも小堂谷池から窪側・背ノ山側に分水するなど、溜池と接合した水利体系を構成していたのである。小堂谷池からの水路オカイデ・ハカイデ・背ノ山イデ等は戦前に崩落して廃絶していた。わずかの水路痕跡の現場で語る複数の住民の証言を前にしても、二ノ井が尾根越え水路であることさえ認識していなかった私たちにはにわかに信じられない話であった（情けないことだが、明治期地籍図のなかに小堂谷池からの両水路の存在を確認して安堵したことを思い出す。栫田荘域の地籍図集成図は〈和歌山県文化財センター　二〇〇〇〉添付図として収録）。その後もくりかえして聞取調査範囲を広げるなかで、同様の急水時水利慣行が、文覚井一ノ井側にもあることがわかった。現在、大字萩原方面から流れて字木戸口の東側で西谷川へと落ちてしまう一ノ井の用水（萩原流）が、渇水時には樋で川を越させて字木戸口・東畑へと導水させたというのである。途中に逆勾配になる地点もあるが、北部のミヤノイケ（宝来山神社裏手の池）の水を補充するなどして水嵩をあげて水面のウワ水を流すことで通水させるのだという。西から二ノ井流、東から一ノ井流が字木戸口・東畑一帯を灌漑する。この近代文覚井の急水時水利慣行（地域の記憶）によって、一ノ井・二ノ井の密接な連携関係、この文覚井と補充溜池との連携関係、水利上の優先権をもつ木戸口地区の独自性などが調査者に焼きついた。

以上は平成九年（一九九七）堤防遺跡（窪・萩原遺跡）調査指導委員会における緊急調査での発見であり、それは即時、和歌山中世荘園調査会編『桛田荘遺跡通称地名分布図』パンフレット（一千部刊行）で学界・県内外に広報し、本報告書に詳細に報告されている（和歌山県文化財センター 二〇〇〇）。

一ノ井のみが尾根越えの水路ではなく、しかも文覚井相互間に連携関係があるという発見は、桛田荘の読み方を一変させた。大字背ノ山の古老住民から三ノ井が時計針と逆廻りに背山を迂回して紀ノ川畔「文学橋（文覚橋）」（堤防遺跡出土地点）に至っていること、その水路跡も指摘された（旧小田井のやや北側）。一・二ノ井間だけでなく、三ノ井と二ノ井背山流の間にも背ノ山耕地を灌漑する上で連携関係があった（図1参照）。つまり三本の文覚井は、紀ノ川側の桛田荘中心部耕地を灌漑する一体化した灌漑システムなのである。このような秩序がいつの時点で形成されたのかを問うのが次の課題になった。そのためには、穴伏川の西岸一〇本・東岸四本すべての井堰・用水を調査して、その中に一・二・三ノ井を位置付け、さらに文覚伝説の定着の時期を探るという手順が必要であった。さいわいこの研究には服部英雄氏が先鞭をつけており参照できた（服部 一九九五）。以上のような明確な問題意識のもとで、和歌山井堰研究会のメンバーは、国庫補助の静川荘調査に参画し、穴伏川の全用水の緊急調査を担当した。結論のみ記すと穴伏川の井堰群は図1の概念図に示したとおりである。文覚井という呼称の文献上の初見は宝永六年（一七〇九）で一ノ井のみを指す。近代の水利組合のように三本セットで文覚井と呼ばれるのは、穴伏川西岸の静川荘諸村との水争いが激化する十八世紀半ば以後のこととわかった。東側桛田荘の七カ村が、対岸の静川荘村々との闘いを有利に導くため、自領の用水路を史上著名な高僧に結び付けて喧伝したもの、とまずは捉えられるであろう。すでに服部氏が明らかにしているように、東岸桛田荘側は今日に至るまで圧倒的に有利な水利権を確保していた。すでに水争いが過去のものとなった現在の調査に際して、西岸の人々が「あちら側は文覚上人のつくったすごい溝だから」という物言いをするのを各所で聞いた。文覚井だけを文化財指定するのではなく、穴伏川地域の双方の民衆の水との闘いと営為を明らかにする方途は何かを考えざるをえなかった。「文覚井」呼称（それを支える神話プロパガンダ）が近世桛田民衆の産物だとしても、その灌漑システム（文覚井を含めた穴伏川井堰群秩序）の形成自体はいつにさかのぼるのか。我々の追及はいよいよ大詰めを迎えた。

十二世紀文覚井一ノ井未成立説の最大の根拠は文治一年（一一八五）文治検田取帳の数量分析にある。実は、今回荘園調査を行う中で一番意を注いだのはこの帳簿の景観復元作業である。くわしい分析は次章で行うが、結論のみ示すなら、水田耕地の分布は第五章図2―1のようになる。総数八九地名のうち正確に比定できたのは三割足らずに留まるが（第五章表3）、その少ない中で「静川」に大松垣・村松・秋吉・井開（関）と明らかに穴伏川西岸の耕地が確認できた。「早くから静川荘内への進出がみられることも注目される」（前掲書二五六頁）という小山氏の指摘は卓見である。しかも調査によればすべて静川荘側の用水路に関わる在所なのであり、帳簿の作成時点（神護寺領立券段階）で西岸井堰・水路もふくめた灌漑システムが形成されていることが明らかである。穴伏川を荘域に取り込む牓示を図示した桛田荘絵図に対応している。

それでは、諸説のごとく一ノ井は未成立なのか。その場合、穴伏川井堰は同川に面した両岸耕地のみを灌漑した閉じた体系となる。「二ノ井（移井・松山井）が一ノ井に先行する」という主張をするが、調査で明らかにした通り、一・二・三ノ井はそれぞれ連携関係をもつ紀ノ川側耕地灌漑の用水である。慶安三年（一六五〇）賀勢田荘絵図にはこのような一・二・三ノ井の関係が明示されており、その秩序成立は中世に確実にさかのぼる。近世になると、各井筋に補充池としての溜池を作って、穴伏川水系灌漑システムをさらに充実させているのである(9)。もし尾根越え・腰廻り水路が未成立だとすれば、桛田荘の中心部耕地は小山氏のいう原文覚井など尾根筋の小河川や溜池に依存したことになる。堂（神願寺）・八幡宮（宝来山神社）・船繋ぎ松・大道の旅所をはじめ、桛田荘の荘家中核施設が萩原・笠田中・東村の紀ノ川側にあることは荘園絵図より見て歴然であろう。宮池・小堂谷池・馬背池など今日につながる主要な溜池群は、一・二・三ノ井との連携で近世以後に構築・整備されたものである。これらを消去した上で谷水田として桛田荘中核部開発を考えるのは困難であろう。やはり、立券の段階において一・二・三ノ井（後世の文覚井）を含む穴伏川水系灌漑システム（の原初形態）は存在していたと見るべきではないか。

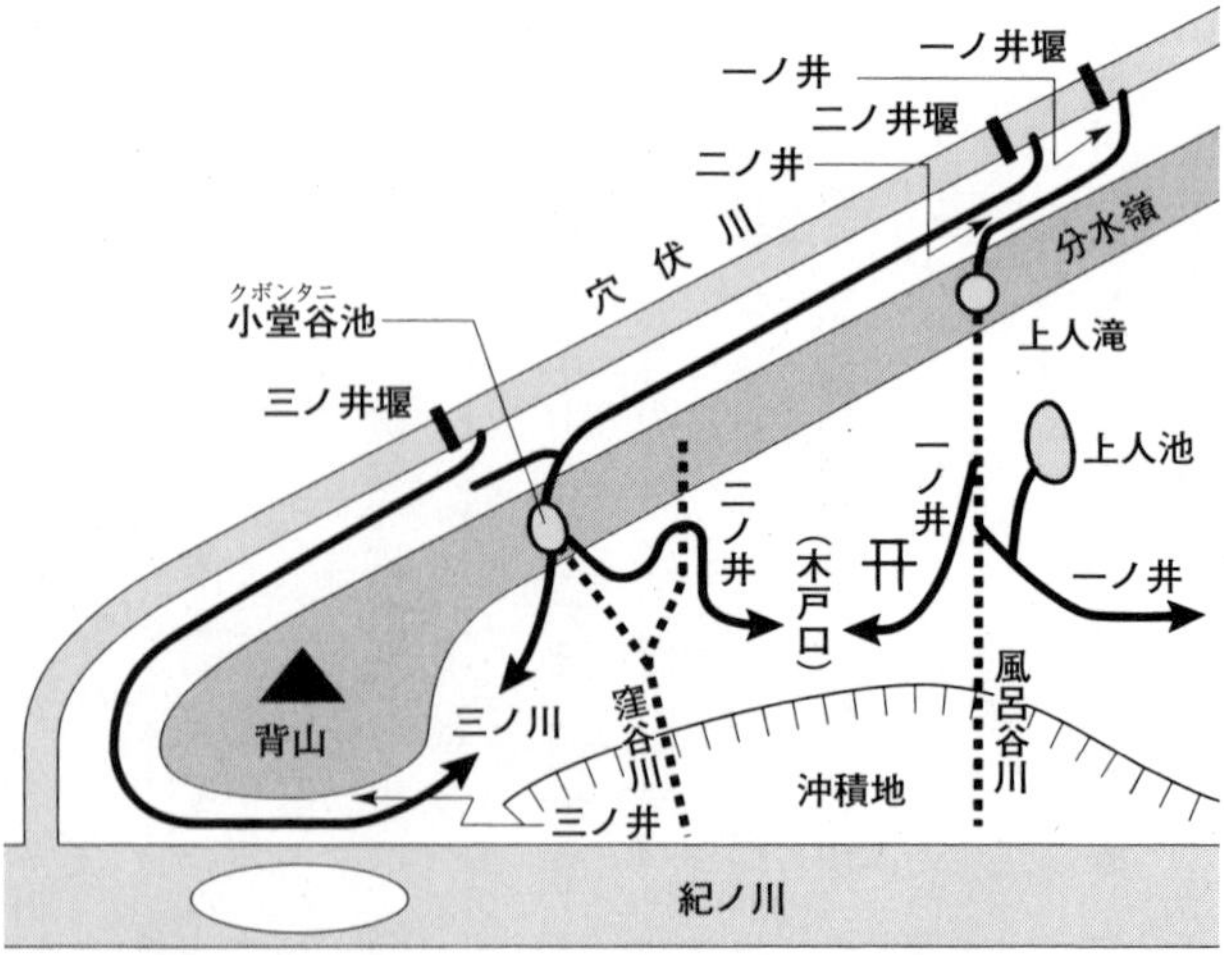

図1　文覚井（一ノ井・二ノ井・三ノ井）概念図

　蛇足であるが二点を付け加える。まず神護寺領桛田荘絵図に文覚井が描かれていないという批判について。和泉国日根野村絵図の井川、陸奥国骨寺村絵図をはじめ、中世荘園絵図が作成目的如何によって、実在する主要井堰を書き込まない例は枚挙に暇がない。しかも、桛田荘絵図の場合には穴伏川井堰秩序の実在をうかがわせる記載がある。これまでまったく注目されてこなかったことだが、窪に比定される集落の丘陵部に打たれた「大豆畑中山」の記載である。「中山」という境界ランドマークは、トコミズサンゴウ慣行で現代に伝承された一ノ井・二ノ井の境域・木戸口地区の北続尾根筋に違いない。村堂である観音寺の裏山（大将軍）であり、ジョウサカやオクラミチなどの交差する要衝（高木徳郎氏は「在地領主の支配拠点の一方」とする（高木 二〇〇一））である。いま一つは、文治検田取帳の定量分析（および近世石高集計）で、笠田地区が移地区に比して圧倒的に劣悪な斗代になっていることの解釈。木村茂光氏の分析した通り、このような帳簿の等級は水田生産力や利水技術に直接帰納できるものではなく、劣悪とされる笠田地区において異質な開発（人名を冠した一町坪地名が集中するなど領主制的な開発）が優勢であることをこそ読み取るべきである（木村 一九八七・一九九七）。このような開発形態と穴伏川水利秩序が連関したところに、紀ノ川流域の郡界部における領域型荘園の形成運動の原動力を見出すべきであろう[10]。

文覚井および穴伏川井堰群に関する調査成果は、高木徳郎・海津一朗・額田雅裕・前田正明諸氏によりまとめられているので本書（第二・三章）を是非御参照いただきたい。

小山氏の遺作・自治体史叙述を手がかりとして栫田荘の基幹用水・文覚井について考察してきた。研究の現状は、文覚井一ノ井が中世成立期に未成立であるという点で一致している。これに対して、荘園調査のなかで明らかになった視点、文覚井三流を含む穴伏川水系灌漑システムの存在を前提として、その形成が十二世紀にさかのぼる可能性について言及した。すなわち、栫田荘絵図および検注取帳のなかに、穴伏川水系灌漑システムの原基形態を見出したのである。

註

（1）平成十八年（二〇〇六）五月十三日の小山靖憲氏追悼シンポジウム口頭報告「小山靖憲と歴史教育」において、氏の講義ノートの全面的な分析からこのような説明をした。これに対して、会場の佐藤和彦氏から「東大史料時代の東大寺文書研究の重要性を再検討すべきだ」というご指摘をいただいた（「思い出の記」『帝京史学』二二号、二〇〇七年）。

（2）平成八年（一九九六）、広域浄化施設の設置計画の進行による試掘調査により、沖積低地・水田面の地下四メートルから、のち延長八〇〇メートルにも及ぶことになる長大な石造連続堤防が出土した。一九九七年全国学会からの保存要望にもとづき、翌年当県では初めて桛田荘遺跡調査委員会が設置されて総合的な荘園調査が実施された（和歌山地方史研究会 一九九七・和歌山県文化財センター 二〇〇一参照、堤防遺跡は埋め戻し保存）。さらに平成十五年（二〇〇三）には国道四八〇号の拡幅・付替えによる文覚井の取水口暗渠化の計画が出たため、県教育委員会とともに緊急調査を行い計画を回避した。詳細は本書第二・三章参照。

（3）学問と教育の一体化を主張し、稲垣泰彦編『荘園の世界』（東京大学出版会 一九七三年）に加わり、より平易な荘園叙述をめざした小山氏は略字の庄を用いずに荘を使用している。この『かつらぎ町史』は例外である。

（4）この「原文覚井」という表現は本書にはない。私と前田正明氏・額田雅裕氏らが文化庁荘園調査で同行した際に、現地の「三分（ミワケ）」で小山氏からうけた説明にこの用語があったので説明の便宜上使用した。

（5）『かつらぎ町史通史篇』六六二〜六六六頁、「紀ノ川以北の水利と入会山／一ノ井・二ノ井・三ノ井」（近世編四章一節藤本清二郎氏執筆部分参照。

（6）「笠田中から萩原地区の南側に位置する地域と推定される箇所に、「武久坪」「新藤助坪」「近光坪」「郡司坪」「末吉坪」「武成坪」など人物名を付した坪名が集中して存在し、それもほとんどが一町規模という広さであった。…しかし、面積も大きいが「損」の面積も大きかった…。ということは、この地は粗放ではあるが外延的な大規模開発が推進されていた地域ということができよう。…静川沿いの移地区の開発は十二世紀末までに一定程度完了していたと考えられるから、中世の笠田荘の開発の課題はまさにこの沖積地の開発にあったのである」という木村氏の論文（木村 一九九七）に私が付け加える点はない。すべての論者が前提としていることと思われるが、正検のあった文治一年（一一八五）という時点が、治承寿永内乱の戦時勧農期に該当し、しかも桛田荘が紀ノ川筋の湯浅党の本拠であること（湯浅宗重は畿内の平氏方枢要でありながら内乱最末期に源氏方に寝返った（高橋 一九九六）を想起したい。戦乱・飢饉・政治的不作など、生産力起源（まして灌漑体系の差）に帰することのできる史料とは程遠いのである。

第五章　文治検田取帳の基礎的研究
―景観復元を中心に―

第一節　文治元年検田取帳の研究史と論点

(一)　桛田荘検田取帳の発見

神護寺領桛田荘の立荘時点における景観を明らかにする上で、文治元年（一一八五）九月日桛田荘検田取帳（神護寺文書）は不可欠の史料である。西岡虎之助氏の研究以後、検田取帳の存在は指摘されていた（西岡 一九三一）。この帳簿をはじめて全文翻刻して紹介したのは、『かつらぎ町史』古代・中世編（一九八三年刊行・Ⅳ笠田荘四号文書）であった。全十二紙からなる前欠の帳簿であり、事書部分を欠くために某荘帳簿の断簡として利用されることが無かったが、かつらぎ町史編纂委員会により桛田荘関係文書と確定され「前欠部分があるものの、笠田庄の大部分の土地を示しているもの」と分析された。原文書は神護寺に確認されず、東京大学史料編纂所の影写本を底本として全文翻刻された。帳簿のなかに坪地名が複数見られたためか、「笠田荘坪付帳」として紹介され、その後一九九四年刊の竹内理三編『鎌倉遺文　補遺第一巻』の補一号文書として収録された時にもこの文書名が付された[1]。後述のように、この帳簿は荘域の水田を対象として、現地で耕地一筆（一区画）ごとに所在・面積・作人等を調査して固めた検田取帳であり、検注過程における第一段階の土地台帳である。したがって、桛田荘が立券された翌年秋に作成された、荘園の実態をうかがわせるプリミティヴな史料として貴重である。(2) 以下、この文治元年（一一八五）九月日桛田荘検田取帳（神護寺文書）を単に検田取帳と呼ぶことにする。

このように、神護寺領立荘時点の（ほぼ一荘規模の）実態に近い状況を伝える史料として、きわめて重要である。論争になっている「神護寺領紀伊国桛田荘絵図」の解釈や文覚井等の水利施設の成立時期等を考える上で、解決の鍵となる史料である。すでに、かつらぎ町史編纂委員会の指摘を前提として、木村茂光・黒田日出男・前田正明諸氏らが具体的な検討をしている。

(二)　木村・黒田　桛田荘検田取帳「論争」

まず木村茂光氏は、荘園絵図と検田取帳を関係して捉えることによって、桛田荘の荘園村落の景観を考察した。はじめて検田取帳の分析を行って明確な理念形を提示した木村氏は、検田取帳のなかの地名に注目して依存する灌漑体系を考察し、その等級記載や耕地状況（新・損・川成）と比較校合した。そして、検田取帳から①谷水・池水を利用した小規模な中下田、②一町単位の不安定な氾濫原耕地、③河川灌漑による上田、の三つの水田モデルを抽出して、四つの地域のうち「萩原・笠田地区」に①②が、「移地区」に③が優勢であることを指摘した。そして「移地区」は中世以前に開発が一定程度完了したものとし、農民的開発である①と在地領主的開発である②が、中世に進められる開発対象として重視される。文覚井については、「自然水確保の不安定性を克服するために直接静川からの取水を実現」する役割を担うものとして評価されている。木村氏の論文は、平成三年（一九九一）刊行の『争点日本の歴史』第二巻という人気を博した講座シリーズに掲載され、古代中世史研究者のみならず幅広い教育者・歴史愛好家の注目するところとなった。(3) その後、一九九六年の石造堤防発見に際して、木村氏の研究が幅広く参照されたのは幸いであった。木村氏自身も中世成立期にさかのぼる領主的な河川敷開発の可能性について積極的な発言を行って、研究をリードした。

一方、黒田日出男氏は、「桛田荘絵図」を主題とした研究『謎解き日本史・絵画史料を読む』において、桛田荘研究が混乱している要因の一つとして、検田取帳の分析の欠如を強調して詳細な分析を行った。検田取帳に記載された全田地の等級と情報（作田・得田・損田・不作・荒・新田）とをそれぞれ集計し、「桛田」「川南」「川北」「静川」地域ごとに比率を定量化して明示したのである。「桛田」と「静川」（木村氏の「萩原・笠田地区」「移地区」相当）の用水条件の違いと一町坪への注目等は木村氏と同様の結論になるが、荘民構成や御正作・下司田など牓示＝荘園境界部分への注目を通じて、静川からの取水による「桛田」地域の用水条件の変革・改善こそが当該期における桛田荘水田農業の課題であると指摘する。「桛田荘絵図」は、静川をめぐる相論に際して牓示の黒丸印の正当性を主張した図面であるとした。検田取帳と荘園絵図を結びつけた初めての仕事であった。黒田氏の主張は、一九九九年二月にNHK人間大学で「境界と水利」として放送されたため、多くの歴史愛好家に広まった。(4) 木村・黒田両氏による検田取帳の研究が、ともに人気ある媒体によって広く普及したことは桛田荘にとってまことに幸いであった。

だが木村氏と黒田氏には、中世開発のあり方について理解の相違も見られる。木村氏が、志富田荘との相論を重視して、紀ノ川河川敷の島畑開発について注意を払うのに対して、(5) 黒田氏は中世桛田荘の課題を静川からの取水と水利秩序の形成に措定して、近世の小田井用水まで画期を見ていない。このような理解の相違は、堤防遺跡や荘園絵図の評価にも反映しており、「論争」として理解すべきかもしれない。(6)

しかし、ここではこれ以上両者の議論には深入りせず、その対立を念頭に明記した上で、あらためて文治の検田取帳を分析していきたい。すでに両氏によって、詳細な分析がなされており、屋上屋を重ねることにもなろう。だが、両氏ともに、四つの地区のブロックとしての特徴を分析しているが、具体的な在所については明確な言及をしていない。これについても両氏によって部分的な言及があり、黒田氏からは前提となる未公表の試案の存在も示唆されている。また黒田氏の理解をもとにして、現在の文覚井一ノ井・二ノ井を基にした地域区分を当てはめた前田正明氏の説も出されている。(7) ここでは、議論を前進させて、批判を仰ぐために、共同研究サイドの試案を示して、それにもとづいて一一八五年の灌漑システムについても言及していきたい。

第二節　文治元年の景観を復元する

(一)　文治元年検田取帳の記載内容

ここからは、検田取帳に記載されている耕地を、現在の地図に当てはめ、その結果見えてくるものについて論じたい。それに先立ち、先行研究の成果をふまえ、文治元年検田取帳の記載内容とその特徴を簡単に確認しておきたい。

この帳簿は、桛田荘域を「(前欠につき名称未詳・仮に桛田)」「川南」「川北」「静川」の四地域に区分して、水田耕地一筆ずつを①等級・②所在・③面積・④損毛状況・⑤人名（作人等）の順に表記した検注帳である。富澤清人氏の帳簿史料論に従うなら、名寄帳や検注目録に先立つ現地調査の帳簿、検注取帳であり、水田のみを対象としているから検田取帳ということになる。(8) 在家・畠地を除くものの、在地の実態をもっとも反映した帳簿ということになり、一一八五年段階の荘園景観を考える上で得がたい手がかりである。静川の冒頭の部分を引用する。

静川

（合点）下　一丶前畑　（合点）乍二百九十歩（合点）損六十歩　　（合点）友　国
（合点）中　一丶同　　（合点）乍二百歩（合点）損小（合点）又不小（合点）近　恒
（合点）上　一丶同　　（合点）乍三反（合点）損小（合点）又川成半（合点）友　国

①等級（田品）は上・中・下のいずれかで示され、筆ごとの順「一丶」（「一所」の略記）の上部に記される。以下、②の在所、③作田数「乍」を「反歩・大・中・小・半」で示した面積、④「損」「新」「不」「川成」「荒」の水田状況、⑤名主・作人名および領主直営地を表す「御正作」や、「下司」「公文田」「定使田行楽」といった荘園職能名、「三昧田」「寺敷地」などが記される。右に例示した部分からもうかがわれるように、④水田状況記載部には、「又不」「又不内年～、荒～」「新損」「新作」「新分」など、追加記載部分と思われる記述がある。「又―」については、検注使節と百姓サイドの読み合わせに際して、主に百姓から主張された課役の減免要求によるものと指摘されている。熾烈な駆け引きによって作成される検注取帳の史料的な特徴がうかがえる記述である。等級、面積、名のそれぞれには朱合点がふられ、取帳がつくられた後に行われる確認作業である読み合わせという作業が終了したものと考えられる。この読み合わせによって検注使や荘官、百姓が互いに帳簿の記載されたことを承認・合意したのである。

この帳簿の特徴は、等級の表記にある。『雑筆要集』の検田取帳の凡例は、「所在・面積・状況・名」となっている（前掲富澤論文の指摘）。等級記載を除けば、典型的な検田取帳といえる。中世の検注帳において、田の等級が記載されたものは多くない。だが、上・中・下の等級表記は、中世後期の高野山領荘園の検注帳に広く見られるものであることにも注意する必要がある。先行研究においては、上中下の水田等級を一一八五年段階の帳簿作成時のものという前提で分析がなされている。この時期の帳簿において、水田等級の記載があることは異例であることを踏まえ、その数値の意味するところを検討する必要があるだろう（管見の限り高野山領の等級記載の初見は建武五年（一三三八）八月十六日志冨田荘検田取帳）。南部荘の検注取帳では、「一所」の在所のみ寛喜の古帳を写して、具体的な数値は宝治の大旱魃時のものを記した検注取帳の野帳が存在していた。神護寺文書の原本が未確認のため、ここでは、これ以上具体的な検討が行えないので、先行研究と同様、朱合点は目録固めの読み合わせの際に付けられたものと考え、すべての記載を一一八五年の時点と考えることにする。「桛田」「川南」「川北」「静川」の四地域ごとに、等級と水田状況について計算したデータとして、『かつらぎ町史・通史編』の二つの表を参考として掲げたい。(9) 同町史では、「桛田」を窪・萩原・笠田中・笠田東、「川南」を島、「川北」を背ノ山、「静川」を移・下夙の各近世村に現地比定しており、欠損部分は窪と推定している。この現地比定は、私たちの作業とほぼ一致している。

神護寺領桛田荘は元暦元年（一一八四）八月に立券されており、その翌年に検注が実施されて、九月までに読み合わせが終了して検注使と荘官・百姓が合意して帳簿が確定した。この検田取帳は、神護寺支配の代始めに行われた徳政としての正検注の帳簿であり、以後の支配の規範となったのである。

(二)　地名比定図にみる桛田荘地域区分

これまでの考察により、文治の検田取帳が、領主神護寺の代始め検注であり、ごく一部の欠損を含むものの、一一八五年時点の桛田荘全域の景観を示す基本史料であることを確認した。検田取帳の現地比定については、おおまかな四地域区分以外には、いまだに試案を提示した研究は無い。ここでは、検田取帳に特徴的な地域慣行にもとづく検注順路の存在を想定しつつ、取帳中の所在地名と「川成」表記、自然地形の三点から、オーソドックスな方法によって現地比定作業を行った。最も重要な手がかりは所在地名である。幸い窪・萩原・背ノ山地区については、石造堤防遺跡（窪・萩原遺跡）の総合調査において和歌山中世荘園調査会が「桛田荘遺跡通称地名分布図」を作成している。(10) 穴

表1　桛田荘の地域別・種類別田地構成　文治元年（1185）

	総反別	作田(A)	得田(B)	B/A	損田(C)	C/A	新田	不・荒
	町反 歩	町反　歩	町反　歩	%	町反　歩	%	町反　歩	町反　歩
笠　田	37.3.220	35.3.120	22.9.090	64.9	12.3.310	35.1	1.1.040	2.0.180
（%）	(59.6)	(60.5)	(56.7)		(69.1)		(76.2)	(46.6)
川　南	2.4.350	2.4.350	2.4.350	100.0	0		050	0
（%）	(4.0)	(4.3)	(6.2)		(0)		(1.0)	(0)
川　北	1.9.040	1.7.040	1.0.070	59.6	6.330	40.4	0	2.000
（%）	(3.0)	(2.9)	(2.5)		(3.9)		(0)	(4.5)
静　川	20.9.229	18.8.049	13.9.229	74.2	4.8.180	25.8	3.120	2.1.180
（%）	(33.4)	(32.3)	(34.6)		(27.1)		(22.8)	(48.9)
合　計	62.7.119	58.3.119	40.4.019	69.3	17.9.100	30.7	1.4.210	4.4.000
（%）	(100.0)	(100.0)	(100.0)		(100.0)		(100.0)	(100.0)

（『かつらぎ町史通史編』255頁より）

表2　桛田荘の地域別・品位別田地構成　文治元年（1185）

	総反別(A)	上田(B)	B/A	中田(C)	C/A	下田(D)	D/A
	町反　歩	町反　歩	%	町反　歩	%	町反　歩	%
笠　　田	37.3.220	1.7.190	4.7	4.0.210	10.9	31.5.180	84.4
（%）	(59.6)	(15.8)		(44.4)		(74.2)	
川　　南	2.4.350	0	0	2.4.350	100.0	0	0
（%）	(4.0)	(0)		(27.3)		(0)	
川　　北	1.9.040	4.030	21.4	4.000	20.9	1.1.010	57.7
（%）	(3.0)	(3.7)		(4.4)		(2.6)	
静　　川	20.9.229	8.9.064	42.5	2.1.305	10.4	9.8.220	47.0
（%）	(33.4)	(80.5)		(23.9)		(23.2)	
合　　計	62.7.119	11.0.284	17.7	9.1.145	14.6	42.5.050	67.7
（%）	(100.0)	(100.0)		(100.0)		(100.0)	

（『かつらぎ町史通史編』256頁より）

伏川流域の一帯は、『紀伊国名手荘・静川荘地域調査』所収の「穴伏川流域用水群関係図集成」に詳しく調べられており[11]、また、『かつらぎ町史通史編』で、笠田東村の慶長六年（一六〇一）検地帳と明治期地籍図を用いた「田・畑・分布図」（付図A・B）が公開された[12]。これらの成果を駆使することによって、桛田荘のほぼ全域の通称地名を把握できる。現地比定はこの所在地名の校合に依拠するところが大きい。それを補強するものとして、検注取帳に特有の地名の配列、すなわち検注順路を重視して、「川成」と自然地形に着目した。「川成」表記はその耕地の付近に川が流れている、ないしは川の氾濫、流路の変化が見られる場所だという推測が可能であり、現地を比定していく上で参考になる。自然地形は所在地名の由来となる場合があり、耕作地として適当かどうかの判断をする上で参

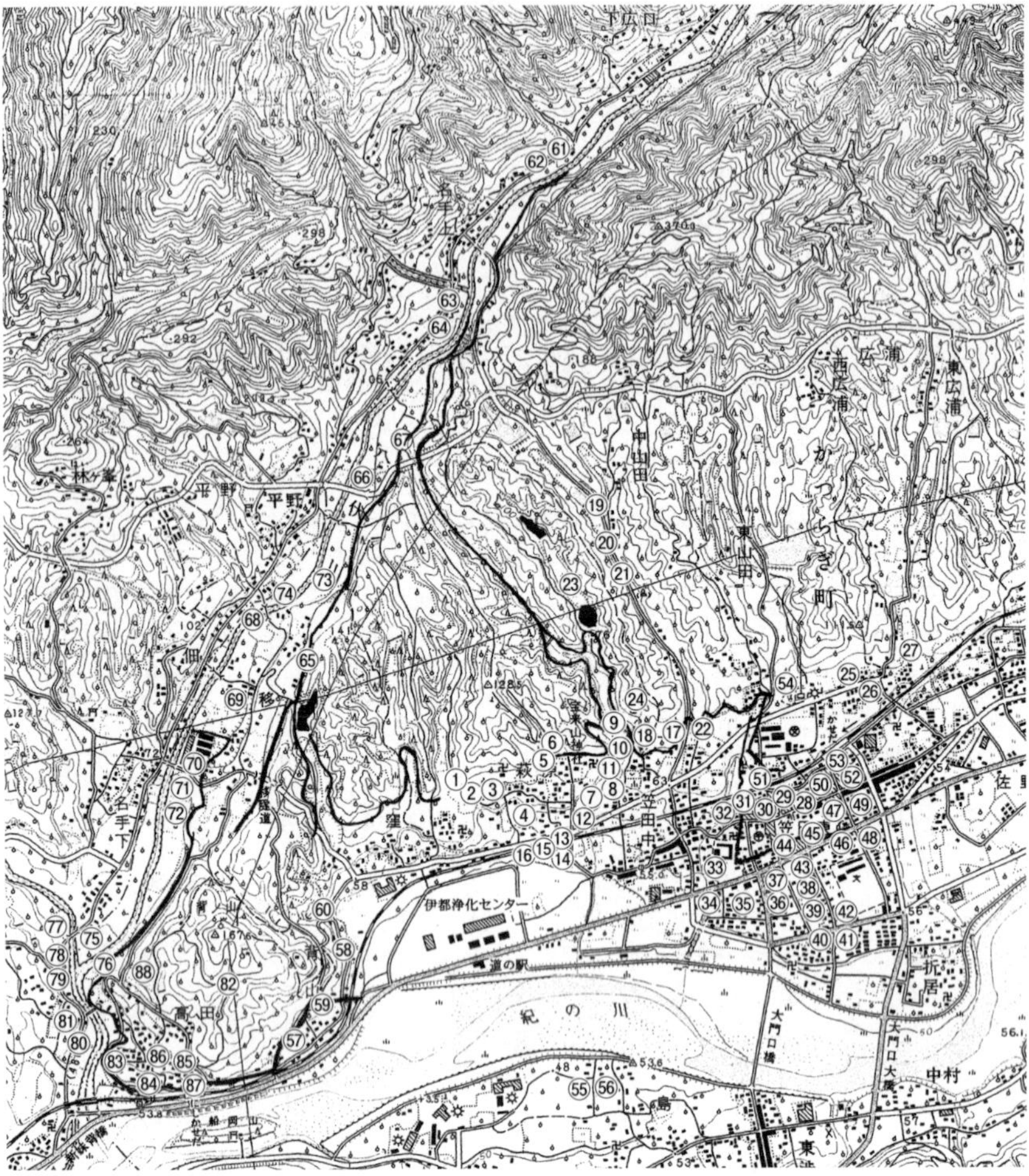

図２—１　文治元年検田取帳現地比定図

図２—２　文治元年検田取帳　条里・川成・新田・不田分布図

考にした。検田取帳にはその他面積や等級の記載があったが、予断をもつことのないよう、それらはあえて用いなかった。検注帳に記された面積が、どのように丈量され、その数値がいかなる意味をもつか、前掲富澤論文において、慎重に検討する必要が強調されている。(13) 少なくとも単純に厳密な面積表示として計算して現有耕地に当てはめるような方法は危険であろう。目安としての大小のみにとどめて、むしろ田の筆数の方に注意したい。ただし煩雑になるので、同一字内は一カ所に比定をして、「同〜」「次〜」は比定の対象からは外した。等級については、先述のように木村・黒田両氏が、近世同様の水田収穫高の等級として理解し、中世耕地の生産力を論じているため、ひとまず考慮に入れずに分析したい。

これらのことを踏まえ、検田取帳の耕地所在地名を現在の地図にプロットしたものが図2―1「文治元年検田取帳現地比定図」(以下比定図とする)である。各字名の比定理由は表3の「文治元年検田取帳現地比定図解説表」に示している。

一一八五年の耕地景観復元にもとづき、四つの地域を区分すると以下のようになる。

「栫田」地区＝窪・萩原・笠田中・笠田東
「川南」地区＝西渋田・東渋田・(島)
「川北」地区＝背ノ山
「静川」地区＝移・高田・紀の川市

「川南」と「川北」については、水田規模が少ないが、すでに先行研究も指摘するとおり、荘域の維持のために独自の役割を担った地域である。

帳簿の記載は水田耕地のみであるから、園宅地・集落の在り方をうかがうことは難しい。この点で注目されるのは垣内地名である。検田取帳に目を通していくと、「〜垣内」「〜垣」「〜門」など垣内、またはそれに関係する耕地所

表3　文治元年検田取帳現地比定図解説—①

凡例	中世地名	筆数	総面積	推定比定地（大字・小字）	比定理由	備考	拠証
①	平池尻	9	13反 20歩	萩原・尾崎	萩原地区の山麓の池か	「新」1筆	△
②	小田垣内	6	8反160歩	萩原・尾崎	萩原地区垣内地名	三昧田あり、「新」1筆	△
③	垣内	1	1反120歩	萩原・尾崎	萩原地区垣内地名		△
④	前野	19	26反100歩	萩原・竹ノ下、井ノ尻	検注順、総田数より	「新」4筆、定使田あり	△
⑤	宮谷尻	4	6反 60歩	萩原・松本	宝来山神社の裏山　小字美川谷の麓か	「新」3筆	○
⑥	宮谷	1	120歩	萩原・松本	宝来山神社の裏山　小字美川谷か		○
⑦	温屋前	1	2反	萩原・稲講	風呂谷川筋　68温屋谷口の出口に対応するか		○
⑧	同東北	9	12反130歩	笠田中・芝崎	温屋前の東北部	「新」2筆	○
⑨	友国池尻	6	5反200歩	笠田中・西谷	風呂谷川筋の池か	定使田あり	△
⑩	尻江田	4	4反 80歩	笠田中・西谷、寺前	(友国池)尻の末流湿田		×
⑪	堂前迫	13	12反320歩	萩原・宮崎	堂＝神願寺(桛田荘絵図に記載の堂)	三昧田あり、定使田あり	○
⑫	小江門	5	7反120歩	萩原・稲講	(検注順より)	「新」1筆	×
⑬	岸下	2	240歩	萩原・稲講、井ノ尻	河岸段丘崖の下か		△
⑭	同倉垣内	2	300歩	萩原・稲講、井ノ尻	岸下の垣内か(倉＝紀ノ川での運搬関係？)	「新」1筆	△
⑮	垣内	1	1反280歩	萩原・稲講、井ノ尻	岸下倉垣内の垣内か		△
⑯	恒久北	2	1反 60歩	萩原・稲講、井ノ尻	恒久(人名)門の名前か　29参照	「新」1筆	△
⑰	二王池内	2	5反270歩	笠田中・土居	通称地名イケツブシか、仁王は無量寺旧山門の通称		△
⑱	无量寿院	1	180歩	笠田中・土居	無量寺		○
⑲	大池尻	1	2反120歩	笠田中・赤坂山	堂田川筋の池か		×
⑳	国覔氏谷	2	1反240歩	笠田中・赤坂山	(検注順より)		×
㉑	小池上迫	1	120歩	笠田中・溜池	(検注順より)		×
㉒	一橋	1	240歩	笠田中・出口	堂田川付近か		×
㉓	野干池尻	9	11反 40歩	笠田中・狐谷	野干(狐)より小字狐谷の万太郎池の谷筋末、現上人池付近	「新」2筆	○
㉔	寺山	3	4反160歩	笠田中・真代山	無量寺の寺山		○
㉕	池田	2	2反120歩	笠田東・北芝	慶長の小字に記載		○
㉖	西迫	1	1反	笠田東・北芝	(検注順より)		×
㉗	佐野迫尻	3	5反 50歩	佐野・上平	かつらぎ町大字佐野の谷筋		△

表3 文治元年検田取帳現地比定図解説―②

凡例	中世地名	筆数	総面積	推定比定地（大字・小字）	比定理由	備考	拠証
㉘	中乃	9	10反220歩	笠田東・中野	小字と一致　慶長の小字「中野」	「新」2筆、「不」1筆	○
㉙	恒松門	2	2反 60歩	笠田東・中野	恒松(人名)・垣内の並びの門(角)か		△
㉚	垣内	1	1反	笠田東・蛭子前	慶長年間の屋敷密集地		△
㉛	母行部垣内	4	3反 60歩	笠田東・蛭子前、十五社	慶長年間の屋敷密集地		△
㉜	即門	3	3反210歩	笠田東・十五社	垣内の門(角)か		△
㉝	稲古谷東	9	14反240歩	笠田東・十五社	笠田中小字「稲子」堂田川谷筋		△
㉞	淵本	6	7反 40歩	笠田東・室の木	川成があるため、紀ノ川の流路付近の段丘崖付近か	「新」1筆、「川成」1筆	△
㉟	大人跡	2	2反240歩	笠田東・夜叉田	(検注順より)		×
㊱	岸門	8	12反170歩	笠田東・前田	紀ノ川付近の段丘崖	「不」1筆	△
㊲	武久坪	17	28反200歩	笠田東・前田	条里地割	「不」1筆、「新」1筆、公文田あり	×
㊳	(武久坪)新藤助坪	1	10反	笠田東・西地蔵前	条里地割		×
㊴	(武久坪)近光坪	1	10反	笠田東・西地蔵前	条里地割、慶長の小字に記載の「近道」		○
㊵	荒苻	3	4反160歩	笠田東・折薬師前	条里地割縁辺		×
㊶	三角田	2	4反130歩	笠田東・折薬師前	条里地割縁辺		×
㊷	簾竹坪	1	10反	笠田東・東地蔵前	条里地割、慶長の小字「すたれた」か		△
㊸	郡司坪	1	10反	笠田東・西地蔵前	条里地割、慶長の小字「クンシ」		○
㊹	末吉坪	4	14反	笠田東・前田、室の木	条里地割		×
㊺	九段田	1	9反	笠田東・久保田	条里地割縁辺		×
㊻	武成坪	1	10反	笠田東・久保田	条里地割		×
㊼	紺介坪	1	10反	笠田東・芝ノ前	条里地割		×
㊽	尾古坪	1	10反	笠田東・男の子	条里地割、現小字男の子(オノコ、明治の小字「男子」)か		○
㊾	八段田	1	8反	笠田東・久保田、芝ノ前	慶長の小字に記載の八反田		○
㊿	紺介東	1	2反100歩	笠田東・中野	条里地割縁辺		×
51	垣副	1	2反180歩	笠田東・垣添	小字と一致　慶長の小字「カキソヘ・垣添」		○

表3　文治元年検田取帳現地比定図解説―③

凡例	中世地名	筆数	総面積	推定比定地（大字・小字）	比定理由	備考	拠証
㊾	池尻	3	2反180歩	笠田東・池尻	小字と一致　慶長の小字「池ノ尻」は小字芝ノ前	「新」1筆、「不」1筆	○
㊿	北四反田	1	4反300歩	笠田東・北芝	（検注順より）		×
51	国覔氏乃	1	2反240歩	笠田東・池尻	（国覔氏谷と関係か、同上）	「不」	×
56	道東	1	12反	島・東垣内	垣内を東西に分ける古道あり	御正作	△
57	道西	1	12反180歩	島・西垣内	垣内を東西に分ける古道あり	御正作	△
58	向賢	9	14反270歩	背ノ山・西畑、宮ノ前	総田数より川北地区の中心耕地	「不」1筆	×
59	瀬山小松鼻	3	1反 60歩	背ノ山・畑谷、八峰前	「同山」と続くため、背ノ山麓沿いから山間部にかけて		×
60	名荷谷	2	2反250歩	背ノ山・明王谷	小字明王谷は通称地名「ミョウガイゾ」湧水の谷　明王谷は名荷谷		○
61	隠谷	1	180歩	背ノ山・東田	通称地名「イヤンダニ」か		△
62	前畑	5	6反 10歩	上名手・境谷、移・大石	（大松垣の）ふもとの畑か	「不」1筆、「川成」2筆	△
63	大松垣	5	10反120歩	上名手・境谷、徳明、移・大石	山手に大字大松あり	「川成」1筆	△
64	村松東	3	1反235歩	萩原・梅木原	村松井あり	「川成」2筆	○
65	ケチ遅	2	240歩	萩原・梅木原	川成があるため、穴伏川の旧河道・段丘崖沿いか	「川成」2筆、下司あり	△
66	和田	10	19反 50歩	移・和田	小字と一致	下司あり	○
67	川辺	1	1反 30歩	移・中芝	川成があるため、穴伏川の旧河道沿いか	「川成」	△
68	温屋谷口	2	1反350歩	移・湯神	風呂谷川の源流地点　風呂谷＝温屋谷か		○
69	秋吉	10	13反 90歩	萩原・静松、影ノ木	秋吉井付近か	「川成」2筆、御正作あり	○
70	中川原	2	4反240歩	移・中川原	小字と一致	下司あり	○
71	江那下分	4	4反120歩	移・中川原、下川原	川成があるため、穴伏川の旧河道沿いか	「川成」1筆、御正作あり	△
72	下分	1	1反294歩	移・下川原	（検注順より）		×
73	中嶋	4	3反 60歩	移・下川原	穴伏川の旧河道沿いか	「不」1筆、「川成」1筆	△
74	塚	1	60歩	萩原・静松	牓字の関係施設か		×
75	牓示本	1	1反350歩	萩原・静松	牓字の所在地＝静松神社か		△
76	江川合	1	1反240歩	萩原・下葛原	穴伏川と重谷川（江川）の合流点		○
77	簗北正	2	1反180歩	高田・岩尾	合流点のつくる簗瀬の一帯		×

表3　文治元年検田取帳現地比定図解説―④

凡例	中世地名	筆数	総面積	推定比定地（大字・小字）	比定理由	備考	拠証
⑱	井開（関か）	2	2反180歩	西野山・井関	小字と一致		○
⑲	西牓示本	2	2反110歩	西野山・井関	作人等の記載により延徳文書の南西牓示に該当	下司あり	○
⑳	簗西外	3	3反240歩	西野山・井関、穴伏・衣谷	合流点のつくる簗瀬の一帯		×
㉑	簗南	6	10反190歩	穴伏・衣谷	合流点のつくる簗瀬の一帯		×
㉒	簗西	11	11反280歩	穴伏・衣谷	合流点のつくる簗瀬の一帯	「荒」1筆、「不」1筆	×
㉓	昌蒲谷	1	5反120歩	高田・菖蒲	小字と一致		○
㉔	尾崎	4	4反300歩	高田・中井田	背ノ山の尾根先端部の麓か	「不」1筆	×
㉕	垣尻	8	10反330歩	高田・辻ノ内	（検注順より）		×
㉖	末久垣	4	11反180歩	高田・垣内	垣内の一部か		△
㉗	垣内	12	27反	高田・垣内	小字と一致	「新」2筆、「不」1筆、極楽寺敷地あり	△
㉘	荒井内	6	7反310歩	高田・東良	垣内付近、荒井は三の井か	御正作あり	×
㉙	大谷	4	2反240歩	高田・太谷	小字と一致	「新」2筆	○

在地名が散見する。このような記載から推して、垣内地名は、私有性が強い集落、ないしは屋敷地を示すと考えて差し支えないだろう。検田取帳から、垣内地名を配列して、前述の笠田荘遺跡通称地名分布図や通称地名図の垣内地名・屋敷分布とあわせて検討することで一定の仮説を示すことが可能になろう。

「桛田」地区の場合は、現在の萩原から笠田東の一帯に垣内地名が分布する（この点は、桛田荘絵図記載の集落・耕地・「大道」の比定にも大きく影響を与えるだろう。後述する）。垣内地名を比定図に照合すると、「小田垣内」（それに続く）「垣内」「小江門」が現在の宝来山神社前から大字窪との大字界付近にかけての河岸段丘上に、「岸下倉垣内」（それに続く）「垣内」がその河岸段丘下に比定できるほか、「恒松門」（それに続く）「垣内」「母行部垣内」「即門」「垣副」が大字笠田東のJR和歌山線と国道二四号に挟まれた部分、特に宝来戎神社や妙楽寺付近に集中し、「岸門」もまた国道のすぐ南に比定でき、それぞれの場所に集落が存在したことがうかがえる。

「静川」地区においては、「大松垣」「垣内」（いくつも出てくるが、同一のものととらえる）「末久垣」の垣内地名が見られる。「大松垣」は、現在紀の川市の大字にある大松地名から考えて、境谷川流域であろう。「垣内」「末久垣」は検田取帳の地名配列上近くにあると考えられる。しかし、これらの比定地には二つの可能性が存在し、一つは大字高田の小字垣内付近、もう一つは大字移の小字和田付近である。これらの詳しい比定理由については後述する。

以下、地域ごとに、今回の復元において、注目すべきポイントを挙げておきたい。

(三)　一町坪の分布と紀ノ川氾濫原（桛田地区）

前欠部を含む桛田地区の耕地で最も特徴的なのは、坪付帳の名称の由来となった、一町規模の水田であろう。「武久坪」や「新藤助坪」のように「（仮名《け》・領主名《みょう》）＋坪」の名称を持つ耕地は全部で九筆あり、同地区の総田数三七町余のうち約四分の一を占める。下田優勢のうえに損田率の高い不安定耕地の典型として、この地区の生産力条件を規定している（表1・2）。これまで、この在所の具体的な場所は比定されてこなかった。だが、慶長期における通称地名をみると、現在の大字笠田東のJR和歌山線以南（すなわち中心居住区域）に集中して比定できる。前述の『かつらぎ町史 通史編』の付図（笠田東村）に「クンシ」「男子」といった地名が見られ、これらがそれぞれ検田取帳記載の「郡司坪」「尾古坪」にあたると考えられる。その他「すたれた」「近道」がそれぞれ、「簾竹坪」「近光」に比定される。この一帯は、条里型地割の分布域として早くから注目されていたが、文覚井の最流末にあたる畑地を経て、宅地にかわっているところである。米軍撮影の空中写真（一九四七年撮影）によれば、一五個前後の若干不整形な条里型地割が集中して確認される。地形分類は、紀ノ川の氾濫原に面した下位段丘の縁辺部分に区分されている（本書第一章参照）。その主要部分は、小田井用水の南側に位置して、その水掛かりである。検田取帳における一町坪地名の集中は、笠田東の条里地割の起源が、文治元年以前にさかのぼるものであることを示している。等級・状況と

図3　出土した護岸跡
上：窪・萩原遺跡第１次調査　下：同第６次調査区（手前は近世中期の堤防で明治期に嵩上げされた。その下に16・17世紀堤防（護岸）がみえている。

もに劣悪な条件であるとはいえ、近世の小田井用水の水掛かり域内に、条里坪付けが設定されていたことが明白になったのである。

紀ノ川河川敷より延長八〇〇メートルと推定された石造堤防（窪・萩原遺跡）が出土して、中世における沖積低地の開発過程が注目された。志富田荘との境界相論における島畑開発について改めて見直され、伊都浄化センターが建設された沖積低地一帯の開発時期が問題となった。とくに石造堤防の年代が、中近世移行期ぐらいということで確定されず、その保存活用が懸念されていた。文治の検田取帳の地名比定から推すと、紀ノ川河川敷・氾濫原に水田耕地は存在していない。下位段丘崖下と思われる「岸下」「同倉垣内」などを例外として、比定地水田はいずれもJR和歌山線以北に集中していることがわかるだろう。一町坪など段丘の縁辺部までは分布したが、段丘崖の下、紀ノ川の洪水を受ける地域には水田耕地が及ばない。一一八五年の荘園景観はこのような特徴を示している。

一町坪水田の位置、および垣内地名の集落を定点として、桛田地区の検注順路を推定すると、大筋として西から東、大字萩原、笠田中、笠田東の順で検注が行われたことがわかる。すなわち、検田取帳の冒頭にある「宮谷」の「宮」は桛田荘絵図の「八幡宮」にあたり、宝来山神社を指すものと考えられるため、前欠を除けば検注が萩原から始まっていると推測できる。続いて「無量寿院」の記載が見られ、これは現在の「無量寺」であろうから検注は笠田中へ進んだものと考えてよいだろう。この後、検田取帳には「中乃」「垣副」「池尻」といった笠田東の小字と一致する耕地所在地名があり、さらに前述の条里型地割水田「〜坪」の耕地が現われるため、検注は東進し、笠田東に至ったと考えられる。このことから考えると、前欠部は大字萩原よりもさらに西、つまり大字窪ということになるだろう。現地調査によれば、窪には木戸口一帯など「大豆畑中山」に比定される在地領主拠点の推定地が存在している（本書第二・六章参照）。この地区における検注の基点が窪にあったことは不自然ではなかろう。

(四)　郡堺河川の水利秩序と二つの牓示〔静川地区〕

「静川」地区の耕地所在地名は、現在の小字や用水路の名前に一致するものが比較的多い。とくに注意すべきことは、穴伏川の西岸に多くの耕地が比定されることである。「前畑」「大松垣」「村松東」「ケチ遅《(庭カ)》」「秋吉」「塚」「牓示本」「江川合」「井関」「西牓示本」「簗西外」「簗南」「簗西」はすべて西岸と推定され、静川荘に接する側に展開している。それは「静川」地区の半数近くの耕地を占めている。しかも、この地名の多くが現在の穴伏川西岸用水路と関係の深いものである。穴伏川は、西の那賀郡と東の伊都郡との郡境界をなす堺川であるから、静川地区を考える場合には、一一八五年段階において穴伏川両岸の灌漑システムとそれを支える地域秩序の存在を想定しなければならない。

桛田荘絵図が穴伏川西岸の静川荘側の耕地に牓示を示して、その領有を主張していることは良く知られている。検田取帳の記載は荘園絵図と符合しているのだが、それではその牓示はどのように表示されているか。先行研究も指摘するように、「牓示本」「西牓示本」として現れている。宝来山神社に伝来した延徳三年（一四九一）笠田荘四至牓示注文（以下、延徳文書とする）によれば、牓示についての記載内容は、「友国」「安徳（得）」「重房」の作人の名前が取帳と一致している。すなわち、「牓示本」「西牓示本」それぞれが、延徳文書の記載と以下のように対応する。

「牓示本」：（延徳文書）一所　乾静河西岸安徳法師作田堺

「西牓示本」：（延徳文書）一所　坤静河庄・名手庄堺

「牓示本」の作人名は「安得」であり、延徳文書の記載と一致する。また「西牓示本」は周辺の耕地の所在から重谷川と穴伏川とが合流する付近であると推定でき、その上延徳文書の「坤静河庄・名手庄堺」は江川、今の重谷川であることから、「西牓示本」は坤牓示であることは間違いないだろう。

ではこれらの牓示はどこに現地比定できるのであろうか。「西牓示本」は先に述べたように重谷川と穴伏川との合流点付近に比定できる。「牓示本」は、延徳文書の記載に地名に関する情報がまったくない牓示であるが、西岸用水の秋吉井とヘーモン（平右衛門）井の基幹水路が通る要衝の聖地として、静松神社の微高地に比定する説がある(14)（竹中一九八七）。地名の配列より推してやや疑問が残るものの、これが正しいとすれば、西岸の用水系と境界ランドマークの密接な関係がここでも指摘できる。

また、静川地区の「尾崎」「垣尻」「末久垣」「垣内」「荒井内」を大字高田（近世の下夙村）に該当する一帯に比定した点について付言したい。高田は背ノ山西側にあたり、現在では耕地が少ない。筆数の多いこれらの字を高田に比定した理由は三つある。まず一つ目は、検田取帳の「極楽寺敷地」表記にある。この「極楽寺敷地」は名（請人）として記載されており、その耕地所在地名は「垣内」である。現在大字高田にある極楽寺は小字垣内に位置しており、検田取帳の記載と一致している。二つ目は、等級構成の急激な変化である。「静川」地区は先行研究が論じるとおり、上田優位の等級構成になっている。しかし、仔細に見ていくと「簗」地名が登場してくる辺りから、これまでの上田優位構成から急激に下田優位構成に変化するのだ。このことは、「簗」地名を比定できる場所穴伏川・重谷川合流付近から、なにかしらの等級に関わる状況の変化があるのではないかと考えられる。それは大字移や穴伏川西岸を中心とした川沿いの耕地から、大字高田の背ノ山の中腹や山裾の耕地への変化によるものではないだろうか。三つ目の理由は、現在大字高田の小字地名が、検田取帳の耕地所在地名と一致することである。「菖蒲谷」「太（大）谷」がそうである。中世成立期の桛田荘においては、紀ノ川に接する郡界部分一帯に、現代の高田地区とは異なる耕地景観が展開していたと推定しておきたい(15)。これを支えた水路として文覚井三ノ井が成立していたことも注目されよう。

郡界に展開した「静川地区」については、とりわけ那賀郡・静川荘側に対する強い領有権の主張を読み取るべきであろう。

第三節　桛田荘の住人構成と組織

次に、検田取帳に記載された名主・作人に分析を移したい。まずは次の表4「文治元年検田取帳地域別名請人一覧表」を参照されたい。

表4 文治元年検田取帳地域別名請人一覧表

柞 田

作人名	作田在所名 （ ）内の数字は筆数	筆数	面 積	他地域での耕地所有
近包	平池尻2(1)/前野1(2)/宮谷尻1(1)/宮谷尻2(1)/前野3(1) 友国池尻(1)/堂前迫(1)/小江門(1)/佐野迫尻(1) 母行部垣内(1)/荒符(1)/三角田北(1)/中乃2(1)	14	20反300歩	川北
今武	野干池尻(4)/寺山前(1)/西迫(1)/近光坪次東南？(1)/荒符南(1)/三角田(1)/九段田(1)/尾古坪(1)/垣副(1)/池尻(1)	13	33反130歩	
恒正	平池尻2(2)/前野1(2)/温屋前(1)/温屋前東北(2)/尻江田(1)/稲古谷東(1)/淵本(1)/近光坪次東？(1)/武成坪(1)	12	28反150歩	
友安	平池尻2(1)/尻江田(1)/堂前迫(1)/小江門(2)/岸下倉垣内(1)/恒久北(1)/母行部垣内南(1)/即門(1)/稲古谷東(1)/岸門(1)/武久坪北(1)	12	10反	
依国	温屋前東北(1)/友国池尻(1)/小江門(1)/岸下(1)/中乃1(1)/稲古谷東(3)/近光坪南？(1)	9	9反190歩	
有恒	堂前迫(1)/中乃1(1)/稲古谷東(1)/淵本(1)/岸門(1)/武久坪西(1)/武久坪北(1)/新藤助坪(1)/近光坪次東南？(1)	9	22反 50歩	
恒吉	平池尻1(1)/前野1(1)/温屋前東北(1)/友国池尻(1)/堂前迫(1)/武久坪北(1)	6	5反120歩	
友重	温屋前東北(1)/垣内2(1)/二王池内(1)/一橋(1)/武久坪西(1)/簾竹坪(1)	6	18反160歩	
東久延	中乃1(1)/恒松門(1)/淵本(1)/岸門(1)/武久坪北(1)/中乃2(1)	6	8反220歩	
真久	前野1(2)/宮谷尻(1)/温屋前東北(1)/大池尻(1)/垣副？(1)	6	5反 60歩	
行楽	前野1(1)/前野2(1・定使田)/温屋前東北(1)/友国池尻(1・定使田)/堂前迫(1・定使田)/中乃2(1)	6	5反300歩	川北・静川
正近	岸下倉垣内(1)/恒久北(1)/淵本(1)/岸門(1)/近光坪次東南？(1)	5	4反180歩	
重久	小田垣内(1)/二王池内(1)/中乃1(1)恒松門(1)	4	4反120歩	
則安	前野1(1)/温屋前東北(1)/堂前迫(1)/小江門(1)	4	5反220歩	
末吉	前野3(2)/堂前迫(1)/末吉坪(1)	4	13反 50歩	
久元	宮谷(1)/尻江田(1)/垣内3(1)/淵本(1)	4	3反300歩	
則久	小田垣内(1)/淵本(1)/岸門(1)	3	2反240歩	川北
宗近	平池尻2(1)/前野1(1)/尻江田(1)	3	2反120歩	川北
末重	前野1(1)/友国池尻(1)/武久坪北(1)	3	1反340歩	川北
貞久	友国池尻(1)/荒符(1)/池尻(1)	3	2反160歩	
安延	国覔氏谷(1)/野干池尻(1)/佐野迫尻(1)	3	3反 80歩	
行成	野干池尻(1)/佐野迫尻(1)/池尻(1)	3	6反 50歩	
久成	堂前迫(2)/岸門(1)	3	6反300歩	川北
恒包	平池尻2(1)/母行部垣内次西(1)/即門(1)	3	4反 60歩	静川
安則	平池尻1(1)/垣内2？(1)	2	2反 80歩	
香楽	小田垣内(1)/垣内1(1)	2	2反220歩	
久永	前野1(1)/小池上迫(1)	2	240歩	川北
近延	宮谷尻1(1)/前野3(1)	2	3反240歩	

作人名	作田在所名　　（　）内の数字は筆数	筆数	面　積	他地域での耕地所有
久次	前野3(1)/末吉坪東(1)	2	2反 60歩	
能楽	垣内2？(2)	2	440歩	
宗依	野干池尻(1)/紺介東(1)	2	2反220歩	
末里	野干池尻(1)/紺介坪(1)	2	10反160歩	
得善	寺山(1)/池田(1)	2	2反 40歩	
有時	中乃1(1)/末吉坪北(1)	2	2反230歩	
清時	中乃1(1)/武久坪北(1)	2	2反340歩	川北
正道	稲古谷東(2)	2	3反350歩	
依安	稲古谷東(1)/近光坪(1)	2	11反200歩	
貞末	大人跡(1)/岸門(1)	2	2反280歩	
重房	大人跡(1)/北四段田(1)	2	6反 30歩	
貞則	即門(1)/武久坪北(1)	2	3反210歩	静川
三昧田	小田垣内(1)/堂前迫(1)	2	5反180歩	
貞光	平池尻2(1)	1	2反	川北
安得	前野(1)	1	2反 70歩	静川
清久	温屋前東北(1)	1	1反230歩	
太郎坊	堂前迫(1)	1	1反	川南・静川
秋武	堂前迫(1)	1	1反 60歩	
友次	堂前迫(1)	1	1反	
宗弘	岸下(1)	1	120歩	静川
円智	国覔氏谷(1)	1	1反120歩	
経楽	野干池尻(1)	1	2反 30歩	
証阿	寺山(1)	1	180歩	
久仁	池田(1)	1	1反 60歩	
延時	母行部垣内南(1)	1	180歩	
宗久	岸門(1)	1	1反	
末松	武久坪(1)	1	10反	
公文田	武久坪西(1)	1	1反 60歩	
近元	近光坪次東南？(1)	1	1反120歩	
浄得	郡司坪(1)	1	10反	
常得	末吉坪東(1)	1	1反	
重近	八段田(1)	1	8反	
友国	北四段田？(1)	1	4反 20歩	静川
寺敷地	无量寿院	1	180歩	

川　南

作人	作田在所名	筆数	面積	他地域での耕地所有
御正作	道東(1)/道西(1)	2	24反180歩	静川
太郎房	？(1)	1	50歩	柞田・静川
時友	？(1)	1	120歩	静川

川　北

作人	作田名在所	筆数	面積	他地域での耕地所有
末重	向賢(2)	2	2反 60歩	柞田

作人	作田名在所	筆数	面積	他地域での耕地所有
恒延	向賢迫(1)/瀬山小松鼻山2(1)	2	300歩	
久永	向賢迫(1)/名荷谷(1)	2	1反340歩	梓田
久成	向賢(1)	1	60歩	梓田
武元	向賢迫(1)	1	2反120歩	
則久	向賢迫(1)	1	1反	梓田
貞光	向賢迫(1)	1	1反120歩	梓田
近包	向賢下(1)	1	7反	梓田
清時	瀬山小松鼻(1)	1	120歩	梓田
行楽	瀬山小松鼻山1(1)	1	180歩	梓田・静川
宗近	名荷谷(1)	1	1反	梓田
貞近	隠谷(1)	1	180歩	

静　川

作人	作田在所名	筆数	面積	他地域での耕地所有
末久	和田(1)/和田次南(1)/和田次東1(1)/秋吉(1)/秋吉川際(1)/垣尻(3)/末久垣(3)/垣内2(1)/大谷(1)	13	25反 70歩	
国貞	大松垣次下2(1)/簗北正(1)/簗南(1)/垣尻(1)/末久垣(1)/垣内1(2)/垣内1山際(2)/荒井内(1)/尾崎次東(1)	11	19反330歩	
智覚	和田南山際?(1)/江那下分下(1)/中嶋(1)/簗西外(1)/簗南?(1)/簗西2(2)/大谷(1)	8	6反330歩	
末友	塚(1)/簗西外(1)/簗西1(1)/菖蒲谷(1)/簗西2(1)/垣尻(1)/垣内5(1)/大谷(1)	8	9反150歩	
近恒	前畑(1)/大松垣次下2(1)/和田南(1)/温屋谷口(1)/中川原(1)/垣内1(1)/荒井内(1)	7	5反320歩	
助正	秋吉(1)/秋吉次西2(1)/江那下分下3(1)/中嶋(1)/江川合(1)/簗南(1)/垣尻(1)	7	8反180歩	
貞正	井関(1)/簗南(2?)/簗西1(1)/簗西2(2)	6	5反170歩	
氏永	和田南山際(1)/川辺(1)/秋吉(2)/垣尻(1)/尾崎2(1)	6	5反180歩	
友国	前畑(3)/和田南(1)/簗北正(1)	5	7反110歩	梓田
延久	大松垣次下1(1)/川成小(1)/和田(1)/秋吉次西1(1)/荒井内(1)	5	6反350歩	
下司	ケチ遅(1)/和田(1)/中川原下(1)/西牓示本(1)/垣内3?(1)	5	13反	
金楽	簗南(2?)/簗西1(1)/簗西2(2)	5	9反150歩	
宗次	江那下分下2(1)/中嶋(1)/荒井内(1)/垣内3(1)	4	3反 20歩	
有久	尾崎1(1)/垣内3?(1)/尾崎次東?(1)/大谷(1)	4	6反120歩	
御正作	秋吉(1)/江那下分(1)/荒井内(1)	3	3反180歩	
末包	垣尻(1)/荒井内(1)/垣内3(1)	3	2反220歩	
行楽	井関(1)/簗西1?(1)/簗西2(1)	3	1反	梓田・川北
究竟	垣内4(1)/尾崎次東(2?)	3	7反 40歩	
恒包	前畑(1)/温屋谷口(1)	2	1反170歩	梓田
貞則	大松垣(1)/秋吉次西2下(1)	2	5反 90歩	梓田
貞清	村松東(1)/和田(1)	2	1反235歩	
上野公	ケチ遅南(1)/秋吉次下(1)	2	3反120歩	
久清	簗西外(1)/簗南(1)	2	2反330歩	

静　川

作人	作田在所名	筆数	面積	他地域での耕地所有
壬珎	大松垣次下2(1)	1	180歩	
友永	村松東(1)	1	1反	
行楽楽	村松東(1)	1	180歩	
時友	和田南(1)	1	3反230歩	
久松	下分(1)	1	1反294歩	
太郎房	中嶋(1)	1	180歩	柞田・川南
安得	牓示本	1	1反350歩	柞田
末延	西牓示本(1)	1	1反 50歩	
宗弘	簗南(1)	1	1反130歩	柞田
益方	垣内5(1)	1	2反160歩	
極楽寺敷地	垣内1(1)	1	1反	

この表は検田取帳の全作人名を、地域区分別に順に記載したものである。在所地名の次にある数字は、同一地名が帳簿内の別の箇所に出てきた場合の記載順であり、（　）内の数字はその字のなかの筆数である。それぞれの作人について所有する耕地面積を見ていくと、一町以上の大規模な耕地をもつ者は計一五人であり、水田経営において荘内の有力者であると考えられる。しかし注意が必要なのは、「近包」や「今武」のように筆数を多くもっているため、一町をこえる耕地面積をもつものもいれば、一町規模の条里坪水田を一筆もっているため、面積が一町をこえたものもあり、大規模耕地の所有のあり方にも違いが見られる。もちろん一町坪は過半が不作田である。

次に検田取帳の地域ごとに作人名を見ていく。まず「川北」と「柞田」を比較してみると、「川北」の全一二人中九人が「柞田」にも耕作地をもっていることがわかる。背ノ山地区と窪・萩原・笠田中・笠田東各地区には隔てるものがないからであろうか、「川北」と「柞田」には密接なつながりがあったのである。

一方で、「静川」と「川北」・「柞田」をそれぞれ比較してみると、「川北」では全一二人中一人、「柞田」では全五一人中六人が「静川」にも耕作地をもっていることがわかり、それぞれにおいて「静川」にも耕作地をもつ作人がごく少数なのである。このことから、「静川」と「川北」・「柞田」では排他的な集団関係があり、双方の人的なネットワークが弱かったことがわかる。同じ桛田荘内においても「川北」・「桛田」と「静川」の二種の集団ごとのまとまりとナワバリが形成されていたと考えられる。[16]

また、「桛田」と「静川」の双方に耕作地をもっている作人名は、行楽、貞則、安得、太郎坊、宗弘、友国、恒包で、「川北」と「静川」の双方に耕作地をもっているのは行楽のみである。行楽は「桛田」地区で「定使田」との注記記載のある耕地を領有する人物である。定使とは領家（預所）との連絡係を務める荘官である。[17]「安得」と「友国」は延徳文書に記載のある荘園牓示を所有する人物であり、帳簿のなかに「友国池尻」などの地名があることから領主勧農の担い手の要人と思われる。「太郎坊」は勧進僧であろうか。このような一部の特別な職能者が、「川北」・「桛田」と「静川」の双方をつなぐ役割を担っていた。地域間をつなぐ人物たちは、荘園領主神護寺により設定された職能者であり、荘園支配の担い手となっていたと想定される。

以上、文治検田取帳より分析すると、桛田荘は「川北」・「桛田」地域と「静川」地域がそれぞれの排他的な経営集団を構成し、両者をつなぐものとして職能民らによる荘園領主編成があったと考えられる。文覚井一ノ井の流れる風呂谷川の筋は、実はこのような領主的編成の要所になっているのだが、これについては項を改めて論じたい。

次に、領主の支配編成をうかがわせる名請人欄の記載として、「御正作」「下司」「公文田」などに注目したい。「公文田」は「桛田」地区に一筆あるのみで実態が不明である。領主の直営地を示す「御正作」は、「川南」地区に二筆、「静川」地区に三筆ある。「川南」にある「御正作」はそれぞれ「道西」「道東」という耕地所在地名に置かれている。牓示付近には、先述の友国・重房らの枢要住人の耕地が配置されている。これは黒田氏らの先行研究で指摘されているように、堺相論があった紀ノ川南岸の志富田荘の侵略に備えたものと考えられる。「静川」地区にある「御正作」はそれぞれ「秋吉」「江那下分」「荒井内」に置かれている。「秋吉」が穴伏川西岸の取水拠点（アキシユ）に立地することは間違いなく、ここに「御正作」が置かれているのは、穴伏川西岸支配の確立に狙いがあった。また「江那下分」には「川成」があり、暴れ川であった穴伏川の流路が定まりにくいために「御正作」が置かれ、境界の確保が求められたのであろう。静川の「西牓示本」は「下司」給となっている。東南部の境界（下居付近）に領主名的な名前を冠する一町坪が設定されていたのは繰り返し指摘してきた通りで、境界縁辺部の領主的な開発が進められていた。「川南」「静川」「桛田」地区ともに、「御正作」「下司」などの領主名は、隣荘との境界付近に置かれており、その周辺に友国・安得らの枢要住人が配置された。文治検田取帳の記載は、荘園領主神護寺の政治的意図による地域支配編成のありかたを如実にうかがわせるものである。

第四節　耕地状況についての基礎的考察

以上のような現地比定と景観復元にもとづき、桛田荘の水田の耕地状況について検討したい。

検田取帳には「損」「不」「川成」の記載がある。まず、桛田荘全体で、「損」＝損田と得田について概観したい。表1で示したように、桛田荘全体の水田六二町七反一一九歩（前欠の欠損あり）のうち、損田は一七町九反一〇〇歩で、三〇・七%、損田は約三割に及んでいた。四地域区分ごとの内訳は、「桛田」地区が三五・一%、「川南」地区〇%（損田なし）、「川北」地区四〇・四%、「静川」地区二五・八%の割合となる。荘園の中心部である「桛田」地区（全荘耕地のうち約六割）では、一二町余の損田が存在する。とくに、笠田東の下位段丘末端の条里型地割に比定された九個の一町坪（「名主名＋坪」地名）は、平均して約四割が「損」であり、不安定耕地の典型となっていた。「桛田」地区の損田率の高さは、主に段丘末端部の条里型水田に規定されていたのである。[18]

次に「不」と「川成」についてみていく。「不」は「～又不」と記載されており、取帳を固める読み合わせの時点で設定されたもので、損毛田に対して作付け不能の田（もともと作付けできなかった耕地）と理解されている。「川成」と同様に、「不」の面積が耕作面積を上回る在所や、一筆すべてが「不」とされる在所が見られる。耕地になりえなかった場所として損田扱いが要求されたものである。「同南　不二反内年一反、荒一反」という記載に見られるように年荒か常荒かの区分もあったようだが詳細は今後の課題である。

「川成」表記であるが、「柞田」地区に一筆、「静川」地区に一三筆見られる。「川成」は河川の氾濫や流路の変遷によって耕作不能になった場所を指すと考えられ、一般に用水路付近や旧河道の湿田地区などにみられる。「静川」地区に「川成」表記の耕地が集中している理由は、四十八瀬川の別称をもつ穴伏川の河道変更とそれにともなう用水路の付け替えに由来するに相違ない。「静川」地区の耕地が、川の両岸に展開していたことは前述の通りである。「静川」地区の水田は、穴伏川一帯の沖積低地と下位段丘上に展開していた。一方、「柞田」地区には「川成」が一カ所のみである。石造堤防の出土によって、紀ノ川河川敷の耕地開発が議論されたが、検田取帳にみる限り、その徴証は乏しい。一筆だけ「川成」表記のある「淵本」は、おおむね大字笠田東の西側に比定され、紀ノ川の淵のたもとに位置していたと考えられる。もちろん用水路（文覚井）や小河川（堂田川など）による水懸かりの可能性もある。

検田取帳の新田についての表記は、「新」「新損」「新作」「新分」の四種類が見られる。いずれも、鍬下年季や年貢減免の対象地として、損田や不田・川成とともに注記されたものである。

静川地区の垣内の記載中に

下　一、同　乍二反内新作一反損三百歩、新分九十歩　有久

などとあるように、「新作」と「新分」は使い分けられている（損田部分の新田配分と考えておく）。これらの新田は大きく分けて二カ所にまとまっている。一つは「柞田」地区の冒頭部分、もう一つは「静川」地区の大字高田の比定

部分である。「柿田」地区の新田は、「平池尻」「小田垣内」「前野」「宮谷尻」「湯屋前東北」「小江門」「岸下倉垣内」「恒久北」「野干池尻」「淵本」「近光坪次東南」「中乃」「池尻」にあり（「新損」を含む）、合計二一筆ある。比定図で大字萩原に位置するのは「平池尻」「小田垣内」「前野」「宮谷尻」「小江門」「岸下倉垣内」で、これに近い「湯屋前東北」も含むと、新田は一二筆に及び、「柿田」地区の半数以上の新田が萩原から笠田中西部一帯にあったことになる。地名の上から、池水・溜池の地区と推定されている「柿田」地区の谷筋耕地において、文治元年段階で新田開発の動きが見られることを確認しておきたい。

以上、損毛・不作・新開などの耕地情報を概観した。この検田取帳の特色は、このような情報に加えて、各田地ごとに上・中・下の等級が注記されて、読み合わせされていた事実である。表2に、かつらぎ町史編集委員会による集計を示しておいた。表1の得田・損田率とほぼパラレルな形で水田生産力を明示している。これまでの研究は、損毛率も高くて下田の集中する池水灌漑地域と、損毛率が低くて上中田が多い河川灌漑地区、という形で損毛情報と等級情報を同等の問題として扱っている。しかし、年貢等課役高の基準数値となる水田の等級（田品）と、当概年の得・損の状況とは、本来別のはずであり、双方の関係には注意を要するはずだ。本章では、治承寿永内戦時の戦時勧農を重視する立場から、あくまで損毛率に注目して分析した。水田等級との相関については後の課題としたい。

第五節　検田取帳にみる水利秩序の考察

(一)　文覚井・穴伏川水系灌漑システムの原型

先行研究の成果も確認しつつ、検田取帳の分析を通じて桛田荘の景観を復元してきた。桛田荘をめぐる論争を踏まえた場合、とくに強調したい発見・主張点は以下の三点である。

(1)「～坪」と表記される九個の一町坪水田は、条里型地割の残存する笠田東の中心集落一帯・堺牓示の北側に比定されること

(2) 窪・萩原遺跡の所在する紀ノ川の沖積低地部分には耕地が展開せず、下位段丘の縁辺部にとどまること

(3)「静川地区」においては、穴伏川の両岸がほぼ同等の比重で掌握されており、とくに西岸側の水利施設に領主直轄地や牓示が設定されていること、加えて高田は現在の景観と大きく異なっていたこと

(1) について。下位段丘の末端の部分の条里型地割は、現在近世用水の小田井の水掛りである。このような地点が、一一八五年段階で一町坪として領主神護寺から掌握されていた意義は大きい。確かに相対的に不安定性の高い耕地であるが、五割の得田をもつ広域水田として維持される。その用水源として、想定されるのは文覚井の一ノ井をおいてほかになかろう。文覚井は、第二章でも詳細に明らかにしたとおり、穴伏川両岸の一六本の用水路（西岸一〇本・東岸六本）のうちの東側の三本、一ノ井・二ノ井・三ノ井の三本の用水路の総称で、中世に神護寺僧文覚が開削

したとされる。三本とも穴伏川から取水し、一ノ井は途中で分岐し、一方は大字萩原、もう一方は大字笠田東へ、二ノ井は大字移と大字窪に、三ノ井は背ノ山を迂回するように大字高田を通って、大字背ノ山へとそれぞれ流れている。これらの三用水は、相互に関連しあって紀ノ川側の耕地に水をまわしていた（口絵3参照）。「桛田地区」の一町坪一帯には、小字水分（水分原）付近で分岐した一ノ井の上井と下井の水が掛かった。これまでの研究では、水田等級と損田率から「桛田地区」を池水・湧水・谷水灌漑による地域として、文覚井（一ノ井）の未成立を主張していた。一町坪の位置が、想定外だったためであろう。検田取帳によれば、この一帯には条里型地割の一町水田の他にも、かなりの筆数の耕地が存在している。これらの水田すべてを維持するのは、池水・谷水灌漑のみでは不可能であろう。少なくとも一一八五年段階で、穴伏川から取水する文覚井一ノ井（東流）が存在しており、それをもってしても損田を克服できない在地状況や耕地状況を想定すべきであろう。一ノ井が風呂谷川への穴伏川流の接合であったように、現在の文覚井諸井はいずれも池や谷水流への補充水路として機能しており（一ノ井では上人池・宮池、二ノ井では小堂谷《くぼんたに》池が典型）、水源を示す地名が「谷」「池」になるから河川灌漑が欠如しているという論法は正しくない。「桛田地区」の「平池尻」「友国池尻」「二王池内」「大池尻」「小池上迫」「野干池尻」「池田」「池尻」のうち、「大池尻」「小池上迫」「野干池尻」「池田」は文覚井が掛からない谷筋に比定したが、他は水量を調節する補充池の可能性がある。

いま一つ、文覚井一ノ井の存在を示すものとして、現在の風呂谷川筋における住人集団交流状況があげられる。先述の通り、桛田荘は「川北」・「桛田」地域と「静川」地域とでそれぞれの排他的なまとまりを構成し、それらのまとまりを超える者は少数の領主的職能をもつ存在であることを指摘した。その排他的な集団関係の中で、耕地所在地名が「桛田」・「静川」に共通する地域がある。「桛田」地域の「温屋前」、「静川」地域の「温屋谷口」がそれである。「温屋」あるいは「温屋谷」は、現在の風呂谷川を指すものと考えられ、風呂谷川[19]は現在の大字移小字湯神付近から流れ出し、紀ノ川に注ぐ小河川であり、その水量は少なく、文覚井一ノ井を注ぐことによって水量を維持している。逆に言えば、一ノ井が注いでいなければ存続しえない川であり、文治検田取帳に「温屋」・「温屋谷」の記載があるところを見れば、風呂谷川が機能していて、一ノ井が存在していたと考えられるのではないか。しかも温屋谷と温屋をつなぐ一ノ井のラインには友国池があり、これは静川側の住人である（友国池は、位置的に考えて上人池〈溜池台帳の狐谷南池・新池〉あたりに推定される）。友国は、一ノ井取水口にあたる艮牓示一帯（前畑）と一ノ井流末の巽牓示（北四反田）付近を領有している特別の住人である。一ノ井の取水口・接合点（風呂谷川・友国池）・流末領主開発地を一括して押さえており、文覚井の開削・保管維持と不可分のかかわりをもつ荘園領主の配下の要人と考えて間違いない。これらの事実は、検田取帳の段階に「桛田」地域と「静川」地域をつなぐ要素、すなわち一ノ井流が確実に存在していることを示している。しかもそれは複数の地域を接合する勧農・交通機能という、荘園領主支配の根幹にかかわる重要な機能を体現するものであった。

さらに（3）の点である。先行研究では、「静川地区」と「桛田地区」の生産力の差を対蹠的に描くあまり、一ノ井の未成立と二ノ井の先行を主張して、しかも三ノ井は無視している。しかし、景観復元から見る限り、一ノ井同様に「桛田地区」側への山越えを想定して高い位置に開削している二ノ井の意義のみを積極的に打ち出す必然性がみられない[20]。むしろ、西岸に対する神護寺側の強い志向を見るなら、先述した穴伏川両岸の灌漑システム（近代一六本で西岸一〇本・東岸六本）の原型が作られていたことを重視すべきであろう。水田の現地比定から考えると、東岸の文覚井一ノ井・二ノ井の上流に設置された上井・北川井・村松井などの西岸用水群がすでに成立していたと考えられる。池水灌漑か河川灌漑かという単純な択一ではなく、郡界地域に広がる穴伏川用水群の形成過程として、一一八五年の段階を位置づける必要があろう。文覚井一ノ井はすでに開削されており、条里地割と池水新田とを作り出していたが、この時点では十分な水量を確保できない事情が存在した。また、その上流の西岸用水もすでに機能しており、穴伏川水系灌漑システムの原型は完成していたと考えられる。

(二) 桛田荘絵図に描かれた耕地の範囲

これまでの分析により、桛田荘絵図の記載内容と検田取帳の復元とが、荘園の領域などについて正しく合致していることが明らかになった。神護寺蔵の桛田荘絵図の作成年代には、元暦元年(一一八四)説(鈴木茂男氏・小山靖憲氏)、長寛二年(一一六四)説(木村茂光氏)、貞応三年(一二二四)説(黒田日出男氏)などがある。これを念頭に置いた上で、検田取帳の景観から桛田荘絵図を読み直しておきたい。とくに前述の(3)の点が重視される。

桛田荘絵図は耕地が十字形で描かれている。絵図中の堂、八幡宮はそれぞれ現在の神願寺、宝来山神社に比定できるため、検田取帳比定図での中央の耕地群は、絵図中央の耕地群、「桛田荘」と書かれた辺りと一致するだろう。そうすると絵図中の「大道」が現在のどの道にあたるか見えてくるだろう。これまで「大道」は近世の大和街道に比定されることが多かった。だが、石造堤防の発掘調査の結果、道自体は中世にさかのぼらないことが判明した。この事実は、検田取帳の分析によって導き出された(3)の指摘により裏付けられる。「大道」は河川敷の沖積低地部分(現在の伊都浄化センター一帯)には無くて、比定図中央の耕地群のすぐ南にあり、JR和歌山線沿いに走る道が「大道」であると推測できるだろう(しかしこの「大道」がどこに延びてのちの大和街道に合流するかなど不明で、検討すべきである)。JR和歌山線は河岸段丘に沿う形で走っているため、段丘の上側に集落や耕地が存在したことになり、絵図では広大に描かれている耕地群は、実際の地理上ではそれほど広い範囲ではなかったのである。また、絵図中の「大道」沿いに鳥居が描かれているが、宝来山神社の御旅所地蔵尊に比定した。この御旅所地蔵尊は「大道」に比定した道路と宝来山神社への参詣道との交点にある(京奈和自動車道の敷設に伴う取り付け道路拡張工事のため少し東に移設されている。Ⅱ史料編三を参照)。

次に桛田荘絵図に描かれている集落について比定を試みる。先述のように、垣内地名に注目することにより、検田取帳からおおよその集落の位置が推定される。それと絵図を照合する作業になる。絵図の一番左にある集落は現在の移地区、その集落から山をはさんで右側の集落は背ノ山地区とみていいだろう。先程比定した「大道」沿いの集落は、「大道」との関係から萩原地区に比定できる。残る集落だが、前欠部分に該当して比定できなかった窪地区がそれにあたるだろう。

すでに指摘したように、検田取帳にみる桛田荘の領域は、窪・萩原・笠田中・笠田東・移・高田・渋田・島のみならず一部佐野や紀ノ川市域まで含みこんでいることが確実である。桛田荘絵図に描かれた牓示の位置は、静川の西南岸から紀ノ川の南岸にまで領土を主張しており、文治検田取帳の記載とよく一致している。一町坪の条里型水田は、巽牓示（下居）の手前に広がる耕地区画であり、笠田中・笠田東の集落は省略されていることになる。このことは、桛田荘絵図の成立年が一一八五年に近い時期に比定され、神護寺による文覚井以下の領主的編成が織り込み済みであることを示すものであろう。文治の検田取帳を重視する立場から、荘園絵図を神護寺領以前のものとしたり西荘絵図とみる学説、文覚井一ノ井は未成立であるとする説、紀ノ川流域部の耕地が沖積低地に展開するという説などは再検討の余地が大きいことを指摘したい。一一八五年段階における荘園の景観を前提に、絵図に描かれなかったものを再検討することによって、この絵図の主題が明らかになるはずである。今回の考察の範囲を超える問題である。

(註)

（1）『かつらぎ町史』古代・中世編（和歌山県かつらぎ町　一九八三年）、竹内理三編『鎌倉遺文　補遺第一巻』東京堂出版、一九九四年。鎌倉遺文補遺編巻頭に収録されたため、広く研究者の間に周知されたが、「讃岐国笠田荘」と誤記されたためか、神護寺領桛田荘関係史料として認知されることが少なかった。

(2) 立荘にかかわる基礎台帳すなわち正検帳とみるか、治承寿永内乱にともなう内検帳とみるか、二つの可能性がある。
(3) 木村茂光「荘園村落とはどのような景観だったか」(『争点日本の歴史』二　古代Ⅱ、新人物往来社、一九九一年、のち「荘園村落の形成と景観」として同著『中世の民衆生活史』青木書店、二〇〇〇年に再録)。この分析は、中世史研究の講座である同氏の『日本中世の歴史』1中世社会の成り立ち(吉川弘文館二〇〇九年)に収録された。
(4) 黒田日出男「第4回境界と水利―紀伊国桛田荘絵図を読む―」(同『NHK人間大学　謎解き日本史・絵画史料を読む』日本放送出版協会、一九九九年、のち「荘園絵図と牓示」として同『中世荘園絵図の解釈学』東京大学出版会、二〇〇〇年に増補収録)。
(5) 木村茂光「荘園の四至と牓示―紀伊国桛田荘絵図を読む―」(木村　一九八七、同『日本初期中世社会の研究』校倉書房、二〇〇六年再録)。
(6) 木村氏は、検田取帳の「②一町単位の不安定な氾濫原耕地」が、石造堤防に先行する河川敷開発の先駆的な事例である可能性を示唆し、紀ノ川河川敷の開発に注目していた(「紀伊国桛田荘の沖積地開発と石積み遺構」木村　一九九七、同『日本初期中世社会の研究』校倉書房　二〇〇六年。)黒田註(4)論文では、額田雅裕氏らの地理学の成果を支持して、石積遺跡について船津・船着場として理解する方向性を示した。また荘園絵図(とくに構図デフォルメの理由)についても、木村氏が南の志富田荘との相論絵図として河川敷耕地の描き方を主題とするのに対して(註〈5〉論文)、黒田氏は静川をめぐる相論図と想定している(註〈4〉論文)。
(7) 静川地区については、上流から下流にかけてのラインで認識はほぼ一致する。また、前欠部分について、黒田氏は東笠田部分が欠損していると言い、かつらぎ町史通史編では窪が欠損しているとしている。前田氏の理解については本書の第三章を参照されたい。
(8) 富澤清人「検注と田文」(『講座日本荘園史』第一巻　荘園研究入門　吉川弘文館、一九八九年)、同『中世荘園と検注』吉川弘文館、一九九六年。
(9)『かつらぎ町史・通史編』中世編の二章二節(表は二五五頁・二五六頁)二〇〇六年、小山靖憲氏執筆部分。
(10)『桛田荘(窪・萩原遺跡)』和歌山県文化財センター　二〇〇一年の袋入り附録として収録された(本書のⅡ史料編二に収

録)。

(11) 紀の川流域荘園詳細分布調査委員会『紀ノ川流域荘園詳細分布調査概要報告書Ⅲ　名手荘・静川荘地域調査』二〇〇四年の袋入り附録参照。

(12)『かつらぎ町史・通史編』の袋入り附録として収録された。

(13) 前掲、註(8)「検注と田文」論文の三四三頁など参照。

(14) 山陰加春夫編『きのくに荘園の世界』上、清文堂、二〇〇〇年、四三頁・竹中康彦執筆部分。

(15) 筆数や面積を考慮し、検注の路線を北に戻して、大字移の中心部に比定する可能性が残されている。「極楽寺敷地」は大字移の極楽寺で、「尾崎」「垣尻」「末久垣」「垣内」「荒井内」の作人末久が移の「和田」にも共通して所有しているためである。今後の課題としたい。

(16) 黒田前掲(4)論文。

(17)『講座日本荘園史』第一巻　荘園入門　吉川弘文館、一九八九年の荘園関係基本用語解説の定使(伊藤清郎氏執筆)より。

(18) 黒田前掲註(4)論文の表三に「坪型田地の損亡率」として集計されている。

(19) 温屋谷から風呂谷への地名転化は、隅田荘(護国寺領兵庫荒野)でも確認できる。紀ノ川筋の地名転化の類型と思われる。『紀伊国隅田荘現況調査報告書』(二〇〇〇年)四頁参照。

(20)「杮田地区」が前欠になっているため断定はできないが、本章の分析に拠るかぎり、窪・移の用水としての二ノ井は未成立である。「静川地区」に窪の耕地が含まれていないからである。「穴伏川水系灌漑システムの原初形態」と限定しているのはこのためである。

第六章　荘園遺跡調査報告
――桛田荘のなかの窪・萩原遺跡――

第一節　桛田荘のなかの窪・萩原地区

㈠　調査方法・体制

桛田荘（中世は挊田、笠田とも表記）は、久安三年（一一四七）崇徳上皇領の荘園として立券され（平治の乱で滅亡の後一時国衙に没収）、蓮華王院（三十三間堂）領を経て寿永二年（一一八三）に神護寺に寄進された。寄進の背景には、湯浅党と関係の深い文覚の活躍があったという。以後、中世を通じて神護寺領の領域型荘園として存続する。

神護寺領になった時に作成されたと推定されている荘園絵図（神護寺蔵）は、牓示を表記した領域荘園絵図の典型として広く知られており、歴史教育の上ではもっとも著名な中世荘園である。荘園現地の宝来山神社に残るもう一枚の絵図との関係について、一九九〇年代に服部英雄・小山靖憲両氏の間で論争があり、また最近では、文治一年（一一八五）の検注取帳をめぐって木村茂光・黒田日出男両氏が相反する分析結果を出している。中世社会あるいは荘園制の成立を考える上で、もっとも魅力的な研究フィールドの一つといって過言ではなかろう。

今回の発掘調査（一九九六・九七年）により、桛田荘の沖積地、紀ノ川氾濫原が調査の主対象になり、はからずも中世〜近世にいたる土地利用の変遷が広域にわたり経時的に押さえられる可能性が高まった。桛田荘は、十二世紀前半より、紀ノ川河川敷に展開していた島（島田・島畠）の領有をめぐって、河南の志富田（渋田）荘と争い続けた（志富田荘は高野山大伝法院領のち金剛峯寺蓮華乗院領）。今回発見された石造連続堤防の出来る以前は、河道が複数乱流して、その河川敷には広大な荒蕪地が広がっていたと思われる。そのような空間を、中世〜近世の人々がどのように利用してきたのか、単に新田開発の時期の確定にとどまらず、水陸の交通、中継輸送、墓所旅所など宗教的施設などの多角的な観点から分析する必要があろう。ここでは、いわゆる広域水田遺跡調査を緊急に実施し、耕地を中心とする地表面の情報を蒐集して基礎史料としておきたい。

また、先行研究においても、絵図の成立や検注をめぐり、静川（穴伏川・北川・四十八瀬川）側の開発を重視する読図・史料分析（服部英雄氏・黒田日出男氏）と、紀ノ川河川敷を重視する見解（小山靖憲氏・木村茂光氏）がわかれている。地理学の側では、中世段階で沖積地が耕地化すること自体に否定的である（段丘上＝文覚井、沖積地＝近世用水の小田井）。服部氏以後の研究は、十二世紀段階で文覚井（一ノ井）が未開削であると結論する点で一致している。この意味でも、網羅的かつ正確な情報の収集・公開が急務であると考えた。

今回の調査は、下水道処理施設の敷設にかかわる緊急調査であり、同地（窪・萩原遺跡）に耕地をもつ地権者を主たる対象とした。窪・萩原・背ノ山の三字である。だが、桛田荘低地部分の歴史を明らかにするためには、対岸河川敷地区との関係、および段丘上を灌漑する文覚井（一ノ井・二ノ井）との接合関係の考察が不可欠であった。したがって、窪・萩原・背ノ山に主力各一班を配し、別に文覚井担当として移・中・東の一班、河川敷を対象とする島・渋田班を配置した。

なお、遺跡の重要性を考慮し、荘園調査手練れ七大学の調査委員・調査員と、地元に精通した和歌山大学・早稲田大学・東京学芸大学等の学生・院生計二十八人の作業員からなる調査団を組織した。（◎班長・○班長代理、以下同）

荻原班　◎則竹雄一　○石原　毅　村澤啓行　小幡朋博

窪班　◎海津一朗　○楠木　武　山本　悟　谷口雄一

背ノ山班　◎稲葉継陽　吉田容子　杉本　圭　田中隆徳

島班　◎小林一岳　根本　崇

文覚井班　◎海老澤衷　○高木徳郎　荻野憲司　○高橋　傑　山内太郎　清水克行

本調査は、平成九年（一九九七）七月二十八日から八月二日の六日間であった。和歌山大を中心にして、明治地籍図の確認トレースと土地台帳照合、および空中写真等の入手と『桛田荘遺跡総合調査の手引き』『桛田荘史料集』（部内資料）を作成し、プレ調査を繰り返した。調査方法については、すべての地権者からの耕地の通称・水掛かり・農事慣行を聞き取り、地区の全体的な灌漑状況を把握するというガイドライン以外は、すべて班長の判断に委ねた（成果のまとめは、班長作成の調査カードと清書図をもとにして、海津の責任で行った）。

（二）　笠田地域の農業関係用語

①地味について

土が深い　地味が良い。水持ちが良い。

土が軽い　砂地である。（↔土がきつい）

土がきつい　粘土質である。（↔土が軽い）

水がつく　浸水する。

表1 聞き取り対象話者一覧（1997年7～8月）

	氏名	生年
窪	山本敏夫	1922(大正11)
	西村喜一	1922(大正11)
	木地勇	
	前田秀治	1928（昭和3)
	前田淑子	
	前田いよ子	1911（明治44)
	前田昌子	1924（大正13)
	雪谷四郎	1929（昭和4)
	新岡良子	1927（昭和2)
	新岡良雄	1947（昭和22)
	橋本一郎	1923（大正12)
	中畑カズヨ	1931（昭和6)
	荒井公子	1925（大正14)
	西岡宏	1922（大正11)
	井端君枝	1954（昭和29)
	伊藤直幹	1937（昭和12)
	岡本圭市	1934（昭和9)
	林政春	1924（大正13)
	植野芳子	1912（大正1)
	伊藤英夫	1935（昭和10)
	高橋鶴子	1921（大正10)
	中村光（移)	1951（昭和26)
	宮阪裕巳（萩原)	1933（昭和8)
	西中重雄（島)	1904（明治37)
	丹下寿紀	1934（昭和9)
	松本秀平（背ノ山)	
	北田貞行（移)	
	山本昌平	1932（昭和7)
	木村俊弥	1933（昭和8)
	北畑裕皓	1943（昭和18)
	北畑義弘	1933（昭和8)
	松下弘	1928（昭和3)

	氏名	生年
萩原	中西隆代	
	米井正司	
	子安精憲	
	田中靖之	
	米井右雄	
	原延年	
	山本憲男	
	山本茂晴	
背ノ山	大西政治	1925（大正14)
	関本昌治	1924（大正13)
	中阪和弘	
	天野順徳	
	木村芳夫	1931（昭和6)
	木村音美	
	岩坂辰雄	
	筒井肇	1935（昭和10)
	森下憲一	1913（大正2)
笠田中・東	北畑裕皓	1943（昭和18)
	北畑義弘	1933（昭和8)
	植野芳子	1912（大正1)
	嘉多恵造	
	田中利彦	
	土井幹夫	1933（昭和8)
	西浦もとえ	
	西浦忠子	
	土井郭彰	1945（昭和20)
	亀岡忠顕	1930（昭和5)
	土井康亘	1941（昭和16)
	和田勝弘	1938（昭和13)
移	松山良樹	

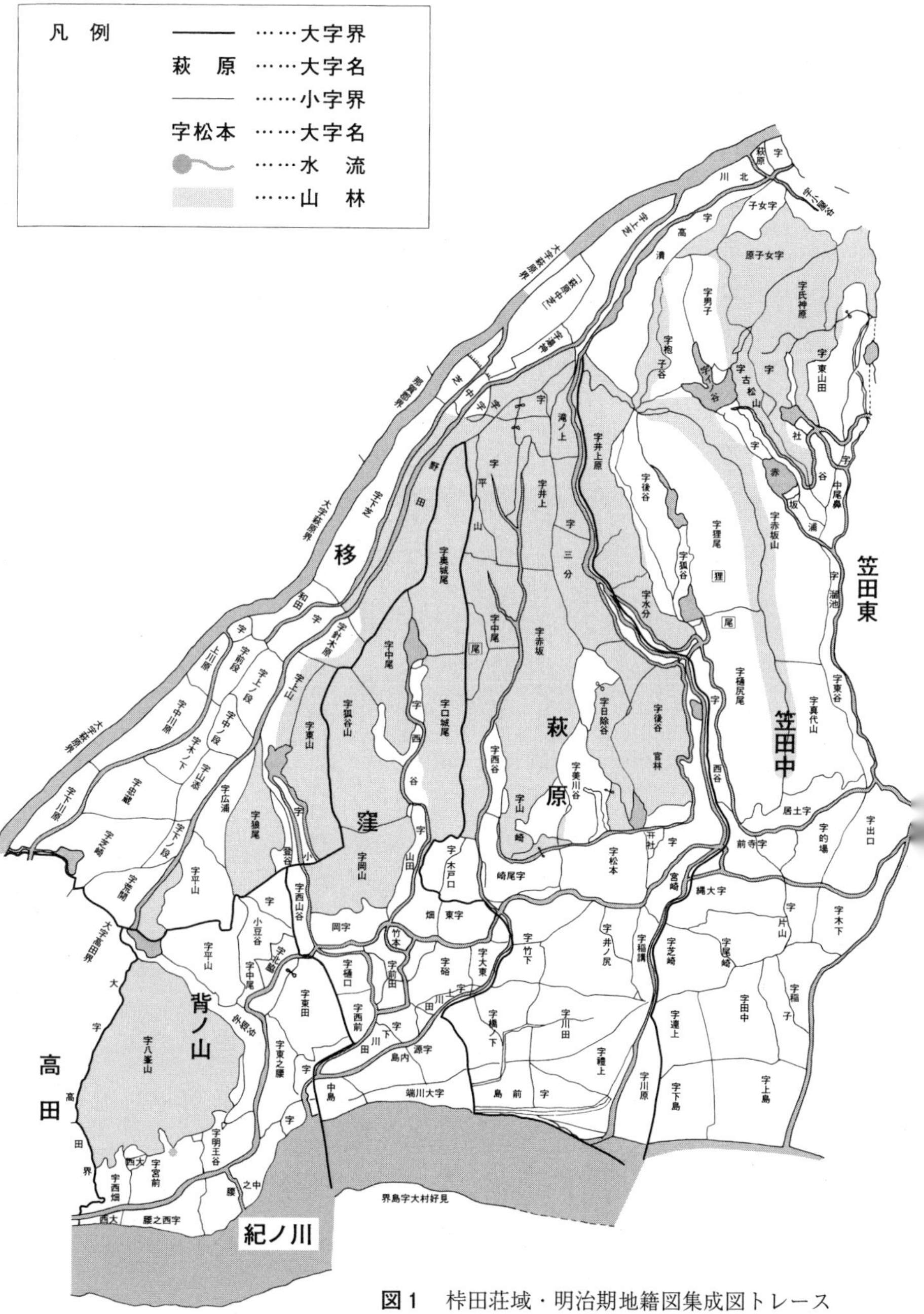

図１　桛田荘域・明治期地籍図集成図トレース

しつく　水はけが悪い。じめじめする。
ぞれる（堤・畦などが）ずれる。崩れ落ちる。
かする　汲み出すこと。汲み上げること。
カンゴダ（籠田）　水がすぐに抜ける田。
キュウスイ　旱魃、水不足のこと。現在は窮水の字をあてるが（文覚井水利組合文書など）、中世文書にも「急水」として確認される（高野山文書、岡本家文書など）。
カケナガシ　水不足のおり、少しだけ水を入れて、潤ったら次の田に入れるという利水の手法。
キュウセ・シンセ（旧畝・新畝）　年貢の換算単位。旧は一反＝三〇坪、新は一反三〇〇坪。太平洋戦争以前、小作は新畝で作り旧畝（換算）で年貢を支払わねばならないほど立場が弱かったという。

②利水・施設その他
ネキ（根際）　際のこと。ネキモンは売れ残りのことと旧『かつらぎ町誌』にある。
ネキ掘り　田植えまでにネキを一度掘って田を乾かすこと。湿田対策（窪区字狐谷）。
ミゾ（溝）　用水路のこと
サシ　分水板
センガン　堰の水を流すところ
オトシ　主に山麓の用水で、増水時に余水を谷側に捨てる口のこと（背ノ山区）。
ブワケ　分水路
ツンボ　用水の流れが止まってしまうところ
マエゴラ　石垣の内側に詰める裏込めの石。水抜きの役目をする。

タニホリ・イデホリ（谷掘り）　受益者による溝掃除のこと（窪谷川・西ノ谷川にて）。

イケモリ（池守）　池水を管理する役職名。区の寄合で決定。水路の管理を主管。区から米価換算で「池守給」が出る。

ミズヒキ（水引）　水不足のとき、池守が責任をもって各戸に水を供給すること。

ミズマワシ（水回）　池守と別にミズヒキを行う役職名。公平を期すため、二人一組で行った。

出不足料　溝掃除に欠席した場合のペナルティ。金額が定まっている（窪区クボンタニ池ほか）。溝の場合にも適用された（窪区ツキナミ講）。

③地域呼称

アゲ　低地部に対し、段丘上の山手を呼ぶ地域内呼称。

第二節　萩原区の地名と水利（Ⅱ史料編二の①④図に対応）

(一)　地域の概観

北は稜線を境に移区、西は窪区、東は風呂谷川を境に笠田中区、南は紀ノ川を境に島区と接する。西ノ谷川・風呂谷川筋の山野を含むため南北に長い。宝来山神社（ミヤ）、神願寺の鎮座する桛田荘の中心集落であり、その境内を経由して文覚井一ノ井の水が掛る。窪区と入り組む西境の部分、字木戸口の一帯が水利・交通・信仰など諸面において重要な拠点地域であったことが確認できる。宝来山神社には全荘規模の番頭講《ばんとうこう》（移区松山家、窪区前田家、折居佐野家が成員）があり、同社の神宮寺である神願寺とは別に、字松本の大福寺（神願寺末）が萩原区の村堂となっていた。大福寺には堂ノ講があり、その裏手に共同墓地がある（和歌山県文化財センター　二〇〇一）。萩原区の集落は、大師講の区分にもとづいて上・東・中・西・南の五つのカイト（垣内）に分かれ（Ⅱ史料編二）、字宮崎・松本・尾崎・井ノ尻・竹下に集中している。大福寺堂ノ講に七軒が入る。

小字には稲講（イナゴ）、宮崎（ミヤザキ）、松本（マツモト）、尾崎（オザキ）、西谷（ニシタニ）、木戸口（キドグチ）、竹之下（タケノシタ）、井ノ尻（イノジリ）、川田（カワタ）、橋ノ下（ハシノシタ）、前島（マエシマ）、禮上（レイジョウ）、川原（カワハラ）、日除谷（ヒヨケダニ）、美川谷（ミカワダニ）、山崎（ヤマザキ）、赤坂（アカサカ）、井神（イガミ）、西尾（ニシオ）、中尾（ナカオ）、平山（ヒラヤマ）、滝ノ上（タキノウエ）、三分（ミワケ）、後谷（ウシロダニ）、ほか静川側に中芝（ナカシバ）など一二字（順序・表記は大字萩原地籍図に従った）。

(二)　水利の概況

小田井用水を境にして、北側は文覚井一ノ井掛、南側は小田井掛となっている。沖積低地内の耕地は、萩原水道、カワタミゾ・ナカミゾ（マエミゾ）など、小田井系の用水によって灌漑されている。マエミゾはミヤノ池により調整されるという。東境を流れた風呂谷川は、河口に近い国道二四号との交点付近で東西に用水を分水している（名称不明。小田井の水利権）。

①文覚井一ノ井

静川から取水し、風呂谷川を補充して、笠田中・笠田東・萩原三区を灌漑する長大な用水。キュウスイ（旱魃）時には、静川の上流井堰をすべて切り落とすことができるなど強大な水利権をもつ。一九六二年の大旱魃でこの権利が行使された（文覚井水利組合所蔵文書）。このうち、萩原には、字三分で分水された萩原分流が、宝来山社・神願寺の境内を通って、山麓部を西に流れ、西ノ谷川の筋まで灌漑した。窪谷川、西ノ谷川が枯れた時には、途中の池で補充し、西ノ谷川を掛樋で越して（途中を素通りさせ）字木戸口に水を回した。

②ミヤノ池（宮池）

宝来山神社の西北の池。文覚井が渇水時に使う予備の池。

③マエミゾ

字川田・禮上一帯の用水の総称といい、字川田の北沿いのカワタミゾと、中央部を東から西に流れて萩原水道に合流するナカミゾに分かれる。ミヤノ池が管理しており、あるいは小田井開削以前の用水慣行の残存とも考えられる。

④萩原水道

字竹之下から橋ノ下を経て前島にいたる萩原区の基幹用水。

(三)　個別の水利と耕地

①字木戸口

文覚井一ノ井・二ノ井双方の用水が掛かる特別の場所（図2参照）。南に窪区の村堂観音寺が接する（字東畑）。萩原Ⅰ遺跡の在所で、鎌倉期の掘立建物群が出土している（なお、昔宿場で「ジョロヤ（女郎屋）」が在ったという伝承が広く流布している。「ここは笠田か和歌山町か、和歌山町ならキョウダイ（兄妹）心中」という恋歌がある）。

②字前島

北の字界沿いの地中二メートル下より石造護岸が出土した。

ステイワ（捨て岩）　風呂谷川河口から西側にかけての旧堤防の外側に、傾斜角四五度ほどで薄く平たい緑泥片岩

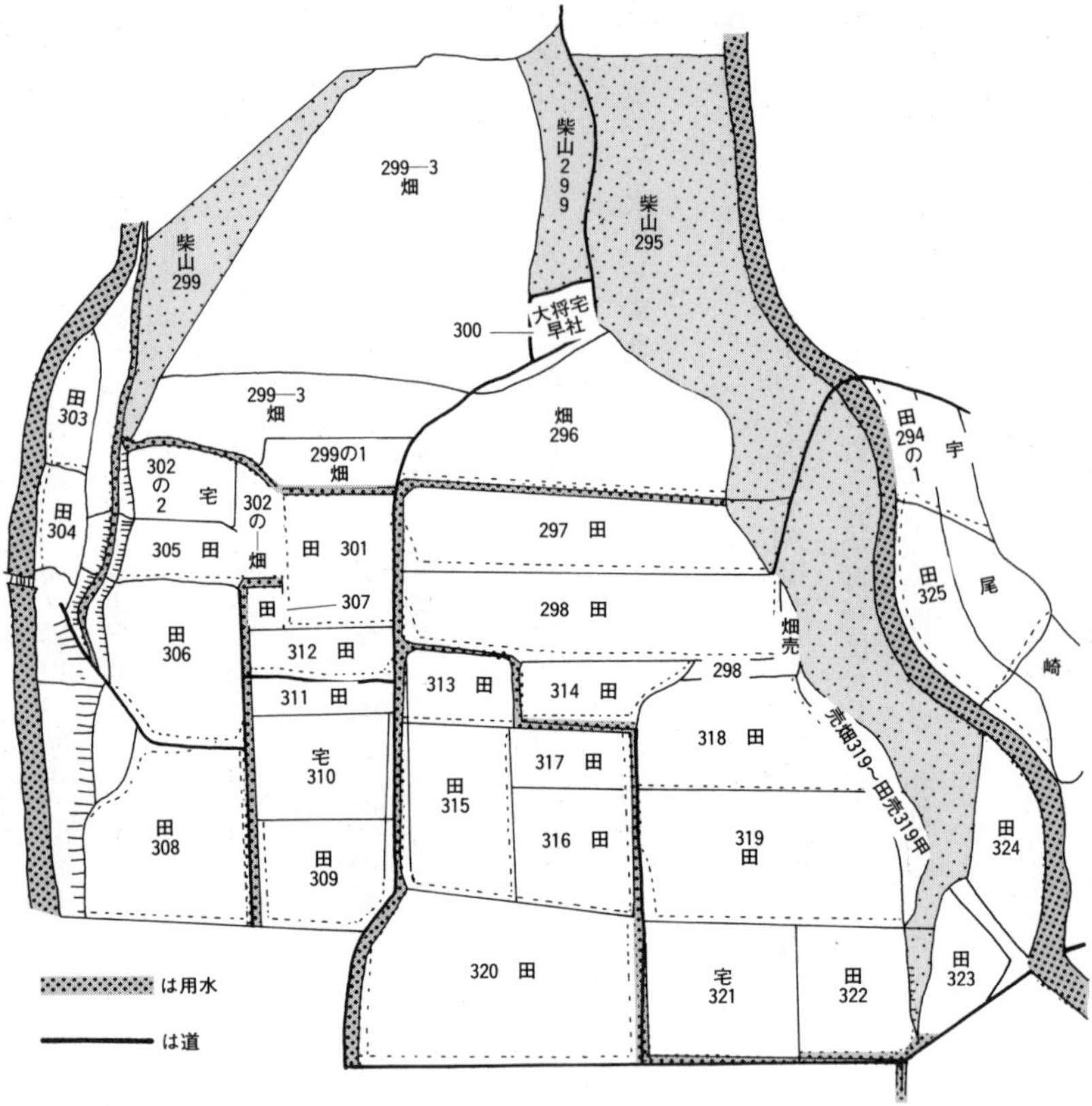

図２　字木戸口の明治期地籍図トレース

製の岩石を並べたもの。高さは二〜三メートル。紀ノ川の水のあたる場所で、堤防の斜面が侵食されないための装置。現在は埋没した。

地番五五〇、五五五（シンデ）　砂混じりの田。萩原水道掛。

地番五五三（シンデ）　赤土がかった粘性の強い土。風呂谷川の水をひく。

地番五六五〜五六七―一（国道の田）　石積護岸の出土地上の水田。国道沿い（五六七―一）は大和道沿い（五六五、五六六）よりも五〇センチほど高い。

③字橋ノ下

カミガワタ　地番五二六　地味は良いが一メートル以上深くな

ると砂地だった。

ナカサジ　地番五四〇　他人の田の中に位置することに由来。土は粘土質で、水はけも良い。

ササギバタ　地番五四五　五四七　地味の良い一等田。

ササギバタ　地番五四六　良くできる田だが土は「きつい」。粘土のようになっている。

(四)　通称地名

●大字萩原　ハギワラ　南海道萩原駅の在所で、船ツナギノ松一帯に萩が生い茂っていたことに由来するという（旧『かつらぎ町誌』六九〇頁より）。

●字稲講　イナゴ　由来未詳

ジゾウサンノタ　地番七―一、八―一

ジゾウマエ　地番九―一

オタビショジゾウソン　地番一〇　宝来山神社の御旅所

ミセ　地番一一―一　店の在所による。現在は酒屋・たばこ屋あり。

ミセノハタ（ミセバタ）　地番一二―一、一三―一

コゼッポ　地番一四―一、一五―一

線路ノ南　地番一七、一八、二〇―一

フロタニ　地番一九　袋状の地形に由来か。

線路の北　地番二一―一

図3　木戸口のゲートボール場（萩原Ⅰ遺跡）

ノシロダ　　　　　　　地番二七―一　苗代をつくる田に由来
●字宮崎　ミヤザキ　　ミヤのある高台の意か。
ヒガシノシタ　　　　　地番六七―七八
●字松本　マツモト　　船ツナギノ松に由来か。
船ツナギノ松　　　　　宝来橋の北、宝来山神社参道脇（字宮崎側）にあった古木。「桛田荘絵図」にも描写される。南海道の道標、あるいはここに文覚が船をとめたという伝承がある。
イセコダ　　　　　　　地番一〇二　伊勢講の持ち田であったことに由来。
イナリヤシキ　　　　　地番一〇六　稲荷神社の跡地。
ナワシロ　　　　　　　地番一一九
ノキ　　　　　　　　　地番一三六
オジゾウサン　　　　　地番一三七の田の東隅一角に集められた一石五輪など中世石造物。地元の人々はこのように呼ぶ。
ヤシキダ　　　　　　　地番一四七
オクラヤシギ　　　　　地番一五二
イエノマエ　　　　　　地番一九一、一九二―二・三、一九三―二
ニノシタ　　　　　　　地番一九三―一
●字木戸口　キドグチ　遊郭の木戸口とも城郭の木戸口ともいわれる。
ダイショウグン　　　　地番二九六畑の北端に接して大将軍神社がある（地籍図による）。山上の虎口に祀られていたという伝承あり。また同所にウジガミ（氏神）を祀った跡地もあり、三家によるウジ

ガミ講・伊勢講があった。

山上の墓　現在二家の個人墓だが、本来は字木戸口の墓地だったといわれる。

●字竹ノ下　タケノシタ　竹林であった。

フルガイト　由来未詳、屋号コンヤ（萩原田中家）から譲られる。

イケダ　地番三三三　もと沼地であったため。

ニシノハタ　地番三三四、三五七

イケダノシタ　地番三三五

イッタンモン　地番三三八　出来高に由来。宅地となる以前は二石五斗程取れた。

マツヤマチ　地番三三九、三四〇

ヌマダ　地番三四三—一上　湿地であり、堤がぞれて（崩れて）できた水田。

モリノタ　地番三四三—一下　かつての地権者名に由来。

ギシャミチノウエ　地番三四六—一、三四七—一、三四八—三　汽車道（鉄道）敷設に由来。

ギシャミチノシタ　地番三四六—三、三四七—三、三四八—一

●字井ノ尻　イノジリ　この井の由来未詳。要検討。

カワギシ　地番四二九—一・二、四三〇—一、四三一—一・二

イッタンデン　地番四四二　田の面積に由来。

イエノウシロ　地番四四五

ニシラブキ　地番四五八、四九九、四六三—一

ナガタ　地番四六四　形状に由来。

ムカイダ　　　　　　　　　地番四六八、四六九
ヨコダ　　　　　　　　　　地番四七一、四七二
●字川田　カワタ　　紀ノ川旧河道にできた耕地であることに由来。
マエミゾ　　　　　　　　字川田の用水の総称。カワタミゾとナカミゾに分かれた。
ネンブツジ　　　　　　　地番四八五　念仏講田と思われるが講は存在しない。
イセコウダ　　　　　　　地番四九〇、四九一　かつて伊勢講の田。
ハタケダ　　　　　　　　地番四九三、四九四　畑のような高い田。
デアイ　　　　　　　　　地番四九七
ゴゼンザカ　　　　　　　地番四九九　道沿いの田のため。
カワタ　　　　　　　　　地番五〇〇―一
カワタ　　　　　　　　　地番五〇五
キシネギ　　　　　　　　地番五一四―一
●字橋ノ下　ハシノシタ　橋の由来未詳。西南部の通称らしいので、あるいは御蔵道が西ノ谷川を越えるところの架橋か。要検討。
ゴゼンザカ　　　　　　　地番五一五、五一六、五一六―二
カミノカワタ　　　　　　地番五二〇
シモガワタ　　　　　　　地番五一七、五一八
カミガワタ　　　　　　　地番五二一、五二二、五二六　字上川田（窪区）に近接するため。
ワダノタ　　　　　　　　地番五二三　元の持ち主の名に由来。タメイチさんの田ともいう。

シモカワタ　地番五二五

デアイ　地番五二八

ウラジマ　地番五三二

トユノハナ　地番五三三　以前は「トユ」で水を入れたため。

ハシノシタ　地番五三四、五三五、五三九　小字橋ノ下参照。

ナカサジ　地番五四〇　他人の田の中に位置することに由来。

ササギバタ　地番五四五～五四七

ニシノタ　地番五四三、五四四、五四六、五四七

●字前島　マエシマ

シンデン　地番五五一、五五二、五五六、五五七、五六〇―二

国道ノ田　地番五六五～五六七―一

ウラジマ　地番五六八―一、五六七―一、五六九、五七〇、五七三

シンデン　地番五七四

●字禮上　レイジョウ

イッケンセノヤシキ　地番五九五　大和街道から御前坂を経て宝来山神社に参詣する人を相手にした茶屋が大正はじめまであったことに由来。「一文菓子」を売っていた。洪水で流された。

ミチバタ　地番五九六

ハタケダ　地番五九七　畑のように高い田。島田。

ドウノコウノハタ　地番六〇四―一、六〇五―一、六〇六　旧堂ノ講の所有。

ジゾウコウノタ　地番六〇七、六〇二、六〇三、六〇八　旧地蔵講の所有田。

●字川原　カワハラ

コクドウ　地番六二一―一　国道沿いの田。

●字美川谷　ミカワダニ

オクハカ　北端にある共同墓地。墓石は近世。

キョウヅカ　宝来山神社裏の共同墓地。ミヤノ池の西隣丘陵上。墓石は近世。

●字西尾　ニシオ

ジゴクダニ　地獄谷。崖のように切立っているから。この以北は静川の尖った石、以南は紀ノ川の丸石で、石質の違いの明瞭な境界線になっている。

図4　オジゾウサン（字松本の地番137）

図5　文覚上人祭（1997年撮影）

(五)　寺社・信仰・民俗その他

①宝来山神社

地元では「ミヤ」で通る。神願寺とともに「桛田荘絵図」（十二世紀成立）にも「八幡宮」として描かれた荘園の政治の中心。「桛田荘絵図」「慶安絵図」などの宝来山神社文書を所蔵。近代まで、荘域内の大地主を成員とするバントウコウによって運営されていた。バントウコウの成員は、下前田（窪区）・松山（移区）・佐野（折居）の三家。

②神願寺
もと宝来山神社の別当寺。神護寺の異称であり、現在も七月二十一日の文覚命日の午後に大念仏法要（文覚上人祭）を主催する。このとき、境内の土俵で奉納相撲も実施した（戦後の一時期まで）。開基と伝承する多田満仲画像（天保十年銘）など寺宝伝来。

③大福寺
神願寺末。萩原区の村堂。堂ノ講があった頃は一月十日に祭礼が行われた。大般若経を保管していた（県立博物館寄託）。

第三節　窪区の地名と水利（Ⅱ史料編二の②④図に対応）

(一)　地域の概観

北は稜線を境に移区、西は移・背ノ山区、東は萩原区、南は紀ノ川を境に島区と接する。ヒョウタン池（窪谷池）など窪谷川筋の山野を含むため南北に長い。水利権をもつクボンタニ池は区外（移区）にある。村堂は観音寺（字東畑）であり、共同墓地は窪谷川を隔てた丘陵麓（字岡）にある。集落は「クボカイト」と総称され、窪谷川を境にして東窪一五軒・西窪一八軒に分かれ、小田井筋～国道の南北ライン（字東畑・硲・前田・岡・樋ノ口など）に集中する。番頭講に前田家（ホンタク）、観音寺堂ノ講に上前田、中畑、両伊藤、西岡、木村の七軒が入る。小字には、竹下（タケモト）、前田（マエダ）、硲（ハザマ）、大東（オオヒガシ）、東畑（ヒガシバタ）、山田（ヤマダ）、岡山（オカヤマ）、岡（オカ）、西山谷（ニシヤマダニ）、樋ノ口（ヒノクチ）、西前（ニシマエ）、下川田（シモカワタ）、上川田（カミカワタ）、源内島（ゲンナイジマ）、大川端（オオカワバタ）、西谷（ニシタニ）、狐谷（キツネダニ）、口城ノ尾（クチジョウノオ）、奥城ノ尾（オクジョウノオ）、中尾（ナカオ）の二〇番がある（表記・順は明治期地籍図に、読みは聞取調査による）。

(二)　水利について

窪区耕地の水利は、池掛と小田井用水掛に大別され、小田井用水（一七〇七年起工）を境にして北が池懸かり、南が小田井懸かりとなる。ただ、池懸掛の田は畑転で少なくなり、廃絶・廃棄された池もあり、現在は紀ノ川用水（一九六四年起工）を使う。クボンタニ池以外はすべて溜池であり、キュウスイ（旱魃）時には干上がったというが、クボンタニ池（池底は移区）は文覚井二ノ井から取水して、背ノ山区・窪区を灌漑した。キュウスイ時には、オカイデ・ハカイデ（現在はなし）が字木戸口一帯を灌漑し、経路の谷との間でトコミズサンゴウといわれる複雑な取り決めが存在した。

①個別の水利

クボンタニ池　小堂谷川に水源の池。小堂谷池、西ノ谷池ともいう（窪区の古老はクボンタニ池）。池底は移区の内。イケモリ（池守）が文覚井二ノ井の余水を貯蔵するため、区内他池に比べ水量が多い。水利権は窪区にあり、池と二ノ井で水費半分の「半分掛」。窪の字小堂谷・西山谷・岡および、移区（未確認）・背ノ山区（字北脇）が灌漑範囲だった。キュウスイ時には、字木戸口・東畑まで水を回した。オカイデ・谷底の用水・背山のイデの三本で、四対二対一の供給比だった。溝掃除は、「ムラヤク」で受益者が行うが、不参加者は「出不足料」を徴収された。

小堂谷川　谷底の東側を流れる水流で低水位で用水としては使えない。

谷底の用水　谷底の西側を流れる用水で、雨天時には排水路となる。小田井以北の谷内を灌漑し、窪谷川に落ちる。

トラコ　字小堂谷と字西山谷の境の溝で、池守が管理する。谷への排水路で、分水堰を特にトラコとも呼んだ。

岡イデ　クボンタニ池から小堂谷の東麓を経由して字岡の田を潤した用水路。地震で崩壊して以後廃絶した。旱魃時には、ハカイデを経て字山田・木戸口まで灌漑した。

背ノ山の水路　ダイトク所有田への用水。太平洋戦争後（防空壕の陥没）に潰れた。

文覚井二ノ井　移井・松山井とも呼ぶ。窪区では、「文覚井キュウスイ時の溜池」「文覚井では足りないため、松山家の土地を池にしてもらった」等、本来二ノ井の灌漑範囲だったという話者がある（この説、松山家文書では確認できない）。

ヒヨウタン池（瓢箪池）　オオイケとも。窪谷池のこと（地元ではクボンタニ池といえば小堂谷池を指す）。近世文書に「総池」とある。ヤジロ池・ハス池（モリ池）とともに、字狐谷、山田・木戸口・東畑を灌漑する。キュウスイ時はクボンタニ池のオカイデで養った（図6）。クボンタニ池が枯れた時は逆に水を送った。ヤジロ池は渇水時のハス池に水を送る補給池であった。

窪谷川　現在は県（橋本土木事務所）の管轄だが、かつては区でタニホリ（溝掃除）をした。小田井との合流点北側に管轄領域を示す「窪谷川終点」の表示がある。東窪と西窪の境川。

ハカイデ（墓イデ）　オカイデの延長で、字岡山の共同墓地の西側を北上し、アオソ小屋（アオサが笠田東区樫本

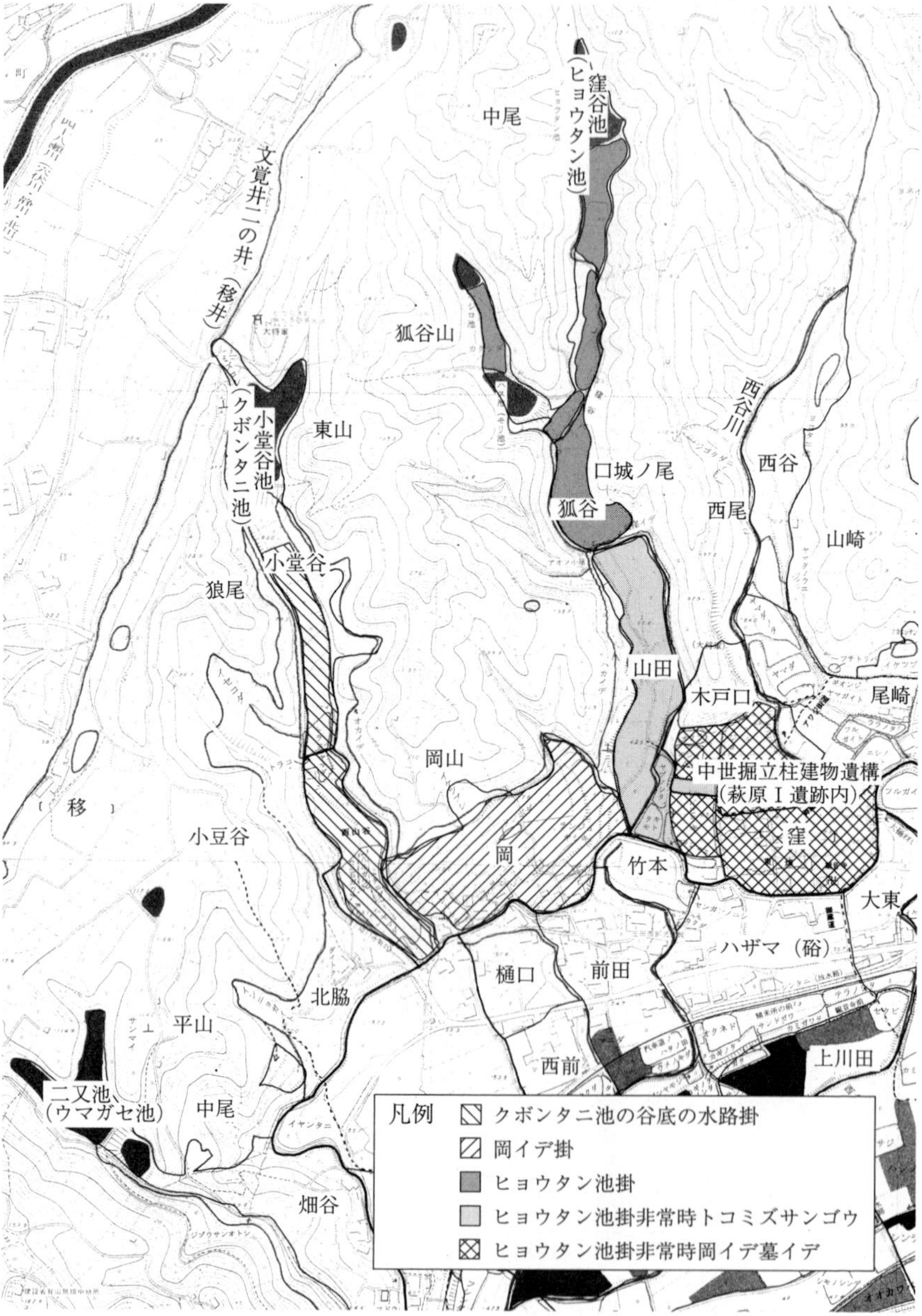

図6　トコミズサンゴウの図

図7　西ノ谷川の堤（流末部）

図8　燧道をこえて移区に入る小田井

家の屋号）で東流して字山田境を囲うように南下して字木戸口に至る。途中を灌漑せず（トコミズサンゴウ参照）、字木戸口・東畑一帯の利水のために使われた用水。現在廃絶、一部跡が確認できる。

ヒガシクボイデ　ハカイデが谷水に合流して再び字木戸口方面に向かい別れる水路。谷水とは別流で、高い所を流れている。

トコミズサンゴウ　通常は、ヒガシクボイデから取水してはならない字山田と地番一六五内の田が、ヒョウタン池の水が枕の上三寸まで減った時に限って同イデの水をもらえるという用水慣行のこと。図6参照。

西ノ谷川　西谷川とも呼ぶ。テイボウ、タニ、ツツミ（谷のツツミ）と通称された天井川で、用水として使われた。十年程前に改修する以前は、溝が詰まりやすく、オオビより上流（小田井以北）は遊水池のようになった。四月末～五月初の休日に農業をしている二五軒（他区の入作の人も参加）でタニホリ（溝掃除）をした。伊都浄化センターにより消滅。

オオビ（大樋）　西ノ谷川が小田井用水と交差する地点。字大東の北端部の樋の通称。川が下を通り、小田井の水が落ちる。

シンタニ　鉄道（現ＪＲ和歌山線）を作ったときに線路北側に沿って開削された西ノ谷川の放水路。

小田井用水　紀州藩抱え大畑才蔵の開削した近世用水で、着工は一七〇七年。以後、この以北は溜池（文覚井）掛、以南は小田井掛となったが、①字竹本の北側の田、②観音寺裏の田（ともに字東畑）は、小田井とヒョウタン池半分ずつ水を曳いた（①は現在全部小田井）。本来は背ノ山区・高田区の麓に沿って迂回西流していたが、近代に背ノ山にトンネルが掘られ、背ノ山区から移区を貫通している。

(三)　水掛と耕地

①沖積低地（シンタニ・窪谷川以南）

●字下川田・上川田　旧河道でよく水に漬かる。南の字源内島などに比べ水はけが悪い。耕地の表土は深浅あるが、だいたい底は砂である。

地番三九二・三九三・三九四　順にシモカワタ、ナカカワタ、カミカワタ。紀ノ川の増水で川が逆流するので、シモが一番高い。カミからシモへ「樋（トユ）」を使って水を回した。昔は出水になると田面より二メートルも水がついた。

地番四〇五〜四〇八、四一〇（カワタ）　窪谷川から水をひくが、水はけが悪く隅は湿地状態。

地番四〇〇〜四〇四（カワタ）　いい田だったが水がつくのでキウイ畑に転換した。この並びの西ノ谷川の南北にある田は西ノ谷川から引水した。

地番四一七（カワタ）　谷の決壊で土が高くなった。カンゴダで水がすぐ抜ける。西ノ谷川掛。

地番四一八（カワタ）　地番四一七よりも一・五メートル低い。窪水道掛。

地番四二六・四二七・四二九　小田井掛

●字源内島　氾濫のたびに置き土が重なり、土地が高く肥が不要だった。水持ちが悪く、河原だったため下から石が出るともいう。西ノ谷川をせいた水、字橋ノ下の落ち水の掛。

ハタケダ　字源内島内では「土が深い」地味の良い田だが、土地が高くなって利水できなくなったので水路を作った（ハタケダの水路、窪区が管理する）。
地番四三九は、北側に接する田四三八より高い。
地番四四〇も、北側より一メートル高い。もとは桑畑で戦中の増産で水田化。いまはハッサク畑。
地番四四二は、南半は五〇センチほど掘ると河原石、北側は深くて砂、水持ちが非常に悪い。西ノ谷川から水をひいたが、水が来なくなったのでハタケダの水路を新たに作った。
シマダ　土が浅くスネの深さまで掘ると砂が出る。ハタケダ水路掛。西ノ谷川沿いの四三五と四三七は、堤がぞれて堆積した土でできている。砂質の田。
ゲンナイジマ　土が深く河原石が出ることもない。地味が良い。
地番四五九（シンデン）　水持ちが悪い。西ノ谷川から堰を作ってひいたが、一九五五年頃より千里橋からの水路（小田井の流）掛。
●字大川端　水持ちが悪く、河原だったため下から石が出る。
イセコジ　北側の田（四六二番）より二メートルも段差があり（低い）、よく水がついた。
地番四六四　かつて竹薮だった。そこまで旧堤防が来ていてた。その下は紀ノ川だった。
地番四六七（シンデ）　砂混じりの田。萩原水道掛。

②小田井以南
●字前田
地番三九一一、四〇、四一一一は、ハネンド（瓦や壁に使う土）のような強粘土質の土。水を通さず、しついた。特に南側の四〇、四一―一。対して地番四二―一は乾いた土。

●字裕
地番五二―一（オクネド）　今はみかん畑だが、水持ちの良い良田だった。小田井よりサイフォンで水をひいた。

●字西前
タニダ（地番三八二―二）の床はバラスで上に土置きしている。よく窪谷川が切れて氾濫した。

③小田井以北

●字東畑　字木戸口（萩原区）とともに、文覚井一ノ井・二ノ井双方の用水が掛かる特別の場所。窪区の村堂観音寺の在所。

地番一四〇　小田井の北側だが、小田井とヒョウタン池と各半分の水掛。

地番一六六　北東隅に水量の多い井戸が、また南西隅に小田井の水を汲む井戸（通称ヌスット井戸）があった。この一帯は今すべて小田井掛。かつては小田井と谷水の半分ずつの掛。

●字狐谷　ネキ掘りしないと田植えのできない湿田で、水はふつうの田の五分の一でよかった。

㈣　通称地名

大字窪　水の溜まる窪地＝湧水帯であることに由来。弘法大師の命名とされる。

●字竹下　タケモト　現在竹本と表記。一番地があり窪区の中心点。屋敷があった等の伝承はない。

センガン（の）ニシ　地番六　センガン堰の西側にあるから

サンカクダ　地番七　形状に由来

●字前田　マエダ　旧家の前田家があることと関係か

下前田（シタマエダ）　地番一〇　前田ホンタク（本宅）の通称。三間五間の蔵あり。宝来山神社の番頭（バント

マエダ　　　　　　　　　　　ウ）講の成員。
汽車道の端の田　　　　　　　前田　地番三九―一、四〇、四一―一、四二―一
ウメノキダ　　　　　　　　　地番四七―一
●字裕　ハザマ　　　　　　　梅ノ木田　地番五〇―一　梅ノ木に由来するというが一九四〇年にはすでに無かった。
カギノタ　　　　　　　　　　地形に由来か
カギノタの下　　　　　　　　地番五一―一　形状に由来。水持ちの良い良田。小田井掛。
オクネド　　　　　　　　　　地番五一
精米所の前　　　　　　　　　地番五二―一　今はみかん畑だが、水持ちの良い良田だった。
汽車道の端　　　　　　　　　地番七五―七七
テラノシタ　　　　　　　　　地番七六―一、八〇―一
カミガワタ　　　　　　　　　地番七六―一、八〇―一　観音寺域の下手に由来。
カンノンジマエ　　　　　　　地番七八
●字大東　オオヒガシ　　　　地番七九　観音寺前。いまはハッサクの畑。
オオビ　　　　　　　　　　　大きな樋口。小田井と西ノ谷川の交点の樋の称。近隣の通称としても。
イバタの前　　　　　　　　　地番一〇六―一、一〇八―三。井端農機の前の意。字竹ノ下の三四三―一、三四四も。
●字東畑　ヒガシバタ
シンビラキ　　　　　　　　　地番一六五、一六六　また字東畑全体の通称でもあった。
ヌスット井戸　　　　　　　　地番一六六の南西隅の井戸。小田井から水を汲んだことに由来か

コシマエ　　地番一六七、一六九
タキモト　　地番一七〇　字竹下の並びか。
ヤブシタ　　地番一七一　藪の下。
●字山田　ヤマダ　谷内の耕地はヤマダといい個別の称を欠く。字狐谷も同。
●字狐谷　キツネダニ　由来不明。この呼称を知らない古老が多かった。
カクシダ　　ヤジロ池とハス池の間の田。一九四七年の供出時に確認された呼び名。
●字岡　オカ
上前田（ウエマエダ）　地番二六九　前田シンタク（新宅）の通称（屋号ではない）。観音寺堂ノ講の成員。笠田東の前田家はその本家筋にあたるという。
山桃の木　　地番二七二　小田井沿いの字岡・樋ノ口境にある。特に境界などの伝承はない。
アンヤシキ　　地番三〇四　西隅に石造物が四〇～五〇基もあったので（現共同墓地に移転）寺庵の跡か。
タンボダ　　地番二七七　沼のような湿田。周囲は違うがここだけ水が湧く。
チンジュヤシキ　　地番二六二　鎮守屋敷　宝来山神社に合祀する以前、窪区の鎮守があった（三〇年ほど前という）。
●字岡山　オカヤマ
イケツブシ　　地番四九三―二　南端付近。かつて池だった。今も折りに触れ水が湧く。下の地番四九四―一・二は墓地だった。
●字西山谷　ニシヤマダニ

オクノタ　地番三二九　奥の田。
タニダ　地番三三〇、三三七　谷の田。
ハットガワ　地番三三一　出来高に由来。八斗ガワ。
ニコクガワ　地番三三二　出来高に由来。二石ガワ。
イッコクニトガワ　地番三三三　出来高に由来。一石二斗ガワ。
ヤマダ　地番三二九～三三三、三三五―三三九、三四一
●字樋ノ口　ヒノクチ　未詳。小田井あるいは小堂谷川の樋口があることに由来か
●字西前　ニシマエ
サンカクダ　地番三八一―一　鉄道敷設時に三角の形状になった。
タニダ　地番三八二―二　窪谷川の谷に由来。川が切れてよく氾濫した。
ジヘジ　地番三八七　かつての地権者の名に由来。治平の地。
オサキ　地番三八八　大崎を当てる。
サンドガワ　地番三八九―一　出来高に由来。三斗ガワ。
●内川田　ウチカワタ　字下川田と上川田の総称。単に川田ともいう。紀ノ川旧河道に由来。
●字下川田　シモカワタ　紀ノ川の旧河道だったところを田にしたことに由来
カワタ　地番三九二、三九三、三九四　順にシモ、ナカ、カミと称す。袋状の地形のため紀ノ川が増水すると川が逆流するので、西端のシモが一番高い。
シモガワタ　地番三九五、三九七
カワタ　地番四〇〇―四〇八、四一〇

ブンヤモジ　地番四一二　ブンヨモジとも
ドウノコダ　地番四一四　カワタともよんだ。堂の講の所有田。
クボカワタ　地番四一六
●字上川田　カミカワタ　紀ノ川の旧河道に由来。
カワタ　地番四一七、四一八、四二〇―四二三、四二九、四三一～四三三・
ナガタ　地番四二一　カワタの別称。
サンドガワ　地番四二二　カワタの別称。
サンカク　地番四一九　形状による。
イセコジ　地番四二〇　伊勢講地。かつて西の伊勢講の所有田。
ナガタ　地番四二一　形状による。
カミガワタ　地番四二四・四二五
セクビ　地番四二六・四二七
イセコジ　地番四二九　西の伊勢講の所有田だった。
●字源内島　ゲンナイジマ　名称由来未詳。畠田・島田の分布する微高地であった。
シマダ　地番四三五～七、四四三　砂っぽい田。
ゲンナイジマ　地番四三八、四四四、四四五、四四九
ハタケダ　地番四三九・四四〇、四四二　畠田　畑のような田の意。高い田で水持ちが悪い。
テラジ　地番四五五・四五六　観音寺の田、寺地。
シンデン　地番四五九　新田。水持ち悪い。

●字大川端　オオカワバタ　大川（紀ノ川の称）の河川敷の意。
イセコジ　地番四六二―一、四七九―一。堂の講の成員で構成される伊勢講の田。堂ノ講田。
オオカワバタ　地番四六八―一、四六九―一、四七一―一、四七四―一。
テラジノシタノタ　地番四六一　テラジとはいわない。
セイネンノタ　地番四六二　青年団のもっていた田。南側の田より二メートル高い。
ケンキュウダ　地番四六二―二　研究田。もと東の伊勢講の田。農業研究のため、戦後に青年が購入して実験。
旧竹藪　地番四六四―一　かつて竹藪があり、西からそこまで旧堤防が伸びていた。その南は紀ノ川だった。
シモノシンデ　下の新田　カミノシンデと対になる。
シンデ　地番四六七　新田
●字口城尾　クチジョウノオ　由来未詳。字木戸口とかかわり城郭伝承あり。尾根筋に大将軍が祀られていた。
山上の墓　現在二家の個人墓だが、本来は字木戸口の墓地だったといわれる。
●字小堂谷（移区）
クボンタニ池　窪区が主要な掛りで水利権をもつため。
ミズコシ　水越　クボンタニ池と文覚井二ノ井の接点付近の通称。「紀ノ川の水が小堂谷から移区に越えたことがあると聞いた」という話者が複数存在。
トラコ　字西山谷との境を通る用水路の通称。
トラコヤマダ　トラコの南北の田の通称。

イセコダ　　　トラコの奥の谷田。伊勢講田。

(五)　道・坂・山・墓

オクラミチ①　紀ノ川の河原小字前島から小字東畑の観音寺に至る道。名称は観音寺の蔵（現在無し）に由来し、年貢を川で積み下ろし輸送した道という。

オクラミチ②　小字木戸口と東畑の間を東西に通り、西谷川をわたって宝来山神社につながる道。アワジ道に接続。①との関係は不明。もともとは、Ⅱ史料編二の図で表示したようにニシノダンを横断してシンビラキの北界に沿っていたが、車道をつけた際にニシノダンからジョウノサカまで直通にした（今でもシンヒラキの北側に添った部分に旧道が確認できる）。

アワジ道　萩原区を文覚井にほぼ沿って東西に伸びる道。淡島街道とも。笠田中区の無量寺から神願寺・宝来山社、大福寺を経て字木戸口までが確認される。

ゴゼンザカ　御前坂　大和街道の小字橋ノ下・川田の南境界から同境界を北上し、ＪＲをわたり、字竹ノ下・井ノ尻境を経て宝来山神社に向かう道。背ノ山方面からの人が使う。特にＪＲ踏み切り（字竹ノ下・井ノ尻）一帯をいう。

ジョウノサカ　城の坂　シンビラキ（字木戸口・東畑）の東境を字口城ノ尾・奥城ノ尾方面に南北に走る道の通称。

(六)　寺社・信仰その他

観音寺　堂の講のあった窪区の村堂。地番一四一。神願寺の末。裏に石造物があった（一九四五年以後に窪区共同墓地に移動）。堂ノ講旧蔵の大般若経・什器あり（経のみを県立博物館に寄託）。小型の梵鐘は、「天保十年」銘で名手荘から高野山に寄進されたもの（改竄）。観音寺牛玉《ごおう》宝印など現存（同寺堂ノ講所蔵文書）。

堂ノ講（ドウノコウ）　観音寺を創建した草分け七軒の座的組織。輪番で管理する文書箱に縁起・座送り証文・講有田帳簿・牛玉宝印など近世文書あり。戦後の農地改革で財政基盤を失い、七月十五日の餅巻きをめぐり緊張が高まり（一九六五年饅頭配りに変更）、一九八六年寺内の薬師堂を建替える際に区に売却。祭具・什器類を渡し解散した（現在親睦組織として継続）。一月の心経読み、七月の餅巻き祭の折り、七軒の持ち回りで精進料理を準備し接待した。その儀礼には複雑な取決めがあった。地番三四六、四一四等が旧講田。

その他の講　大師講・シンギョ（心経）講・ツキナミ講が東窪・西窪に各一つずつ。観音講は一つ、イセコサン（伊勢講）は一〇軒ずつ二つで、東西入り混じっている。二つの伊勢講は、それぞれ講田を所有していたる

ホウコウ地蔵　観音寺裏の畑内にある。一月十七日の観音寺餅撒きの際、ここで子どもだけを対象とする餅撒きを行った。

窪村の鎮守社　地番二六二　字岡の東南麓、字竹下の向かいにあった。三〇年程前に宝来山神社に合祀した。跡地は通称チンジュヤシキと呼ばれる。

図9　ゴゼンザカの踏切（1997年）

第四節　背ノ山区の地名と水利（Ⅱ史料編二の③・④図に対応）

(一)　地域の概観

北はウマガセ池を境に移区、西は八峯山を境に高田区、東は窪区、南は紀ノ川を境に島区と接する。標高一六七メートルの八峯山は通称「背山」（兄山）であり、対岸の妹山（西渋田地区）と共に、万葉集の歌枕となる。奈良に都があった当時、南海道の景勝地にして畿内と畿外を分かつ境界「妹背山」として広く知られていた。のち中世の山城（鉢伏城跡）が縄張りされシロヤマと称す。その麓に開けた集落で現在二六戸（屋敷跡が多数）ある。集落は、東・中・西の三つに分かれ、村堂は西福寺（現宇宮ノ前、旧地は共同墓地）で近接して氏神の四所明神が鎮座する（字大西）。紀ノ川の船運業と深く関わり、近年まで筏業の船宿や商店群があった。小字に西ノ越（ニシノコシ）、中ノ越（ナカノコシ）、東ノ越（ヒガシノコシ）、中島（ナカジマ）、東田（ヒガシダ）、北脇（キタワキ）、畑谷（ハタダニ）、明王谷（ミョウオウダニ）、宮ノ前（ミヤノマエ）、西畑（ニシハタ）、平山（ヒラヤマ）、中尾（ナカオ）、小豆谷（アズキダニ）、八峯山「前」（ハチミネマエ）、大西（順・表記は大字背ノ山地籍図による、ただし大西は欠）。

(二)　水利の概観

背ノ山区の耕地は、①八峯山の東・南麓部、②小堂谷川・ウマガセ池流の谷筋、③窪谷川・西ノ谷川の合流する沖積低地末端の三つに大別される。①の地域を取り巻くように小田井が流れており（現在は山の中をトンネル）、また高田区側からは文覚井（三ノ井カ）が入ってくる。②の小堂谷川・ウマガセ池も文覚井二ノ井の水が入っており、溜池灌漑と川堰灌漑が密接にかかわっている。小田井の成立以前の水利を考える上の手がかりになると考えられる。

①ウマガセ池

形状によりフタマタ（二叉）池、バッチ池（窪区側の古老）とも呼ばれる。（服部　一九九五）の「サマジイ池」の呼び名は確認されなかった。あるいは移区側の称か。山麓の棚田を灌漑する。池の掃除は、三〜四月に住民総出で行った。池掛りの田をもつ者の合議で当番（一年交代）を決めて、平等になるよう水をいれた。「宝永五年指出帳」にある六つの池のうち最大で唯一現存する。

②池からの水路

標高九〇メートルラインの山麓を南に流れ、大小の池（すべて個人池）と調整しつつ棚田を灌漑した。上流から、ジゾウサンオトシ、フドウオトシ、インニョオトシ、ハチマノトシの四カ所の取水口が確認できる。現在すべて畑等になったので、オトシは余水を切り落とす役目になっている。

③文覚井

文覚井の末流が、静川側から高田区に沿って背ノ山までまわったというが、昭和の初めにはすでに使用されていない。その水路跡が「文覚井の水路」と呼ばれ、一部が現存している（字宮ノ前〜明王谷）。「宝永五年指出帳」の「北川井出」か。慶安絵図（宝来山神社文書）に描かれており、大字高田の明治期地籍図にも、文覚井が時計廻りで小田井に合流してくる様子が描かれる。

④小田井

字東田・中島・中ノ越・西ノ越の河岸段丘下の田を灌漑した。取水口は、背ノ山だけで一〇カ所以上あった。現在、小田井は八峯山をトンネルで貫通し、静川を越えている。

⑤センガン

字宮ノ前・明王谷の南境端。洪水時に小田井の余水を紀ノ川に放流する口のこと。

⑥背ノ山イデ

移区のクボンタニ池（小堂谷池）を水源とし、谷の西側麓をつたって字北脇のダイトク所有田を灌漑した。ダイトクからインニョガイトをめぐりイヤンタニ前の小田井に落ちるが、一部で溝跡が確認できる（窪区の「クボンタニ池」参照）。

図10　ジゾウサンオトシの直下

図11　フドウ（フドウオトシにあった赤い石を祀る）

(三)　個別の水利と耕地

河岸段丘上の棚田は地味が劣る。沖積地の字中島がもっとも地力がある。字東田は、礫質なので字中島より劣る。ただし、字中島は洪水時には、紀ノ川の水が窪谷川水門付近から逆流して入ってくる上に、台地上からの水が加わるので、遊水地のようになってしまう。そのときに流入する客土のために肥沃になる。国道二四号の敷設された昭和初年以後も、国道を越えて水がついた。

①紀ノ川沿いと氾濫原

ドノウラ　字中ノ越の紀ノ川沿いは、窪谷川末流の文覚橋手前から堰をつくって水をひいた。

文覚井跡　字明王谷・宮ノ前、小田井の北、道の北沿いにある溝（一部現存）を文覚井の水路と呼ぶ。

中島のステイシ（捨石）　東の大字界付近の大和街道の南の一帯。紀ノ川の水の浸入を防ぐために石の堤防を作ったと伝承される（筒井肇氏一九三五生、木村芳夫氏一九三二生）。明治期地籍図の四番中嶋によれば、ここ（地番一六三―一六四）からオリト（地番一六〇）の南は紀ノ川本流になっており、紀ノ川河岸の護岸であったことがわかる。この地点は発掘調査が予定されており、伝承の真ぴょう性が近時明らかになる。（堤防出土。第五章図3下）

窪谷川の樋門　通称オリトとステイシの間にある。現在の国道（新道）ラインは紀ノ川本流だったので、現在より北側にあたった。

西ノ越のステイシ（捨石）　ドノウラの南付近、河原に積んでいた護岸の石のこと。紀ノ川の川除け堤防として作ったといわれる（中島のステイシの項参照）。

②山麓部

ミョウガイゾ　字畑谷・明王谷との接点にあたる山麓の湧水点。飲料水として使用。文治検注帳の「茗荷谷」、宝永五年指出帳の「冥加池」と関係か。弘法大師像（台座に「文久□年弘法大師加持水」とあり）、地蔵（二）、

図12　背ノ山の文覚井跡（道の右端の溝）

図13　ジゴクヌマ　右側の田（ひざまで沈んでいる）

一石五輪（二）、五輪塔地輪ほか石造物あり。

ノマノ川　窪地区との境谷の川で、用排水兼用。昔は淵になっていて、竹が一丈（三メートル余）も入る強湿田。田植え・稲刈りは舟を用いたり、簾を敷いて行った。タニホリしていない。一九九六年に補助金でU字溝を入れた。

ジゴクヌマ（字東田）　台地からの伏流水が噴出する地点で、紀ノ川の水も入り、紀ノ川堤防のできるまでは舟で田植えした。今も鉄道の古枕木を井桁に組んで埋めて足場としているほど深い。紀ノ川の河原のためとも、静川の伏流が原因ともいわれる。

カスリダ（字西畑）　日照りの時は、この田の南を流れる文覚井を汲み上げたという（要検討）。

(四)　通称地名

●字西ノ越　ニシノコシ　「越」が大和街道の峠越に由来するといわれるが、麓を示す自然地形「腰」の転化であろう。

小　山　　大字高田との境（「かつらぎ町史近世史料編」六二一頁より）。

●字中ノ越　ナカノコシ　同前

フナツ　　西ノ越との字界付近。船津のあった跡地に由来。昭和の記念碑あり。

モンガク橋　文学橋（文覚橋か）。藤谷川・西ノ谷川合流に架かる橋。文覚井末流がくるともいわれており（文覚井の項参照）、関係するか。

ダイタ・オオタ　地番九四・九五　大田、太田（かつらぎ町史近世史料六二一頁）

インガタ　地番一〇七　由来不明。この河原にもかつて船着場があったと伝承される。

ドノウラ

フシンダ　在所不明　数枚の田を合わせて一枚にしたから。

●字中島　ナカジマ

センリ橋　西字界付近、窪谷川に架かる石橋。「千里橋」の名碑が建つ。由来未詳。

スミダ　地番一七七

フシンダ　地番一七八—一

オリト　地番一六〇　国道二四号旧道（一六〇—二）より北がオリトノウチ（一六〇—一）、南がオリトノソト（一六〇—三）。その南はかつて（明治初年）紀ノ川本流だったので、河口の津に由来か。

ステイシ　地番一六四〜一六三　かつて川除けの石積みがあったことに由来。

●字東田　ヒガシダ

ジゴクヌマ　地番一七九〜一八三　ここだけが強湿田のため。前出。

ヌマタ　地番一八五

イヤンタニ　地番一九七　深くて大きく作付けが大変。いやな谷。薄暗くて狸が化かした。

ニシマエ　地番二二八—一、二二九—一、二三一、二三二

ニシマエ　地番二四一—一

●字北脇　キタワキ

ダイトク　地番二六八　松本家の屋号。「ダイクのトクベエさん」に由来。

インニョガイト　地番二七九

●字畑谷　ハタダニ

フドウさん　フドウノオトシにあった赤い石を祀るという。

●字明王谷　ミョウオウダニ　ミョウガイゾに由来か。伝未詳。中世文書の「茗荷谷」か。

ミョウガイゾ　湧水井　弘法大師加持水といわれ、字明王谷の語源か。

庄屋屋敷　地番三五七　松本氏宅一帯をかつての庄屋屋敷と伝承する。

●字宮ノ前　ミヤノマエ　八幡宮（四所明神）に由来。

宿屋跡　字内東南端の小田井の北側（旧森下氏宅）を伝承。

フナゲン　地番四八三　大西家屋号。

カジヤ　地番二七の大西氏宅裏の大和街道沿いにあった家の屋号。鍛冶業だった。現在北東の東氏宅の屋号となっている（移転による）。

ムセ　西福寺跡地の墓地の通称。無縁墓地に多数の中世石塔あり。桛田荘内の共同墓地で最大規模（概数は一石五輪が三一九基、宝篋印塔一、板碑状石塔九）。ここの墓石には飢饉伝承がある。

図14　旧西福寺のムセ

●字西畑　ニシハタ

カスリダ　南を流れる文覚井の水を「かすりあげた」ことに由来。

シンデン　西福寺児童会館の北側、字大西とされる一帯。

カギダ　　　　　場所不明。木村音美氏の所有。
●字平山　ヒラヤマ
ウマガセ　　　　ウマガセ池の奥
サンマイ　　　　ヤマガセ池の東の一帯。背ノ山地区の埋墓。三昧。近世の六地蔵や墓塔がある。
●字八峯山（八峯前）　ハチミネマエ
シロヤマ　　　　地元で山頂に城跡があったと伝承する。一九九三年の発掘調査で柱穴、礎石、十六世紀半の遺物や瓦等が出土した。
●山地名　宝永五年指出帳の山地名を示して聞き取りしたが、まったく伝わっていない。

(五) 寺社・信仰・民俗

西福寺（サイフクジ）　字宮ノ前、現在の西福寺児童会館にある。本来は北よりの墓地「ムセ」にあり、堂ノ講により運営されていた。盆に祭りをした。

四所明神　字西畑にあった。八幡・水神・稲荷・白髭の四神を合祀した集落内の鎮守。明治に宝来山神社に合祀し、社殿を移した（鳥居は現存）。祭礼は、旧十一月十五日で、伊勢神楽を奉納する。宝永指出帳の「神体不知」が白髭社に相当か。

八幡宮　八峯山の山頂に祀られる。祭礼は四月半ばだった。四所明神は、本来は（合祀以前）八幡神を主神にするといわれ、山頂八幡宮を集落内拝所としたもの（本来一体）と推測される。

餅撒き　四所明神（字西畑）、八幡宮（八峯山頂）、不動（字畑谷）の三ヶ所で祭礼日に行った。

諸講と葬儀　伊勢講、金比羅講、大師講などあったが、現在は一体化した「諸講」として集金している。かつては、講にもとづいて、東・中・西の三集落にわかれていた。現在も葬儀の単位となっている。

船着場　現在、紀ノ川の川岸三カ所に伝承地がある。窪谷川の樋門付近、フナツ（字中ノ越）、その中間点の三カ所で、河道の変化に伴い移動したという。ここで船荷をおろし、窪谷川樋門から字小豆谷にあたる古道（名称不明）を経て移区方面に陸運した。

〈河川敷・川中〉

十五社《じごせ》の楠木（大字笠田中）　かつては（四〇〇年前とも）紀ノ川中洲であったとの伝承。

ナカヤマ（中山）　船岡山の山の通称、ヘビジマとも。

シシイワ　船岡山の西端に松があったが、一九八九年に壊した。

第三部　石造堤防遺跡と紀ノ川井堰等遺跡

第七章　和歌山県窪・萩原遺跡（桛田荘）で確認された紀ノ川旧石積み護岸について

第一節　平成十二年度　第六次発掘調査の概要

今から十三年前の平成八年度に筆者が試掘調査で初めて発見し、平成十二年度の最終調査を担当して西端部を確認した和歌山県伊都郡かつらぎ町の窪・萩原地区に位置している十七世紀初頭頃に築造されたと推定されている紀ノ川の旧石積み護岸について、再報告を行い、近年、各地で発掘調査事例が報告されている河川護岸遺構や堤防遺構との比較検討を行ってみたい。

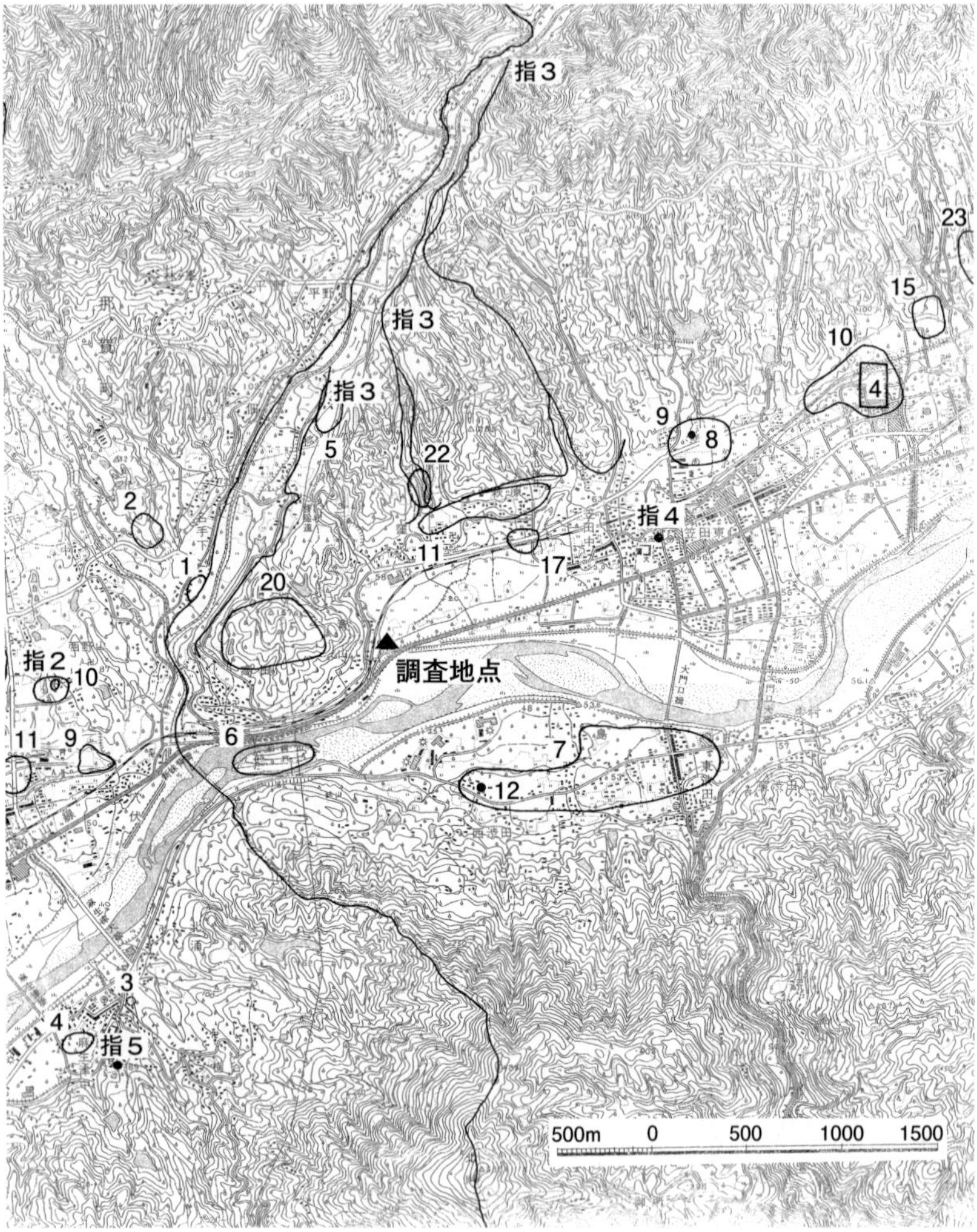

図1　調査地点位置図

【紀の川市那賀地区】１名手下Ⅰ遺跡　２名手下Ⅱ遺跡　３中古墳　４中遺跡　９穴伏城跡　10春林軒塾跡　11宇野城跡　指２県史跡／華岡清洲の墓碑　指５県天然記念物／しからかしの巨樹

【かつらぎ町】４佐野廃寺　５移跡跡　６船岡山遺跡　７東渋田遺跡　８笠田墳墓　９笠田東遺跡　10佐野遺跡　11萩原Ⅰ遺跡　12西渋田１号墳　15大谷遺跡　20背山城跡　22窪山城跡　23草田山城跡　指３県史跡／中世農耕用水路跡文覚井

㈠　遺跡の立地と調査経緯

窪・萩原遺跡（桛田荘）は紀ノ川中流北岸の伊都郡かつらぎ町の窪・萩原に位置している。当遺跡は、京都神護寺領の中世荘園であった桛田荘の中に所在する。

平成八年十一月に、筆者は和歌山県教育委員会の発掘調査技師として、公共下水処理場建設に伴う試掘調査を実施し、町道から南側の三カ所のトレンチで石積みの護岸を、地下約二・五メートルの地点で検出した。現地の地形と護岸の位置関係から一連の遺構と考えられ、その規模の大きさから紀ノ川の旧護岸だと推定した。

この調査結果から、下水処理場建設予定地の南部には、現在の町道に平行するように、大規模な石積み護岸が残されている可能性が強まった。このため、和歌山県教育委員会と県土木部下水道課で協議し、関係する地元市町で構成された紀ノ川流域下水道（伊都）推進協議会に諮り、埋蔵文化財の発掘調査を実施することとなった。

発掘調査は財団法人和歌山県文化財センターが実施し、平成九年三月から平成十一年三月にわたる五次の調査によって、大規模な石積み護岸や堤防が検出され、その成果は、平成十二年二月に『桛田荘（窪・萩原遺跡）―紀ノ川流域下水道伊都浄化センター建設に伴う発掘調査報告書―』として、報告書が刊行されている。

㈡　第六次調査　調査成果

平成十二年度に実施した第六次調査の調査地点は桛田荘の南西部に位置し、窪谷川と旧紀ノ川との合流地点にあたる。

県教育委員会の試掘調査で検出した堤防1と工事中に新たに発見された堤防2の石積み護岸を検出することを主目

的として、財団法人和歌山県文化財センターが実施し、筆者が調査を担当した。

1　堤防1

堤防1は、ほぼ南北方向に延びており、法面には下段に長さ四〇～七〇センチメートル大の結晶片岩の板石が一〇～一二段平積みされ、上段には人頭大の川原石が伍の目状に一二～一四段に小口積みされている。基底部から最上段の石積みの上端部までは、約二・七メートルを測る。トレンチ1の断面観察から、底部の裾部には直径一〇センチメートル程度の胴木を横に敷いて杭で固定している。裏込め石は基底部に一〇～二〇センチメートルの川原石が認められるが、それ以外は顕著でない。裾部から外側の平坦部にも、結晶片岩の板石が隙間無く敷かれている。築造時期に関しては、地元の方の話では、昭和後期に造られたという。石積みの間から縄文時代の石鏃が一点出土した。

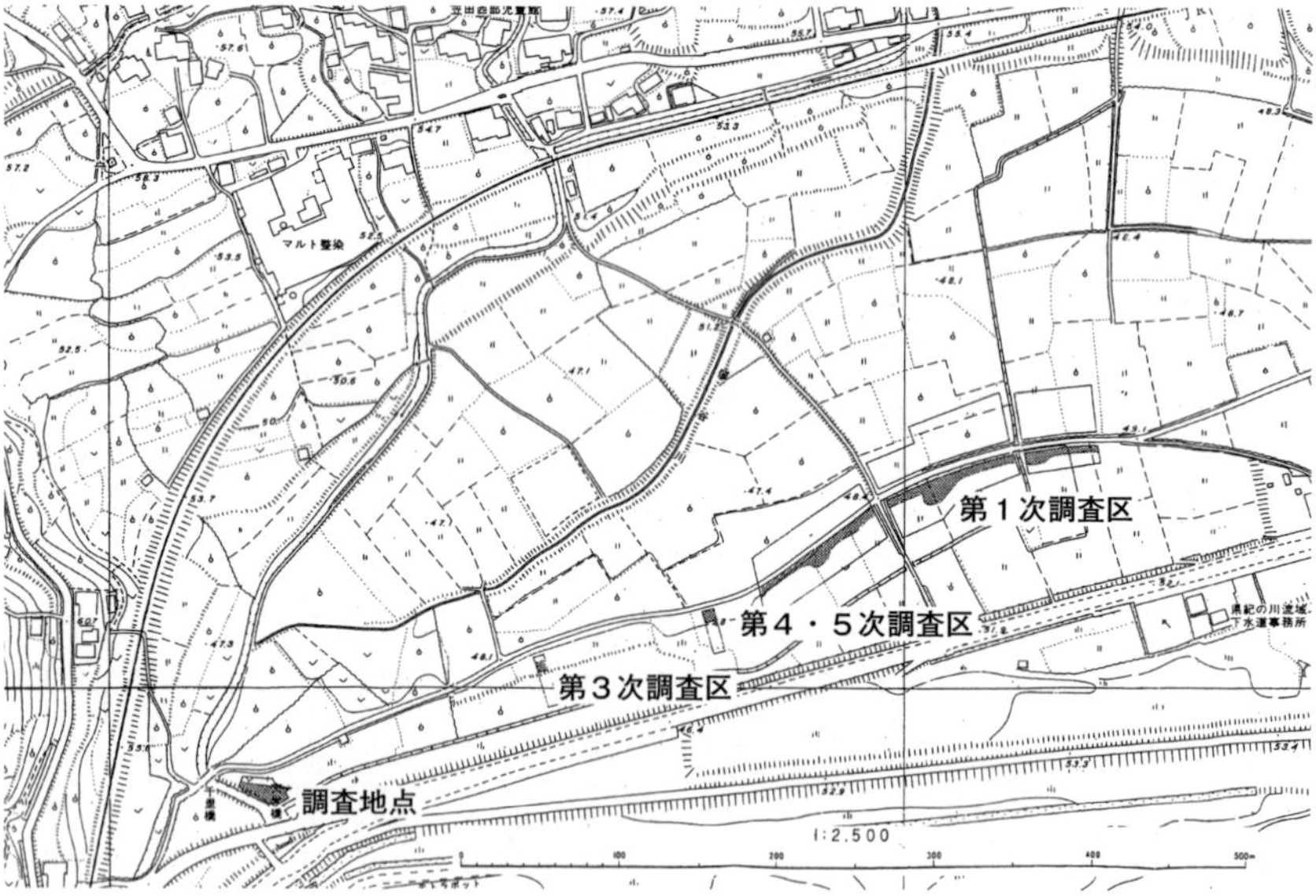

図2　今回の調査地点と過去の調査地点位置図
■は確認された堤防

2　堤防2

堤防2は東南東から西北西に延びており、旧紀ノ川と窪谷川の合流部に位置している。三段に構築されており、各段の間には、幅約五〇センチメートルの横方向の目地が通っている。長さ四〇～六〇センチメートル前後の台形の結晶片岩が小口面を上にして、平滑に魚の鱗のように、並べられていた。上流からの水流の抵抗に備えるように水平方向から七〇～八〇度前後の角度で斜めにしている部分が多い。上端と下端部は結晶片岩を一列横積みにしている。裾部から外側には二〇～三〇センチメートル程の川原石がまばらに置かれている。中央部から西部にかけては、上段の石積みが破壊されている。

トレンチ2の断面の状況から、長さ二〇～六〇センチメートル程の結晶片岩の裏込石が、表面から一メートル程の厚さまで、充填されていることが確認された。過去の調査で検出した東部の石積みより、丁寧な造りである。石積み護岸は東部では、斜面長約六・五メートルであるが、西部にかけて幅が狭くなっており、勾配も急角度になっている。

石材は結晶片岩類で、多い順に緑色片岩類、黒色片岩類、砂質片岩類、石英質片岩類である。各石材はまとまって使用される傾向が見られ、東部の上から一・二段目には緑色片岩類が多く、西部の一段目には黒色片岩類が多く、東部の三段目には砂質片岩類が多く見られる。石積みの約二〇センチメートル上の堆積土から十八世紀後半と考えられる伊万里の碗の破片が出土した。

3　考　察

第六次調査の成果と過去の調査成果とを比較検討してみたい。

第一次調査区と第四・五次調査区で、一連のものとして考えられる近世初め頃の築造と推定されている石積み護岸

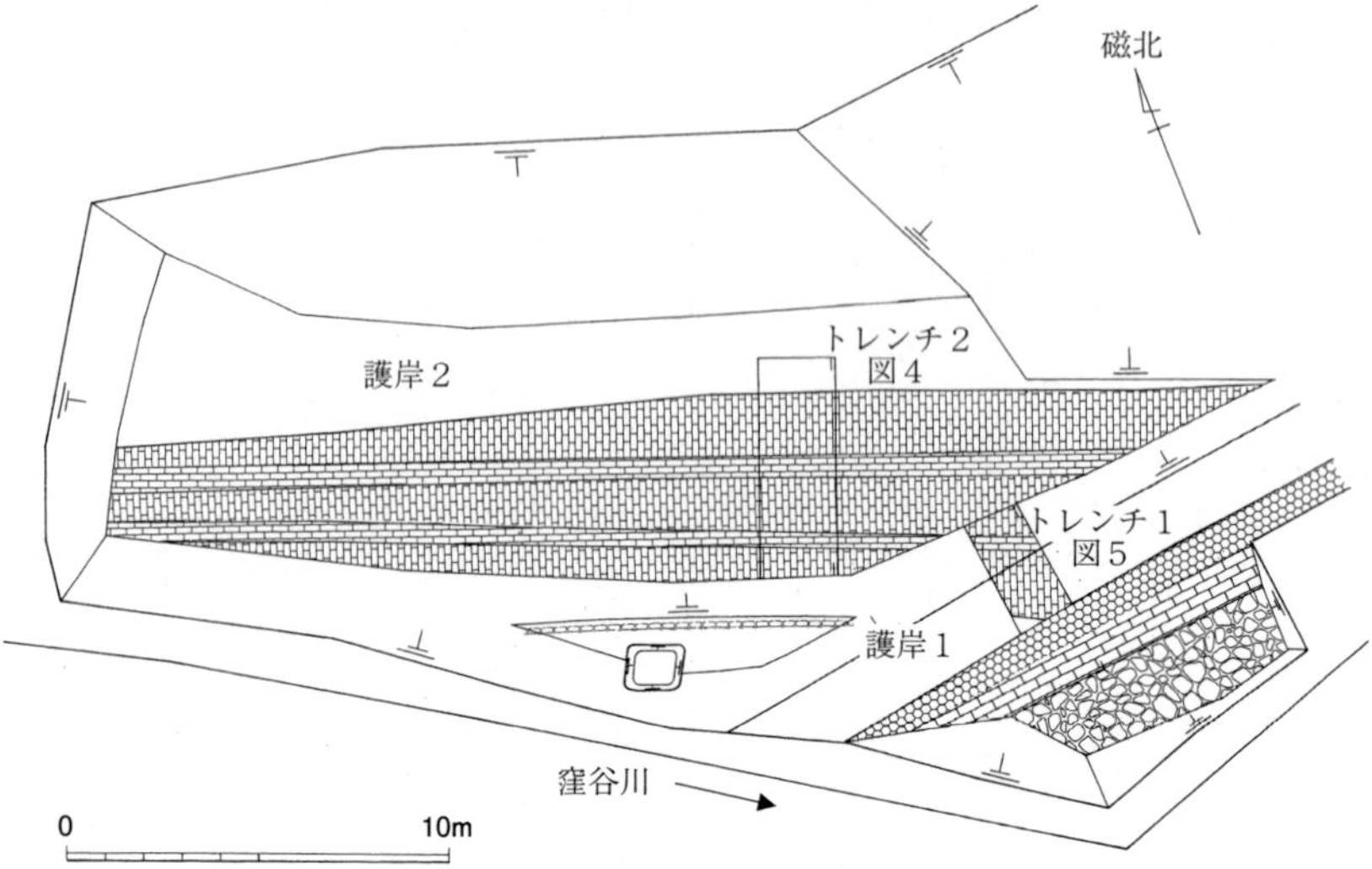

図 3　上面遺構配置図

図 4　下面遺構配置図

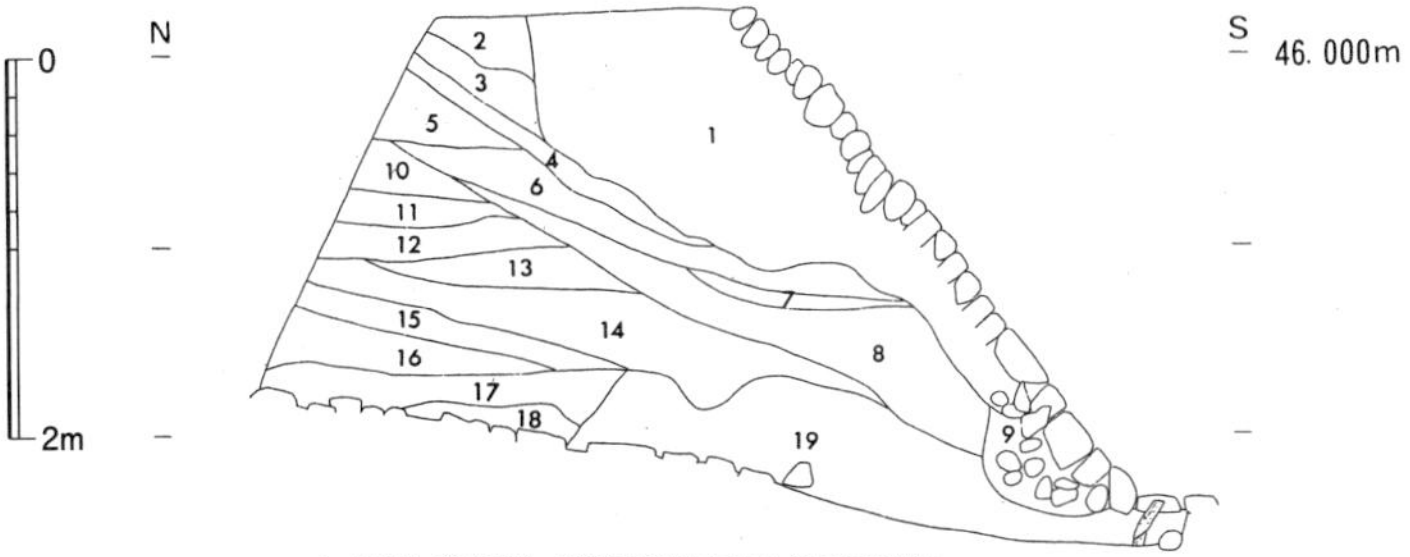

1　7.5Y 4／2灰オリーブ粘質土混じり 10Y 7／1灰白色砂礫土
2　10YR 6／4にぶい黄橙色弱粘質土
3　10YR 5／3にぶい黄褐色弱粘質土
4　10YR 5／4にぶい黄褐色弱粘質土
5　10YR 6／3にぶい黄橙色弱粘質土
6　7.5Y 4／3暗オリーブ色粘質土混じり 7.5Y 6／3シルト
7　5Y 7／4浅黄色シルト
8　5Y 5／3灰オリーブ色粘質土
9　10Y 4／2オリーブ灰色粘土
10　7.5YR 4／3褐色弱粘質土粒状に混じる 10YR 5／4にぶい黄褐色シルト
11　7.5YR 4／3褐色弱粘質土粒状に混じる 10YR 5／3にぶい黄褐色シルト
12　7.5YR 4／3褐色弱粘質土粒状に混じる 10YR 6／4にぶい黄橙色弱粘質土
13　7.5YR 4／3褐色弱粘質土粒状に混じる 5Y 5／2灰オリーブ色弱粘質土
14　7.5YR 4／3褐色弱粘質土粒状に混じる 2.5Y 6／4にぶい黄色弱粘質土
15　7.5YR 4／3褐色弱粘質土粒状に混じる 2.5Y 5／4黄褐色弱粘質土
16　2.5Y 4／6オリーブ褐色弱粘質土
17　5BG 6／1青灰色粘土
18　5BG 7／1明青灰色粘土
19　7.5Y 3／2オリーブ黒色砂礫土

図5　堤防1トレンチ1の西壁断面土層図

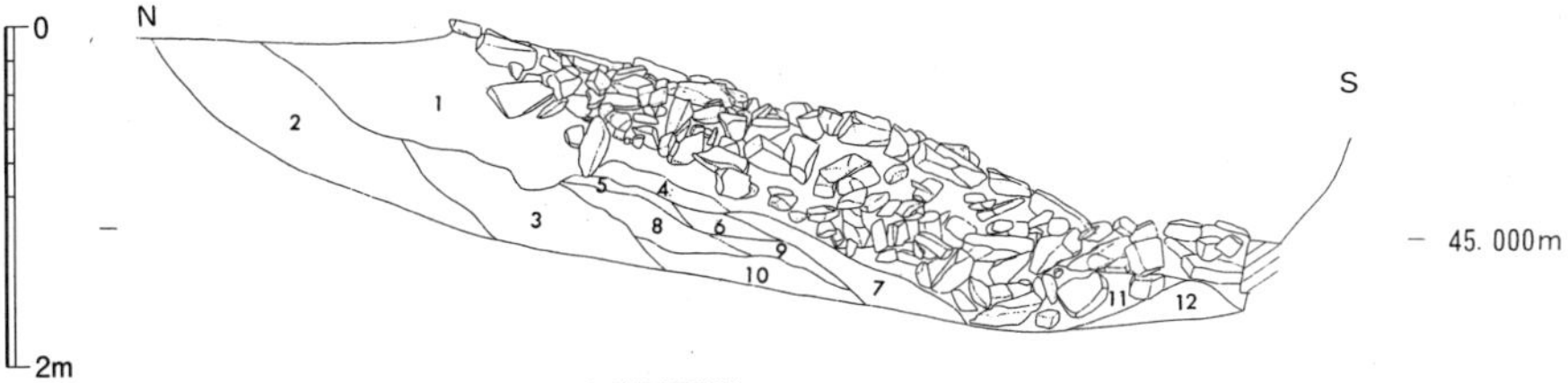

1　2.5Y 5／4黄褐色弱粘質土
2　2.5Y 6／2灰黄色細砂
3　2.5Y 7／4浅黄色粘土
4　2.5Y 7／3浅黄色粘質土縞状に混じる 2.5Y 6／3にぶい黄色細砂
5　2.5Y 6／2灰黄色細砂縞状に混じる 2.5Y 7／3浅黄色シルト
6　10BG 5／1青灰色粘土
7　10Y 5／1灰色細砂
8　10Y 6／1灰色細砂縞状に混じる 10Y 7／2灰白粘土
9　N 5／灰色粘土混じり 7.5YR 6／8橙色細砂
10　10Y 7／2灰白色シルト
11　10Y 7／1灰白色砂礫土
12　2.5Y 6／2灰黄色細砂混じり 2.5Y 5／4黄褐色弱砂質土

図6　堤防2トレンチ2の西壁断面土層図

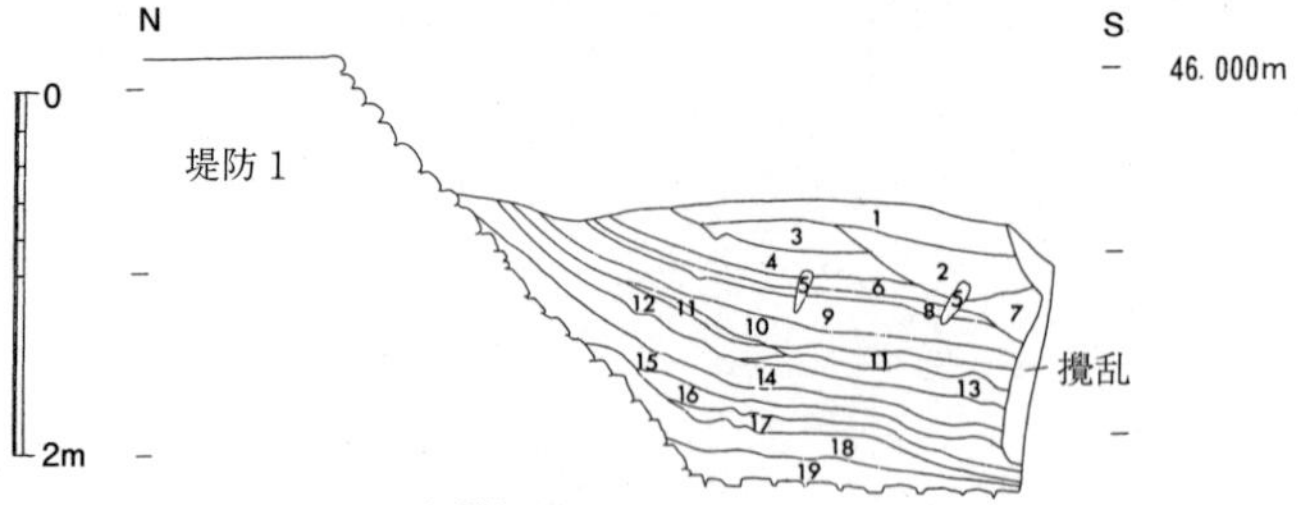

1　2.5Y７／４浅黄色シルト
2　2.5Y７／３浅黄色シルト
3　５Y６／３オリーブ黄色シルト
4　2.5Y６／３にぶい黄色シルト
5　2.5Y５／４黄褐色シルト
6　５Y７／４浅黄色シルト
7　7.5Y６／１灰色シルト
8　５Y７／２灰白色シルト
9　５Y５／２灰オリーブ色シルト
10　５Y７／３浅黄色シルト
11　５Y６／２灰オリーブ色砂質土
12　7.5Y７／２灰白粘質土
13　7.5Y８／３淡黄色粘質土
14　10Y７／２灰白色粘質土
15　2.5GY６／１緑灰色粘質土
16　10Y６／２オリーブ灰色砂質土
17　５BG６／１青灰色粘土
18　2.5Y７／８黄色シルト縞状に混じる2.5GY６／１オリーブ灰色シルト
19　５B７／１明青灰色粘質土

図７　堤防１東壁西面土層図

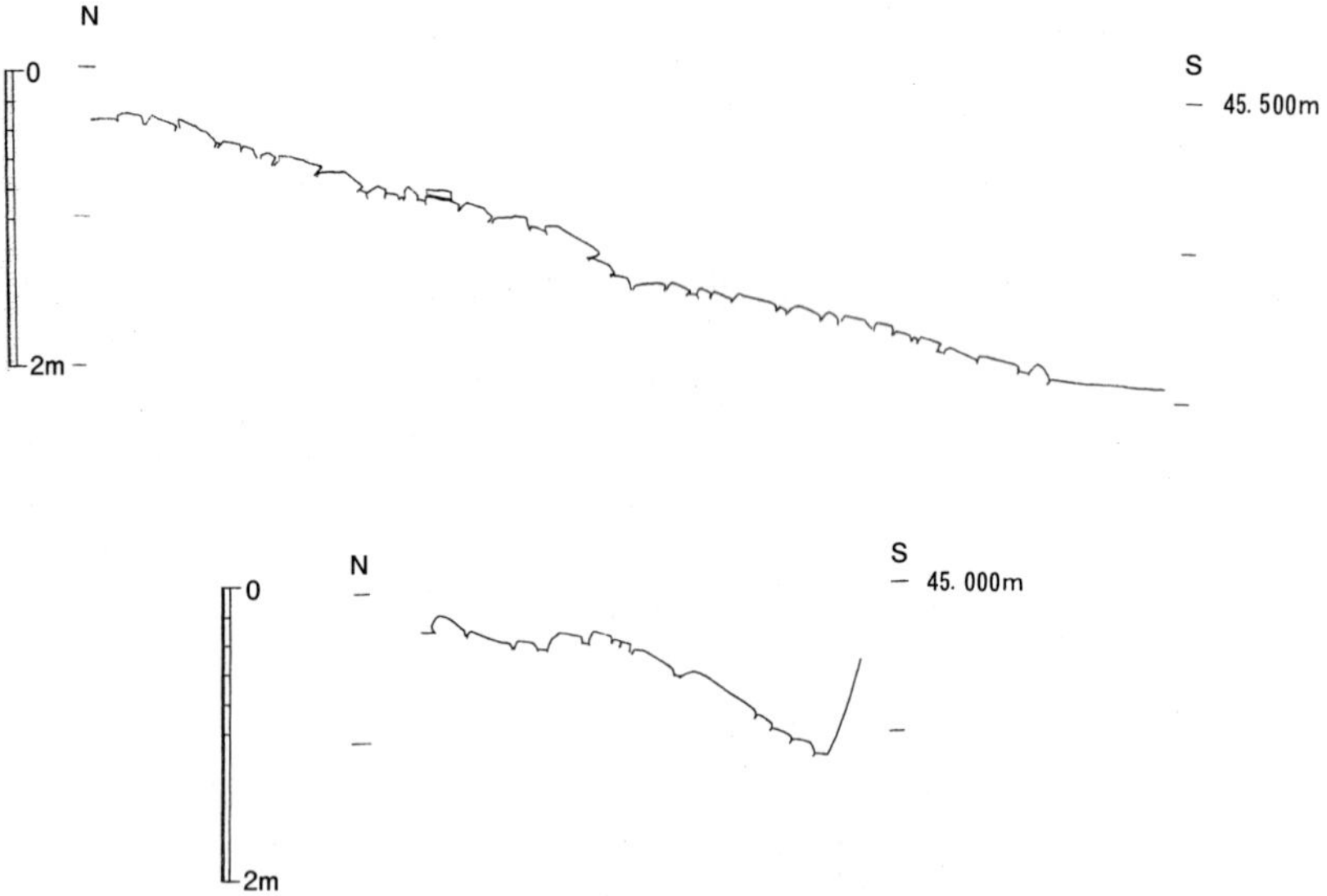

図８　堤防東西断面図
上）堤防２東部断面図　下）堤防２西部断面図

がそれぞれ一三五メートルと八五メートル確認されている。この護岸は三段築成で、各段の間には幅五〇～六〇センチメートルの目地が通っている。残存する高さは約一メートル～二・一メートル・幅約六メートルで、傾斜角度は二五度と緩やかな勾配である。用材には、一〇～二〇センチメートル程の川原石と三〇～五〇センチメートル程の結晶片岩が使用されている。

この護岸と六次調査の堤防2の護岸は構築方法と規模の点で類似し、位置関係からも一連の護岸を成すものだと推定される。一次調査区の東端部から六次調査区の西端部までは、約六〇〇メートルである。地形から推定すると、上流部にはまだ二〇〇メートル以上にわたって護岸が続いている可能性が高い。そうすると、築造当初の護岸の総延長距離は八〇〇メートル以上となる。

しかしながら、石材の積み方や使用方法で若干異なる点も見られる。一次調査区の護岸では、目地の部分に川原石が使用されているし、石材を平積みにした部分も見られる。全体的に六次調査区の護岸の方が、目地がよく詰まっており、裏込石も厚く、水流に対して縦長で、斜めに楔状に石材を組んでいる。

石積み護岸としては、より進化して、堅固な構造となっている。現地は紀ノ川と窪谷川との合流地点で、洪水時には、水流の激しい巻き込みなどが生じるため、より丁寧に築造された可能性がある。ま

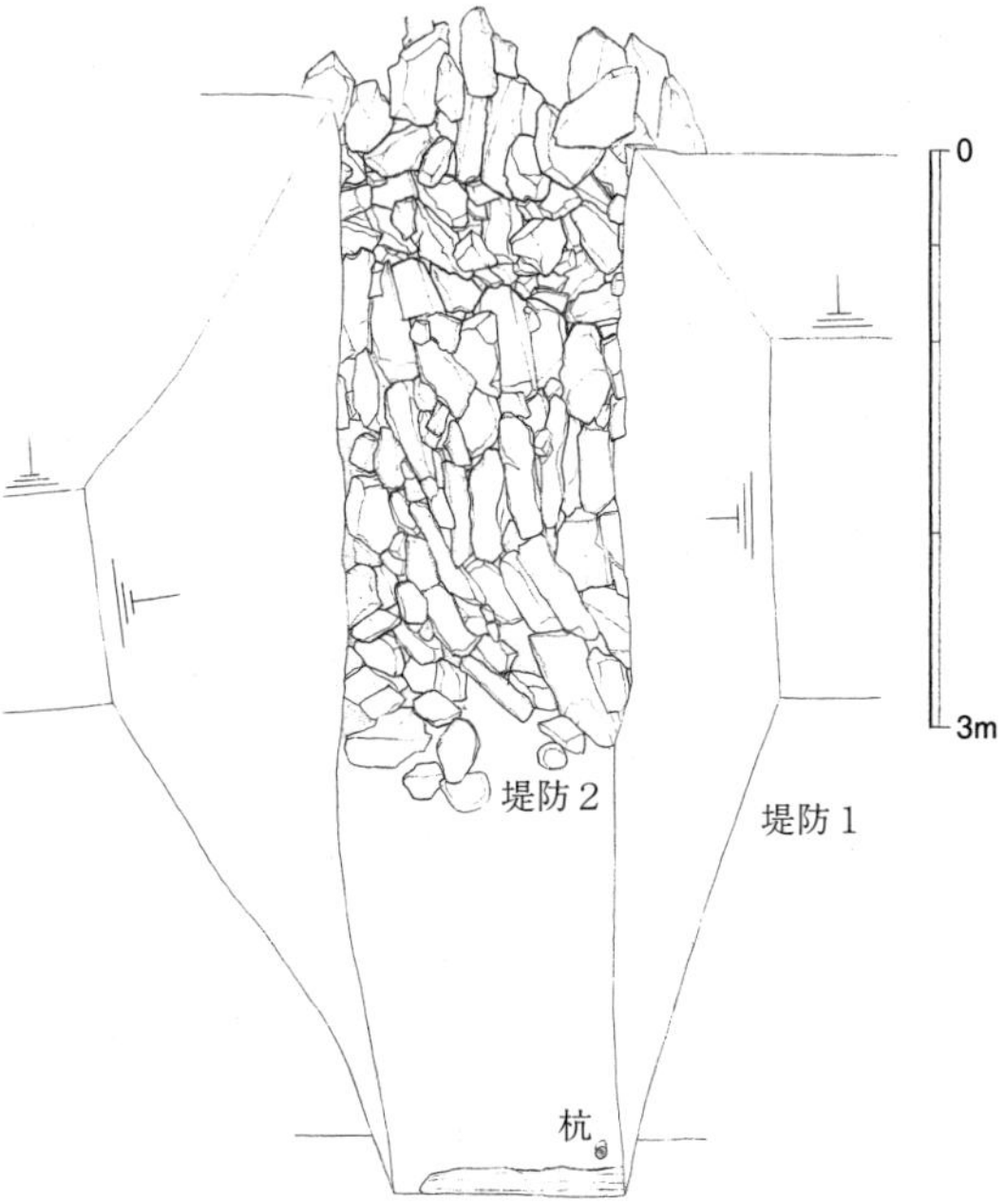

図9　トレンチ1の堤防2平面図

た、堤防2が築堤後に水流によって破壊されて、その後改修された結果、そのような構造になったのかもしれない。第三次調査区では、二カ所のトレンチで十九世紀前半～中頃の石積み護岸と石堤が確認されている。六次調査では、それらの延長と考えられる構造物は確認出来なかった。

過去の六次にわたる発掘調査で、江戸時代から昭和にかけての多種多様な石積み護岸と堤防が検出された。このことは周辺地域が絶えず紀ノ川の氾濫の危険性にさらされていたことを如実に物語っている。

その原因は地形を見れば明らかで、少し下流では、北は背ノ山、南は妹山が紀ノ川にせり出して流路が狭まり、しかも船岡山が中洲に存在して、水流を堰き止めるようになっている。そのために、調査地周辺では洪水が頻繁に起こり、水害から田畑や道路を守るために築堤作業に心血が注がれたのであろう。

第二節　近世の国内及び県内の河川護岸遺構と海岸堤防遺構について

窪・萩原遺跡で紀ノ川の旧石積み護岸（紀ノ川笠田護岸遺跡とする）を発見した当時、発掘調査で規模や構造が明らかにされた類例としては、平成三年に発見された広島県三次市の「浅野堤」のみであったが、近年、河川の石積み護岸の発掘調査事例が増えている。平成一九年に京都府宇治市で、豊臣秀吉が築いたとされる「宇治川太閤堤」（宇治川護岸遺跡）の「石貼護岸」延長七五メートルと「杭止め護岸」延長三〇メートルが発見され、平成二〇年度には、高知県土佐市の仁淀川下流域で延長二五〇メートルにわたって、近世初め頃の築造と推定される石積み護岸が発見されている。「仁淀川護岸遺跡」とする。

図10　試堀調査で検出した護岸（南から）

図11　試堀調査で検出した護岸（東から）

図12　調査区中央部全景（北から）

図13　堤防１全景（東から）

図14　堤防２全景（西から）

図15　堤防２東部（南から）

県内では、平成十七年二月に海浜部の石積み堤防の県史跡「水軒堤防」が発掘調査されて、以後、継続調査されて、江戸時代中期に築かれた可能性の高い全長約九八〇メートルの堤防の全貌が明らかになりつつある。平成二一年二月には、和歌山県教育委員会が熊野本宮大社旧社地大斎原の熊野川の護岸の発掘調査を実施して、筆者は調査担当者として、江戸時代中期と推定される石積み護岸を三地点で確認した。「熊野川大斎原護岸遺跡」とする。これらの石積みの構造物を比較検討して、構築技術の変遷を見てみたい。

(一) 日本各地の河川護岸遺跡

1　江の川浅野堤（広島県三次市所在　平成三年発見　十七世紀前半）

寛永九年（一六三二）に広島藩から分家された三次藩の初代藩主浅野長治が三次城下を守るために江の川水系の西城川・馬洗川の合流部に築いた石積みの河川護岸だといわれている。高さは二・五〜五・〇メートル程度で、総延長約五五〇メートルが確認されている。河原石を積み上げた護岸と割石積みの護岸が見られ、過去四回の大規模な改修が行われている。絵図では、数カ所で、三角形に張り出した石出しが見られる。道路工事で破壊された。

2　紀ノ川笠田護岸（和歌山県伊都郡かつらぎ町所在　平成八年発見　十七世紀初頭頃〜）

紀ノ川中流北岸の笠田地域で発見された石積みの河川護岸。高さは〇・八〜二・一メートル程度で、総延長八〇〇メートル以上だと推定される。結晶片岩で築かれ、裏込めなどに河原石が使用されている。三カ所で、三角形に張り出した石出しが見られる。発掘調査の結果から、一六〇〇年前後に築堤され、比較的短期間に埋没したと推定されている。築造主体者は不明であるが、大規模な河川築堤であることから、慶長五年（一六〇〇）に関ヶ原戦いの功労か

図16　堤防２全景（東から）

図17　堤防２中央部（南から）

図18　堤防２北東部（北から）

図19　堤防１トレンチ１の西壁断面土層

図20　堤防２トレンチ２の西壁断面土層

ら和歌山城主となった浅野幸長が係わっていた可能性と三次市の浅野堤との関連性が指摘されている。

3　宇治川護岸（京都府宇治市所在　平成十年発見　文禄三年（一五九四）〜）

豊臣秀吉が文禄三年（一五九四）に伏見城を築城した際に宇治川に築いた総延長一二キロメートルの大堤防「太閤堤」の一部とみられる「貼石護岸」が宇治市莵道の宇治川右岸で発見されている。護岸は延長七五メートル検出され、幅約五・メートル、高さ約二・メートルで直径三〇～五〇センチメートルの粘板岩が表面に約三〇度の傾斜で並べられ、裾部には、直径二〇センチメートルの松杭が三〇〇本ほど打ち込まれて固定していた。また、長さ約八・五メートル幅約九・〇メートルの石出しも検出されている。

その後、貼石護岸の上流約六〇メートルの地点で延長三〇メートル、幅約三メートルの「杭止め護岸」と名付けられた木杭と横板、割石を組み合わせた、特殊な構造の護岸も検出されている。

平成二十一年度に「宇治川太閤堤跡」として国史跡に指定された。

4　仁淀川護岸（高知県土佐市所在　平成二〇年発見　十七世紀初頭頃〜）

仁淀川下流右岸で発見された石積みの河川護岸。延長二五〇メートルが確認され、幅三・五〜九・五メートル・高さ二・〇〜四・三メートルが残存していた。法面の傾斜角度は三八〜四〇度で、長さ〇・四五〜一・一メートルの自然石が野面積みされている。石出しの突出部以外に、幅約七・六メートルの平場とそれに続く四〇メートル以上の突堤状遺構があり、船着き場の施設とも推定されている。文献等の記録がなく築造主体者は不明である。

5　熊野川大斎原護岸（和歌山県田辺市本宮町所在　平成二十一年発見　十八世紀前半頃〜）

熊野本宮大社の旧社地である大斎原周辺で、近世の熊野川の護岸を検出した。この内、社殿が築かれていた基壇のほぼ中央から川寄りに下った場所で二時期の石積み護岸と川に下っていく階段を検出した。

古い護岸は上流側の上部で確認され、砂岩製の長辺六〇センチメートル〜二〇センチメートル、短辺四〇センチメートル〜一〇センチメートル程度の石を乱積みにしていた。古い石積みは新しい護岸の下に潜り込むように続いている。

新しい護岸も割り石を乱積みにした構造で、石材は地元の砂岩製で長辺一〇二センチメートル〜二〇センチメートル、短辺五二センチメートル〜一〇センチメートルで、古い護岸の石材よりも大型のものが使用されている。護岸の高さは、現状では四・〇メートル以上で、上部は改修されて人頭大の河原石を谷積みにしている。法面の傾斜角度は古い護岸が約二六度、新しい護岸では上部が約三〇度、下部が約四〇度と下部のほうが傾斜が急になっている。階段は幅が一間（約一・八メートル）で、現状では二〇段確認した。階段には縁石が無く、上部三分の二程までは真っ直

図21　熊野川大斎原護岸

図22　水軒堤防石堤（南隅）

ぐに造られているが、そこから下流に向かって孤を描くように緩やかに屈曲している。護岸の石積みも階段との取り付き部分は弧状に緩やかに張り出していて、水流の抵抗を減衰するように考案されている。階段や護岸の石積みは表面が黒く焦げており、明和七年（一七七〇）の本宮大火によるものだと推定される。石積み上部の埋土から十八世紀中頃から後半の伊万里の碗が出土し、新しい護岸は十八世紀中頃前後に築かれ、古い護岸はそれ以前に築かれたものと考えられる。

(二)　海浜堤防

1　水軒堤防（和歌山県和歌山市所在　平成十七年再発見　十八世紀後半頃～）

県史跡水軒堤防は、和歌山市西部の水軒川と和歌山南港（水軒浜）の間に南北方向に延びる砂堆下に現存する石積みとそれを補強する土堤で構成された防潮堤防である。昭和三十年代には石積みの一部が露見していたが、その後の海浜部の埋立て工事などで、完全に砂中に埋もれ、人々の記憶から忘れ去られていた。平成十七年の道路拡幅工事に伴う確認調査で、堅牢な石積み護岸と土堤が確認され、その後の和歌山県教育委員会の確認調査と道路拡幅工事に伴う事前発掘調査によって、南北の位置と規模や構造が明らかにされた。

石積みは、海側では、切石加工した長軸四〇〜五〇センチメートル程度の和泉砂岩を傾斜角度四〇度前後で布目積みにしている。陸側は傾斜角度が五〇度前後で、最上段が上部平坦面を構成する和泉砂岩の側面でその下に結晶片岩の平積み、その下に和泉砂岩の布積み、その下に結晶片岩の平積みと、二つの石材が互層に築かれている。この石堤の陸側に、土を盛り上げた土堤が被さるように造り付けられていたことが土層の堆積状況から判明した。土堤の天端幅は約一〇メートル前後と推定され、海岸部からの波浪の圧力に対して石堤が破壊されないための控え積みの役割を果たしている。海側の和泉砂岩の石材は表面の長軸に対して、一・二〜一・五倍程度の奥行きをもち、表面の傾斜角度に対して約九〇度の角度で楔状に積み上げられており、その後の日本の石積み技術の基礎となる「間知積み」との共通点が指摘できる。上部平坦面は幅約三・五〜四・〇メートルで、長軸六〇〜八〇センチメートルほどの長方形の和泉砂岩が敷かれている。石堤の高さは南部で四・二〜四・四メートル程度で、南北の総延長は約九八〇メートルであった。

水軒堤防の土堤部には当初は黒松が植えられており、海岸側の石堤とそれを補強する陸側の土堤とともに、全体的な機能として風潮防備林として砂地の人々の生活を波浪と強風から守り続けていたことが明らかになっている。地元の方々の聞き取り調査では、昭和三十四年（一九五九）の伊勢湾台風の時は、堤防を越えて海水の流入がみられたが、堤防のおかげで風水ともに減衰されて、大きな被害はなかったそうである。

(三)　河川護岸の技術的変遷

紀ノ川笠田護岸と考古学の型式学的見地からみて最も類似性が高いのは「宇治川太閤堤」である。両者とも護岸の傾斜角度が緩やかで、石材も変成岩である結晶片岩と粘板岩の扁平な板石を積み上げている（貼り付けている）点が類似している。

織豊期から江戸時代の護岸や堤防の構造については、数種類に分類出来そうである。

豊臣秀吉が紀州の太田城を水攻めした時に築いたといわれる土堤の一部が和歌山市出水に遺っているが、土堤であり、表面に石材は見られない。宇治川護岸と仁淀川護岸は、調査担当者は、石積みというより「貼石」的な石材の使用方法だと表現されている。紀ノ川笠田護岸は、石出し部や西部では、河原石や結晶片岩を内部に裏込めしているが、その他の部分では表面に割った結晶片岩を並べている状態で、「貼石」に近い。

熊野川大斎原護岸では、中央部のトレンチでは熊野川の護岸として地元の砂岩の割石を乱積みにしているが、間知積みのように表面の長軸よりも奥行きが長くなるように積まれている石材もみられた。また、他の二カ所のトレンチでは布目積みの石積み護岸を検出した。

河川護岸は、一般論として、土止め護岸→貼石護岸→石積み護岸→間知積み護岸と変遷し、傾斜角度も徐々に急になっていき、裾部も杭や胴木で補強されるように進化していったものと推定される。

(四)　堤防と護岸遺跡の歴史的背景

十五世紀中頃に勃発した応仁の乱を経て、日本各地の在地領主は戦国大名に成長して自立し、自国の経済発展のため、経済的根幹をなす水田開発及び河川の水利整備を始めた。特に有名であるのが、武田信玄の築いた「信玄堤」であるが現在のところ実態は不明である。

その後の織田・豊臣政権時代には豊臣秀吉が得意な戦略として、有名な水攻めで、備中高松城や紀伊太田城などで周囲に築堤して水攻めし勝利している。現在、和歌山市出水には当時のものと推定される巨大な堤防遺構の一部が現存する。その後も秀吉は、伏見城の建設に伴い宇治川の流路を大規模に改変するために「太閤堤」を総延長一二キロメートルにわたり築堤したといわれている。

現在発見されている、織豊期から近世初期にかけて造られたと推定される大規模な河川護岸は、「太閤堤」以外では、当時の藩で言えば、紀州藩（藩主／浅野幸長）・三次藩（浅野長治）・土佐藩（山内一豊）であり、何れも、藩主もしくは先代が、豊臣秀吉の側近中の側近の武将たちであった。秀吉の指揮下で、築城や築堤技術を学んだ武将とその家臣団が、その後の徳川氏による幕藩体制下で赴任した各領国において、大規模な河川工事を行ったものだと推定すると、遠隔地でありながらも、各河川の護岸構造が極めて類似しているという現象について、合理的な解釈ができるのではないだろうか。

参考文献

財団法人和歌山県文化財センター『桛田荘（窪・萩原遺跡）―紀ノ川流域下水道伊都浄化センター建設に伴う発掘調査報告書―』二〇〇〇年二月

村田弘・仲原知之「紀の国の堤防遺構」『季刊考古学』第一〇二号　二〇〇八年一月

和歌山県教育委員会『熊野本宮大社旧社地大斎原護岸確認調査現地説明会資料』二〇〇九年二月

和歌山県教育委員会・財団法人和歌山県文化財センター『県史跡水軒堤防確認調査』二〇〇九年三月

宇治市歴史資料館『宇治川護岸遺跡（太閤堤）の発掘』現地説明会資料　二〇〇七年九月

宇治市歴史資料館『宇治川護岸遺跡（太閤堤）の延長部発掘成果』現地説明会資料　二〇〇七年一二月

財団法人高知県文化財団埋蔵文化財センター『平成二〇年度　波介川河口導流事業埋蔵文化財発掘調査　現地説明会資料　上ノ村遺跡』二〇〇九年三月

財団法人高知県文化財団埋蔵文化財センター『平成二一年度　波介川河口導流事業埋蔵文化財発掘調査　現地説明会資料　上ノ村遺跡』二〇〇九年八月

第八章　桛田荘域における中世集落関連遺構について

第一節　桛田荘域と周辺の遺跡

伊都郡かつらぎ町笠田周辺に所在した桛田荘は、『紀伊国桛田荘絵図』（重要文化財）により京都神護寺領の中世荘園として広く周知されている。『紀伊国桛田荘絵図』は集落、水田、神社など荘園村落の景観を良好に描くものであり、代表的な中世荘園絵図であるとされ、それを対象とした多くの研究がある。(1)

また、桛田荘の所在するかつらぎ町笠田周辺は土地区画については笠田条里区と呼ばれ、海抜五五〜六〇メートルの段丘面に、北二二度西の方位で二十町歩みられ、この坪界線は笠田東の旧大和街道と一致し、JR和歌山線から折居にかけて分布するものと推定されている。(2)

埋蔵文化財の発掘調査成果としては、平成九年（一九九七）に桛田荘域において窪・萩原遺跡の発掘調査が行われ、旧紀ノ川のものとみられる検出延長約一三五メートルの大規模な石積堤防が検出され、(3)例のない大規模な遺構として注目を集めた。(4)この石積堤防は江戸時代初頭のものと考えられたが、以下桛田荘域の中世遺跡について概観する（図1）。

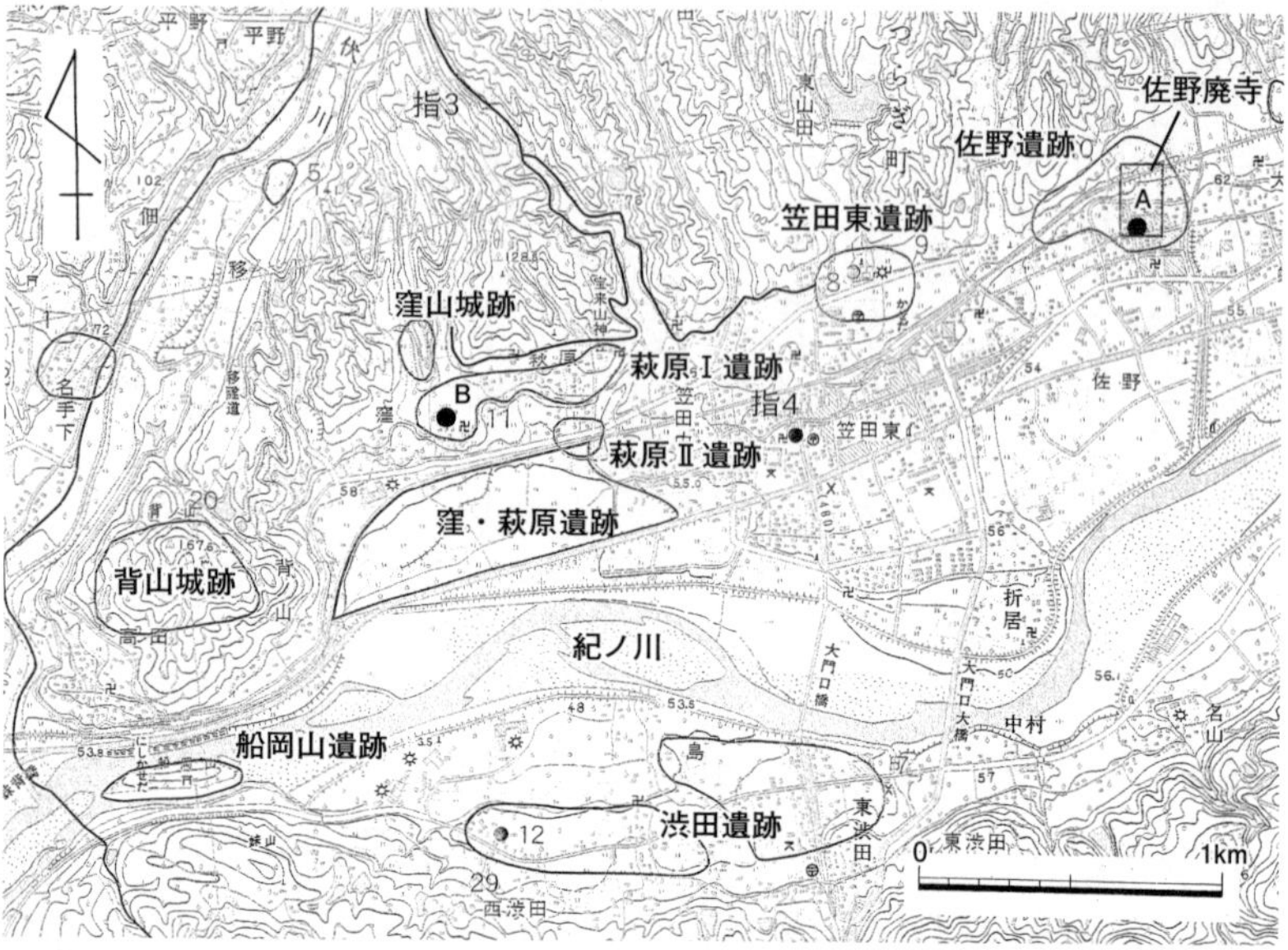

図１　桛田荘域の中世集落関連遺構検出位置図（和歌山県教育委員会 2007）

桛田荘域及びその隣接地の中世遺跡(5)としては、西からみるならば、丘陵から山頂にかけて背山城跡と窪山城跡が立地し、窪山城跡の南東に隣接して萩原Ⅰ遺跡が位置する。萩原Ⅰ遺跡は古代の南海道萩原駅家が設置された場所とみられる遺跡である。萩原Ⅰ遺跡の南東に隣接して萩原Ⅱ遺跡が位置する。これらの萩原Ⅰ・Ⅱ遺跡の南側に隣接した地点に先述の大規模な石積堤防が検出された窪・萩原遺跡が立地する。ＪＲ笠田駅の北側には鎌倉時代の遺物散布地として周知される笠田東遺跡がある。ＪＲ笠田駅から東約五〇〇メートルの地点には佐野遺跡が位置する。佐野遺跡は弥生時代から古墳時代にかけての集落跡が検出され、古代の佐野廃寺の範囲とも重複するものであり、中世までの複合遺跡として周知されている。また、紀ノ川の中州に船岡山遺跡、紀ノ川南岸の平野部に渋田遺跡が立地する。

　本稿は桛田荘域及びその隣接地の発掘調査において検出された中世遺構、特に居館等集落関連遺構について検討するものである。なお、調査成果については既に報告書が刊行されており、発掘調査の詳細については各報告書を参照されたい。

第二節　桛田荘域検出の中世集落関連遺構の紹介

桛田荘域及びその隣接地の埋蔵文化財発掘調査において検出された中世遺構、特に居館等集落関連遺構については佐野遺跡（図1A）と萩原Ⅰ遺跡（図1B）に検出例がある。

まず、佐野遺跡検出例[6]は鎌倉時代のもので、溝に前面を区画された土壇状遺構である（図2）。土壇状遺構を区画する溝は幅二メートル、深さ五〇センチメートル、東西方向に延長二三メートルの規模を測る。溝の底面は東側から西側に緩やかに傾斜するものであり、溝の東側は上面を削平され自然に途切れ、溝の西側は後世の道路工事のため壊されていた。また、溝の西端から約五メートルの地点に北岸からテラス状に地山を幅一メートル程度削りだし、その上に石を敷いた施設を検出しており、その直上に炭が散らばっていたことなどから、ここに木製の橋を架けていたものと考えられる。この溝の北側に土壇状遺構があり、土壇の上面から溝底までは約一メートルの比高差があるものである。土壇は元々の堆積土の傾斜を削平

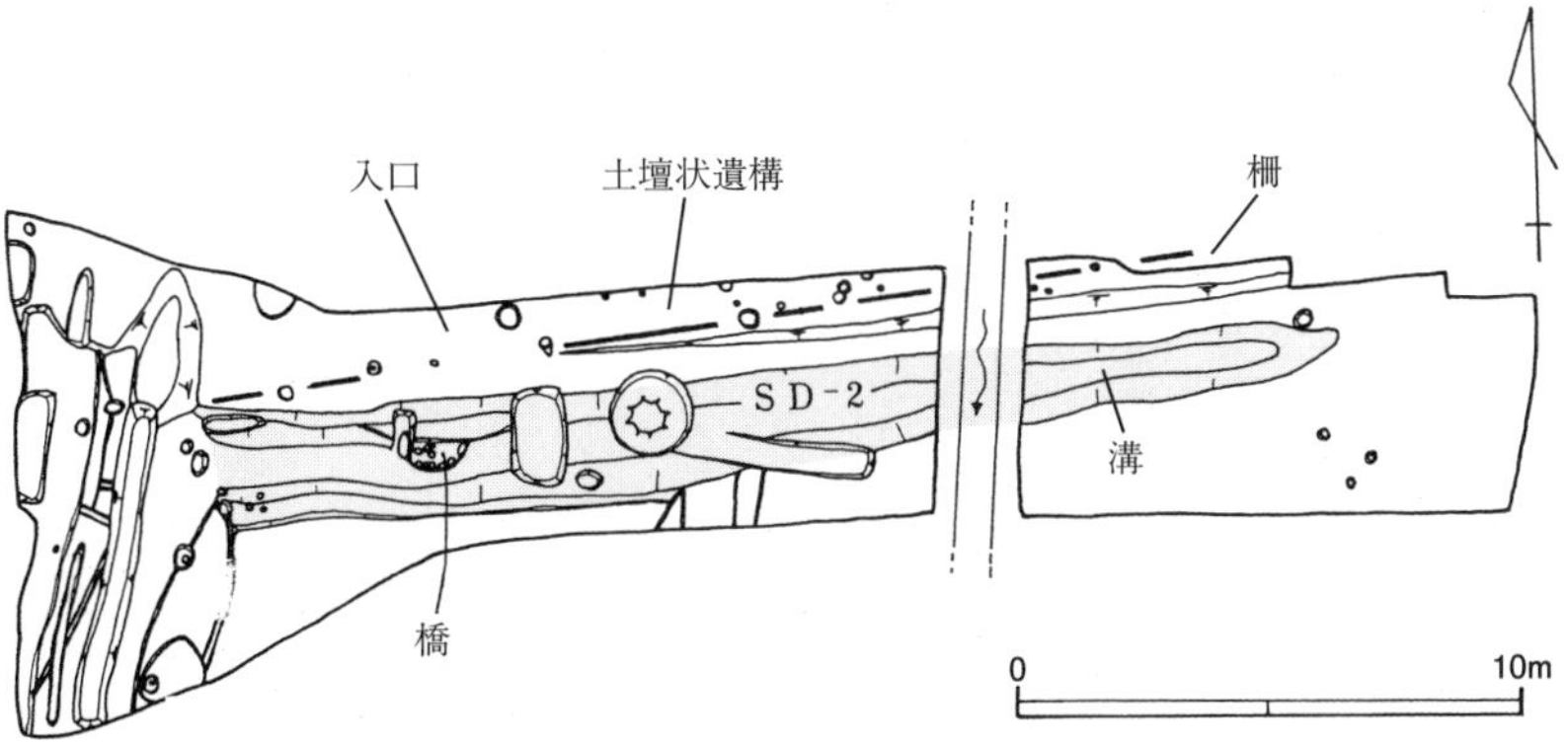

図2　前面を溝で区画された土壇状遺構（かつらぎ町教育委員会 1981）

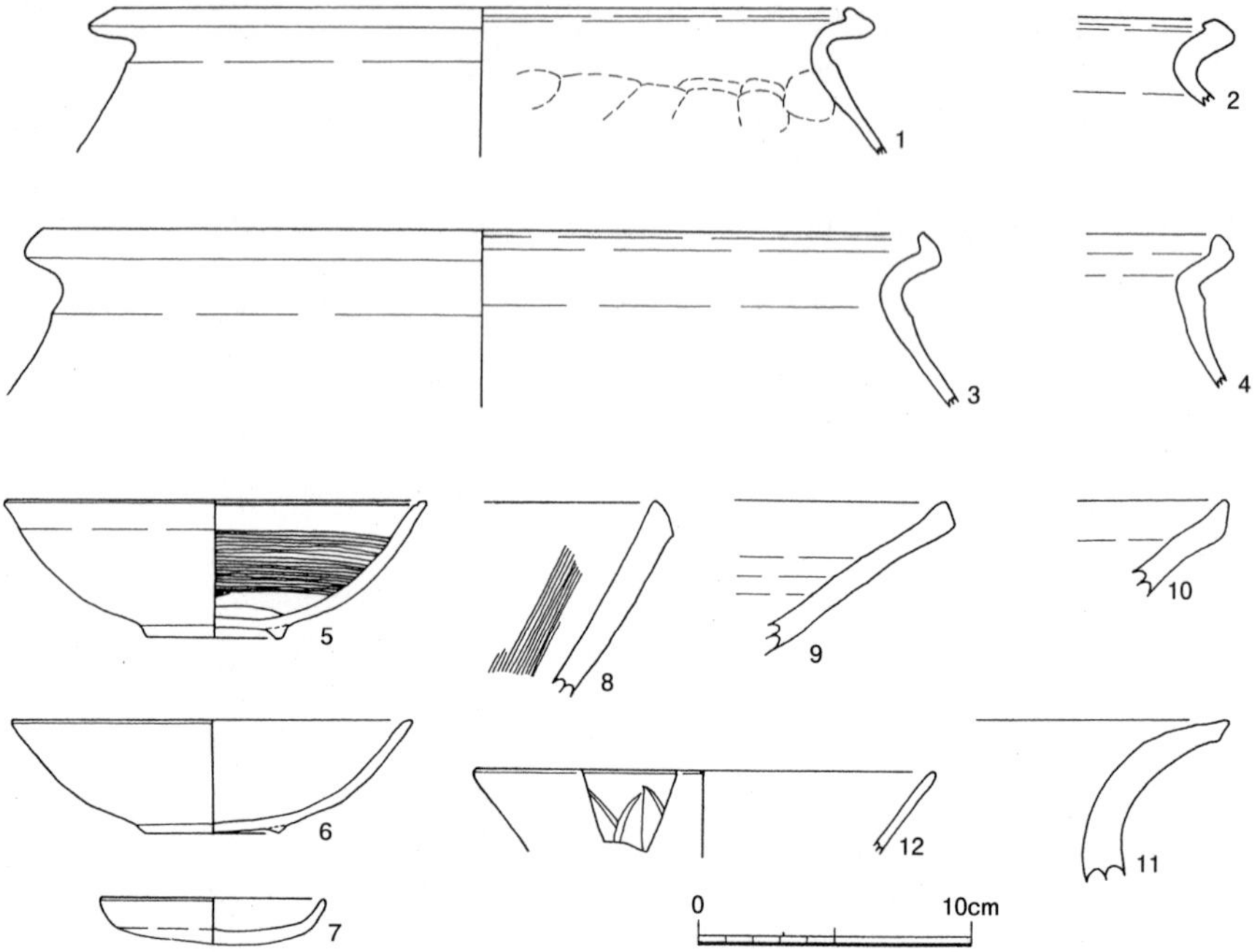

図3 区画溝関連出土遺物（かつらぎ町教育委員会 1981）

しその土を盛り上げて形成したものであり、土壇内の盛土からは鎌倉時代前期までの遺物が出土する。また、土壇上面では溝の方向に沿って小規模な柱穴や杭を打ち込んだ痕跡が確認され、柵であると考えられる。

土壇状遺構を区画する溝とその上層の堆積層である茶褐色土からは多くの遺物が出土した（図3）。以下、出土遺物について説明する。

遺物は土師器釜（1〜4）、瓦器椀（5・6）、土師器皿（7）、土師器擂鉢（8）、東播系須恵器こね鉢（9・10）、常滑焼甕（11）、中国製青磁碗（12）、中国製白磁碗・皿などがある（図3）。5は土壇状遺構の土壇盛土から出土したものであり、その他のものは土壇状遺構を区画する溝とその上層の堆積層である茶褐色土から出土したものである。土師器釜は口縁部を「く」字状に外反させ、端部を折り返し、丸くおさめたもの（1・2）と口縁部を上につまみ上げたもの（3・4）とがある。これらの土師器釜は外面胴部に貼り付け突帯をもつものである。胎土には粗い砂粒を多く含み、赤褐色に発色する。瓦器椀については、5は内面口縁端部に沈線をもつ、いわゆる大和型瓦器椀である。器形から鎌倉時代前期のものであるといえる。6は内面口縁端部の沈線を欠くものであり、紀伊型瓦器椀に分類することができ、紀伊型瓦器椀Ⅲ-2期（十三世紀後半）の時期のものであるといえる。(7) 7の土師器皿は小皿で乳白色に発色する。8の土師器擂鉢は外面をヘラケズリするものである。東播系須恵器こね鉢は口縁端部をつまみあげるもの（10）とそのままおさめるもの（9）があるが、どちらも鎌倉時代前期のものである。11は常滑焼甕の口縁部である。他にタタキを兼ねたスタンプが押されている胴部の破片もある。12は中国製の青磁碗であり、外面に片切彫りで蓮弁文が表現されている。鎌倉時代後期によく出土するものである。その他、中国製白磁碗・皿、備前焼壺なども出土した。

以上の遺物群の所属時期は輸入陶磁器の一部に平安時代までさかのぼるものもあるが、主として鎌倉時代までの中で収まるものであり、溝に前面を区画された土壇状遺構は鎌倉時代後期のものと考えられる。

次に、萩原Ⅰ遺跡検出例(8)であるが、掘立柱建物が一棟検出されている（図4）。この掘立柱建物は南北三間、東西五間の建物で、北側へ身舎の柱間より短い一間の庇とみられる張り出しがある。庇については張り出しの西側二柱穴に根石をもつことから、他の機能をもつ可能性についても指摘されている。棟はほぼ正方位に沿って建てられており、柱間は梁行二・一メートル、桁行は東端の一間分がやや長く二・五メートルを測る。柱穴は検出面で径三〇～五〇センチメートルの比較的大きなもので、柱穴内部には二〇～三〇センチメートル大の根石をもつものである。建物の時期は柱穴から出土した土師器皿などから鎌倉時代から、下っても室町時代前半と報告されている。

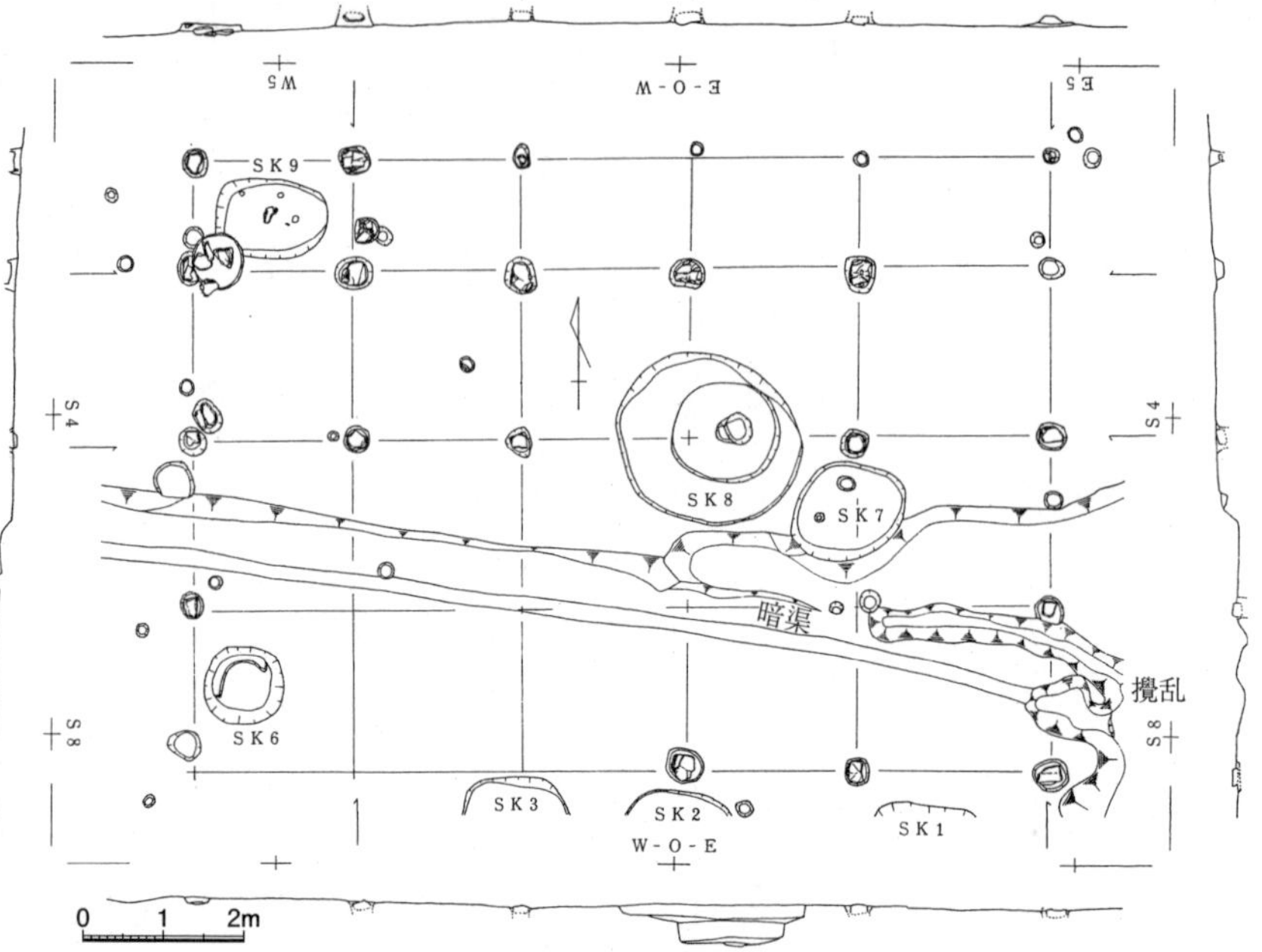

図4　萩原Ⅰ遺跡検出掘立柱建物（かつらぎ町教育委員会 1979）

第三節　桛田荘域検出の中世集落関連遺構の評価

本節では、それぞれの事例について遺構の評価について検討する。

まず、佐野遺跡検出例の「溝に前面を区画された土壇状遺構」であるが、十二世紀後半に成立したとされる『粉河寺縁起』(9)に描かれた「猟師の家」にその類似をみることができる（図5）。なお、『粉河寺縁起』にある粉河寺は桛田荘の西約五キロメートルの距離に所在するものである。『粉河寺縁起』に描かれる「猟師の家」は紀伊国那賀郡粉河に所在したものとされるが、描かれた事象は周辺の集落に素材を求めたものと考えられ、当遺構を理解するための良好な比較資料といえる。なお、「猟師の家」は「地方豪族の家」と評価されている(10)。

土壇状遺構を区画する溝は幅二メートル、深さ五〇センチメートル、東西方向に検出延長二三メートルの規模を測るが、「猟師の家」では幅は一メートル程度、深さについても余り深くないようにみえ、溝には木製の橋が架けられている。なお、屋根は草葺きであり、敷地の内外での高低差はみられない。「溝に前面を区画された土壇状遺構」からは瓦は出土していない。また、「猟師の家」は溝で区画された内部は垣根と冠木門をもつ。土壇状遺構の土壇上面では溝の方向に沿って小規模な柱穴や杭を打ち込んだ痕跡が確認され、簡単な柵を備えていたものと考えられる。

以上、中世の絵画資料である『粉河寺縁起』に描かれた「猟師の家」から佐野遺跡検出例の「溝に前面を区画された土壇状遺構」を比較検討したが、当遺構は『粉河寺縁起』に描かれた「猟師の家」よりも少し規模の大きなものであったと考えられる。また、出土遺物に中国製白磁・青磁などを所有していたことなどから、この土壇状遺構の主はある程度富裕な者であったとみられる。

なお、佐野遺跡検出例の「溝に前面を区画された土壇状遺構」の西側約七〇〜八〇メートルの地点においても同時期の掘立柱建物、溝などが検出されており(11)、当地は中世集落の一角を成していたものと考えられる。

次に、萩原I遺跡検出例の「北面に庇の付く南北三間、東西五間の掘立柱建物」について考える。『紀伊国桛田荘絵図』

図5　粉河寺縁起・「猟師の家」（渋澤編 1984）

について、集落と耕地の描かれ方から木村茂光氏は四つの集落がそれぞれ五軒～七軒の建物で表現されているとし、特に西側の二つの集落にはその集落の中核と考えられる縁付きの大きな家屋が描かれており、それぞれの集落が生活の最小の単位であったものとの指摘を行った。[12]ここで指摘された「縁付きの大きな家屋」と萩原Ｉ遺跡検出の掘立柱建物を比較するならば、掘立柱建物は南北三間、東西五間の比較的規模の大きな建物で、北側に一間の庇とみられる張り出しがある。重要なことは、庇の付く位置であり、桁行に平行して五間分が北側に付いている。このことは、『紀伊国桛田荘絵図』にある「縁付きの大きな家屋」と萩原Ｉ遺跡検出の掘立柱建物が類似したものであることを示すものである。この建物の時期は出土遺物から鎌倉時代から、下っても室町時代前半と報告されている。

桛田荘域及びその隣接地の埋蔵文化財発掘調査において検出された中世遺構、特に居館等集落関連遺構について、佐野遺跡検出例と萩原Ｉ遺跡検出例を紹介し若干の検討を加えた。

『紀伊国桛田荘絵図』に描かれた桛田荘域について、小字から高田に「垣内」、窪に「木戸口」、笠田中に「土居」、「的場」、「出口」などがみられ、ここに中世集落が存在したことを推定することができる。また、このうちの「木戸口」は萩原Ｉ遺跡調査地点にあたり、掘立柱建物が実際に検出されたことは小字から中世集落の存在したことを推定する有効性を示すことができたといえる。佐野遺跡検出の「前面を溝で区画された土壇状遺構」の検出地点は小字「塔之壇」、その北側隣接地は「御所田」であることについても小字と中世集落との関連性が強いものと思われる。また、これらの中世集落は小字の分布及び埋蔵文化財発掘調査において検出された中世遺構の位置などから段丘面上に東西にいくつかの単位に分かれて展開したものであると考えることができる。

以上、埋蔵文化財発掘調査成果を用いて桛田荘域及びその隣接地においての中世居館等集落関連遺構を紹介し、その内容を検討した。

(註)

(1) 小山靖憲　一九八七「柞田荘絵図と堺相論」『中世村落と荘園絵図』東京大学出版会。木村茂光一九八七「荘園の四至と牓示」『絵図にみる荘園の世界』小山靖憲・佐藤和彦編、東京大学出版会。以上の文献の他、多数の研究が発表されている。
(2) 中野榮治　一九八九『紀伊国の条里制』古今書院。
(3) ㈶和歌山県文化財センター　二〇〇〇『柞田荘（窪・萩原遺跡）―紀ノ川流域下水道伊都浄化センター建設に伴う発掘調査報告書―』。
(4) 「公開シンポジウム　中世の荘園景観と柞田荘」が一九九七年五月一一日に和歌山地方史研究会主催で行われた。また、同年七月六日にも現地見学会・遺跡見学会が行われた。この二回の報告会は『和歌山地方史研究』第33号に特集された。
(5) 和歌山県教育委員会　二〇〇七『和歌山県埋蔵文化財包蔵地所在地図』。
(6) かつらぎ町教育委員会　一九八一『佐野遺跡発掘調査概報Ⅳ』。
(7) 北野隆亮　二〇〇六「紀伊型瓦器椀の編年と分布」『中近世土器の基礎研究』第二〇号。
(8) かつらぎ町教育委員会　一九七九『萩原遺跡発掘調査概報』。
(9) 小松茂美編　一九七七『日本絵巻大成』五、中央公論社。
(10) 渋澤敬三（神奈川大学日本常民文化研究所）編　一九八四『新版　絵巻物による日本常民生活絵引』第三巻　平凡社。
(11) かつらぎ町教育委員会　一九八三『佐野遺跡発掘調査概報Ⅶ』。
(12) 前掲註1文献の木村　一九八七。

第九章　紀ノ川上流域における堤防遺跡の地形環境

第一節　堤防遺跡調査の目的と方法

中国のことわざに「黄河を治める者は国を治める」というのがある。河川の氾濫と水利をコントロールすることは、人々の生活や生産活動にとって最も重要なことである。わが国では、二千数百年前から沖積低地において稲作を開始し、治水と灌漑が特に大切となった。集落や耕地を水害からいかにして護るか。沖積平野周辺に定住し始めた人々にとって、最大の課題であった。

紀伊国では、和歌山平野南部の日前宮《にちぜんぐう》領で潮除堰堤を設けて干拓したり、紀ノ川上流域の桛田荘《かせだ》で文覚井《もんかくゆ》を開削するなど、中世にはすでに高い土木技術を持っていたと考えられる。

一九九六年、紀ノ川に沿う和歌山県かつらぎ町の窪・萩原遺跡において、伊都郡の広域下水処理場建設に伴う発掘調査が行われた(1)。その場所は中世荘園として著名な桛田荘の荘園絵図のほぼ中央部に位置しており、中世史の研究者は紀ノ川の沖積低地に中世の開発地、島畠が発見されるのではないかと注目していた(2)。地理学的には、桛田荘の耕地の主体は下位段丘面に位置し、沖積低地は紀ノ川の氾濫原で、すぐ下流に船岡山の狭窄部があるため、遺構の検出される可能性が低い遊水地的な性格の土地にすぎないと考えていた。ただし、そこには近世の大和街道が横切っており、その関係遺構は発見される可能性があるとみていた。実際に、窪・萩原遺跡の発掘調査では中世の遺構や遺物はほとんど発見されず、中世末から近世初頭にかけて築造されたと考えられる石積み護岸（堤防）が約二三〇メートルにわたって埋没した状態で発見された。それに続く発掘調査によって、近世の堤防遺跡が完全に埋没した状態で発見され、石積み護岸（堤防）は全長六〇〇メートル以上になることが明らかとなった(3)。

筆者らは、人工堤防と人々の生活との関わりの重要性を鑑みて、紀ノ川流域において今までに報告されてこなかった堤防遺跡の分布状態を明らかにした(4)。本稿では、和歌山井堰研究会の協同踏査で明らかにした堤防遺跡の分布に考察を加え、紀ノ川上流域における堤防遺跡の立地環境を解明したい。

調査の方法は、一九四七年米軍撮影及び一九六三年国土地理院撮影の空中写真によって判読した堤防状の構築物を五〇〇〇分の一国土基本図にプロットし、それを携帯して同研究会のメンバーで現地調査を行って現状を確認し記録した。近世文書や古地図にはみられるが、近代以降の空中写真・地形図等でその痕跡がみられない堤防遺跡の推定地は、その大まかな位置を図に示した。一八八六年の仮製二万分の一地形図等で確認できるが、現在は破壊・削平されて存在しないものは、その推定位置を図示した。これらの中には、樹木等で空中写真判読できなかった堤防遺跡を現地で発見することもあった。

紀ノ川は、奈良県吉野郡川上村の大台ケ原（一六九五メートル）に水源を発する一級河川で、和歌山市湊地区で紀伊水道に注いでいる。その流域は、本州の南端、紀伊半島西岸を占め、和歌山県北部と奈良県の一部にわたる。流域面積は一七五〇平方キロメートルで、全長は一三六キロメートルと紀伊半島最大の河川である。本稿では、奈良県域を紀ノ川の最上流域（吉野川流域）、橋本市・伊都郡域を上流域、那賀郡域を中流域、和歌山市域を下流域とする。

第二節　紀ノ川流域の地形概観

紀ノ川の河谷は、わが国最大の断層、中央構造線に沿って形成された構造谷で、北側（内帯）の和泉山脈と南側（外帯）の紀伊山地に挟まれる。和泉山脈は、東西約六〇キロメートル、南北約一〇キロメートルと東西に細長い山脈で、中生代白亜紀末に浅海底に堆積した和泉層群によって構成される。中央構造線の南側は、龍門山地・長峰山脈・白馬山脈・果無《はてなし》山脈・大塔山地などからなる紀伊山地で、北側ほど古く古生層、南側ほど新しく中新世層からなる。

紀ノ川上流域に分布する丘陵は、鮮新世から更新世にかけて堆積した菖蒲谷層によって構成され、その分布は紀ノ川北岸の粉河町以東に顕著である。その下位には河岸段丘が分布するが、丘陵と同様に北岸には広く、南岸にはあまり見られない。河岸段丘は、最高位段丘面・高位段丘面・中位段丘面・低位段丘面の四面に区分される(5)。

沖積低地は、橋本市向副《むかそい》～南馬場（八五～七〇メートル）、同市古佐田～市脇（八五～七五メートル）、同市高野口町向島～大野（七〇～六五メートル）、かつらぎ町妙寺～佐野《さや》（六五～五四メートル）、同町三谷～寺尾（六〇～五三メートル）、同町笠田東の折居～窪（五二～五〇メートル）、同町島（五〇～四七メートル）など紀ノ川両岸に発達する。しかし、紀ノ川河谷には両岸に河岸段丘が発達し、その間の沖積低地の幅は広いところで一キロメートル前後しかなく、現流路に沿う交互砂堆状の河川地形とみなすことができる。

第三節　堤防遺跡の分布状況とその立地環境

本稿では、近代的な現在の堤防を「現堤防」とし、近世文書・古絵図・近代以降の地形図・空中写真等で、その存在を確認できるものを「堤防遺跡」とする。

堤防遺跡は、その保存状況からⒶ二〇〇〇年～二〇〇二年の各調査時点において現存する堤防遺跡、Ⓑ現存しないが空中写真・地形図から実在した場所が確かな堤防遺跡、Ⓒ近世文書・古絵図から推定される堤防遺跡、Ⓓ一九九七年～一九九八年に桛田荘（窪・萩原遺跡）の発掘調査よって検出された護岸（堤防）遺跡（㉖）に区分できる。

上記の堤防遺跡については、紀ノ川北岸の上流側から①～㉘、紀ノ川南岸の上流側から㋐～㋪の記号を付け、その主な所在地・保存状況・位置区分等を一覧にした（表1）。この堤防遺跡一覧表に付した記号は、堤防遺跡分布図（図1）の中の記号と一致する。古絵図から推定される堤防遺跡推定地については、備考欄にその絵図の略名称を付記した。

堤防遺跡分布図の原図（註4報告書）には空中写真から判読した微地形の分布を記して彩色し、旧河道・井堰を青色、堤防遺跡関係を赤色、中近世遺跡・地名等を黒色で記入し、それらと堤防遺跡との位置関係を考察したが、図1では煩雑になるため堤防遺跡等の種類の区分、微地形分類の記載は省略し、堤防の所在地と記号のみ示した。

堤防とは、氾濫原の集落や耕地を洪水から護るために造られた構築物である。紀ノ川上流域においては、北岸の橋本市隅田《すだ》町河瀬と南岸の同市上田との狭窄部以東には沖積低地がほとんど見られず、その上流側に堤防は設けられて

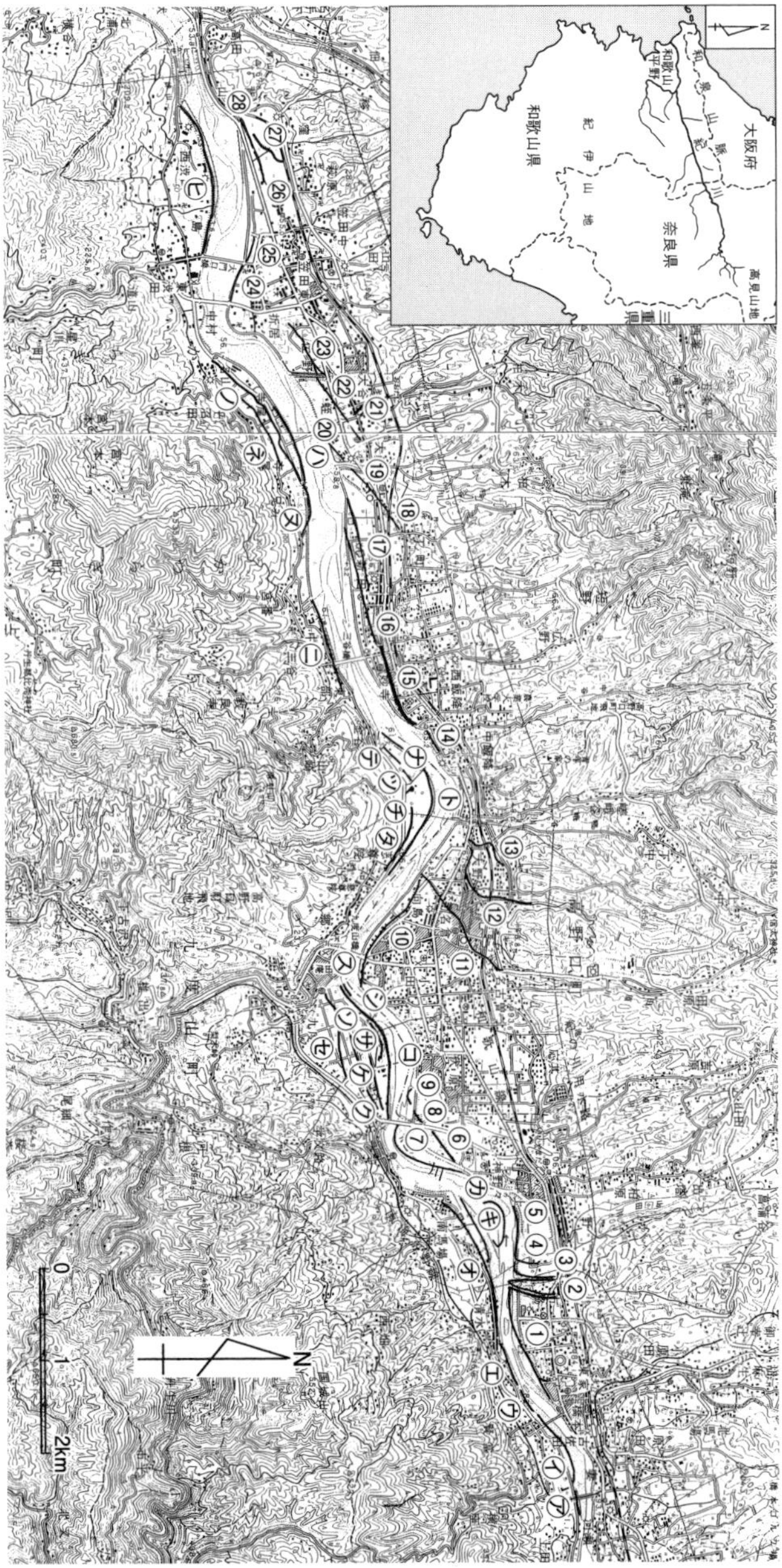

図1　紀ノ川上流域堤防遺跡分布図（記号は表1と対応）

表 1　紀ノ川上流域の堤防遺跡一覧―①
（紀ノ川北岸）

記号	主な所在地	保存状況	位置区分	備考
①	橋本市東家	現存	(2)	
②	橋本市市脇	消滅？	(3)-ⓒ	市脇川両岸
③	橋本市市脇	現存	(3)-ⓒ	山田川左岸
④	橋本市野・上井手	一部現存	(3)-ⓑ	
⑤	橋本市野・岸上	現存	(2)	野村岸ノ上村領絵図に大川堤
⑥	橋本市岸上・神野々	一部現存	(3)-ⓐ	削平？　⑧と連続か？
⑦	橋本市神野々	消滅	(1)	
⑧	橋本市神野々	現存？	(3)-ⓐ	県道敷
⑨	橋本市高野口町伏原	消滅？	(1)	⑥・⑧と連続か？
⑩	橋本市高野口町小田・向島	一部現存	(3)-ⓐ	削平
⑪	橋本市高野口町名古曽・名倉・向島	現存	(3)-ⓒ	旧田原川の天井川堤防　田原川付け替え
⑫	橋本市高野口町大野	現存	(3)-ⓒ	旧東谷川の天井川堤防　東谷川は田原川へ合流
⑬	橋本市高野口町大野	現存	(3)-ⓒ	旧這谷川の天井川堤防　這谷川は田原川へ合流
⑭	かつらぎ町中飯降	現存？	(3)-ⓐ	七郷井堰復旧願絵図：棒堤等、段丘崖の護岸？
⑮	かつらぎ町妙寺	現存	(3)-ⓑ	安藤堤
⑯	かつらぎ町妙寺・新田・丁ノ町	一部現存	(3)-ⓑ	外堤
⑰	かつらぎ町新田・丁ノ町	一部現存	(3)-ⓑ	外堤
⑱	かつらぎ町丁ノ町	現存	(3)-ⓑ	丁ノ町組周辺洪水被害状況絵図：千間堤
⑲	かつらぎ町丁ノ町	現存	(3)-ⓒ	旧小黒谷川の天井川堤防
⑳	かつらぎ町大藪	現存	(3)-ⓒ	旧桧谷川の天井川堤防、千間堤と連続する
㉑	かつらぎ町大谷・蛭子	現存	(3)-ⓒ	大谷川の天井川堤防、河床面下を小田井が通る
㉒	かつらぎ町大谷・蛭子	現存	(3)-ⓑ	丁ノ町組周辺洪水被害状況絵図：千間堤
㉓	かつらぎ町大谷・佐野	現存	(3)-ⓒ	旧西谷川の天井川堤防、千間堤と連続する
㉔	かつらぎ町笠田東・折居	改築	(2)	
㉕	かつらぎ町笠田東・折居	改築	(2)	
㉖	かつらぎ町窪・萩原	埋没	(3)-ⓐ	石積み護岸堤防、窪・萩原遺跡発掘調査で発見
㉗	かつらぎ町窪	消滅	(3)-ⓒ	窪谷川の天井川堤防、広域下水処理場建設で消滅
㉘	かつらぎ町窪・萩原	半埋没	(3)-ⓐ	耕地の段差が旧堤の一部

表1　紀ノ川上流域の堤防遺跡一覧—②

（紀ノ川南岸）

記号	主な所在地	保存状況	位置区分	備考
㋐	橋本市向副	消滅	(1)	伊都郡相賀庄清水組向副三ケ村絵図：野田堤
㋑	橋本市向副	消滅	(1)	
㋒	橋本市賢堂・二軒茶屋	一部現存	(2)	護岸？　賢堂絵図の堤？
㋓	橋本市賢堂・清水	消滅	(2)	水ハネあり？
㋔	橋本市清水・南馬場	現存	(2)	
㋕	橋本市南馬場	消滅	(1)	河川改修により消滅
㋖	橋本市南馬場・生地島	消滅	(3)-ⓑ	護岸？河川改修により消滅
㋗	橋本市学文路	現存	(3)-ⓑ	内堤
㋘	橋本市学文路・九度山町九度山	現存	(3)-ⓑ	作大夫堤（九度山区文書），九度山村安田島新開図
㋙	橋本市学文路・九度山町九度山	現存	(2)	外堤
㋚	九度山町九度山外新開	現存	(3)-ⓑ	
㋛	九度山町九度山外新開・振川	現存	(2)	
㋜	九度山町九度山袋尻	現存	(1)	
㋝	九度山町九度山	消滅	(3)-ⓓ？	安田島絵図：内島堤
㋞	九度山町九度山	消滅	(3)-ⓓ？	九度山村安田島新開図：内島堤
㋟	九度山町慈尊院	現存	(3)-ⓐ	内堤
㋠	九度山町慈尊院	一部現存	(3)-ⓐ	大川通土手堤松植込普請絵図：横堤、突堤？川湊？
㋡	九度山町慈尊院	現存	(3)-ⓐ	内堤
㋢	九度山町慈尊院	現存	(3)-ⓐ	内堤
㋣	九度山町慈尊院	現存	(2)	外堤
㋤	九度山町慈尊院	現存	(2)	外堤
㋥	かつらぎ町三谷	現存	(2)	三谷村絵図：上様堤
㋦	かつらぎ町兄井	一部現存	(3)-ⓐ	現河床部分消滅、㋨へ続く
㋧	かつらぎ町寺尾	現存	(3)-ⓐ	内堤
㋨	かつらぎ町寺尾	一部現存	(3)-ⓐ	中堤
㋩	かつらぎ町寺尾	現存	(2)	外堤
㋪	かつらぎ町島	改築	(2)	渋田島絵図・丁ノ町組周辺洪水被害状況絵図

いない。

紀ノ川の沖積低地に分布する堤防遺跡は、現堤防との位置関係に注目して区分すると、（一）堤外地、（二）現堤防とほぼ同じ場所、（三）堤内地に所在する堤防の三つに大別することができる。

（一）は、紀ノ川沿いの現堤防の堤外地に分布する旧堤防で、空中写真等で確認できるものである（㋐・㋑・㋕・㋜・⑦・⑨）。㋜を除いて現存しないのは、現堤防の堤外地に分布するので、洪水時にはかえって障害物となり、堤防が削平・撤去されたためと考えられる。

（二）は、古絵図等からその分布が確認でき、現存するもの（㋔・㋙・㋛・㋣・㋤・㋥・㋩・①・⑤）と、現堤防が旧堤防とほぼ同じ位置に改築されたと考えられるもの（㋒・㋓・㋪・㉔・㉕）がある。分布図には、基本的に現堤防を省略したが、現在も使用されており、石組みなど古い形態を残すものは堤防遺跡と認定した。

（三）は、堤内の沖積低地に分布するもので、ⓐ紀ノ川の河川洪水を防ぐために流路に沿って築堤されたもの、ⓑ氾濫原の新田開発のために造られたもの、ⓒ支流の河川堤防、ⓓ古絵図で確認できるが現存しないものの四種類に細分される。

ⓐは、紀ノ川に沿って堤内地に分布する堤防で、現河道あるいは旧河道に沿うものが多く、紀ノ川の流路に沿って造られたものと思われる（㋟・㋠・㋡・㋢・㋦・㋧・㋨・⑥・⑧・⑩・⑭・㉖・㉘）。

九度山町慈尊院に分布する横堤（図2、㋠）は、旧河道の南岸に位置し、天保七年（一八三六）の絵図にみえる。(6) 残っている堤防の長さは約八〇メートルで幅が約四〇メートルあり、葺き石が三段に築成され高さが約一〇メートルと一般の堤防とは明らかに形態が異なる。何の施設か不明であるが、旧河道に対して突き出した形をしており、川湊（河港）の一部である可能性がある。(7)

窪・萩原遺跡の護岸（堤防）遺跡（㉖）は、地形的には旧河道の北側に位置し、築堤当時は紀ノ川河岸にあったと

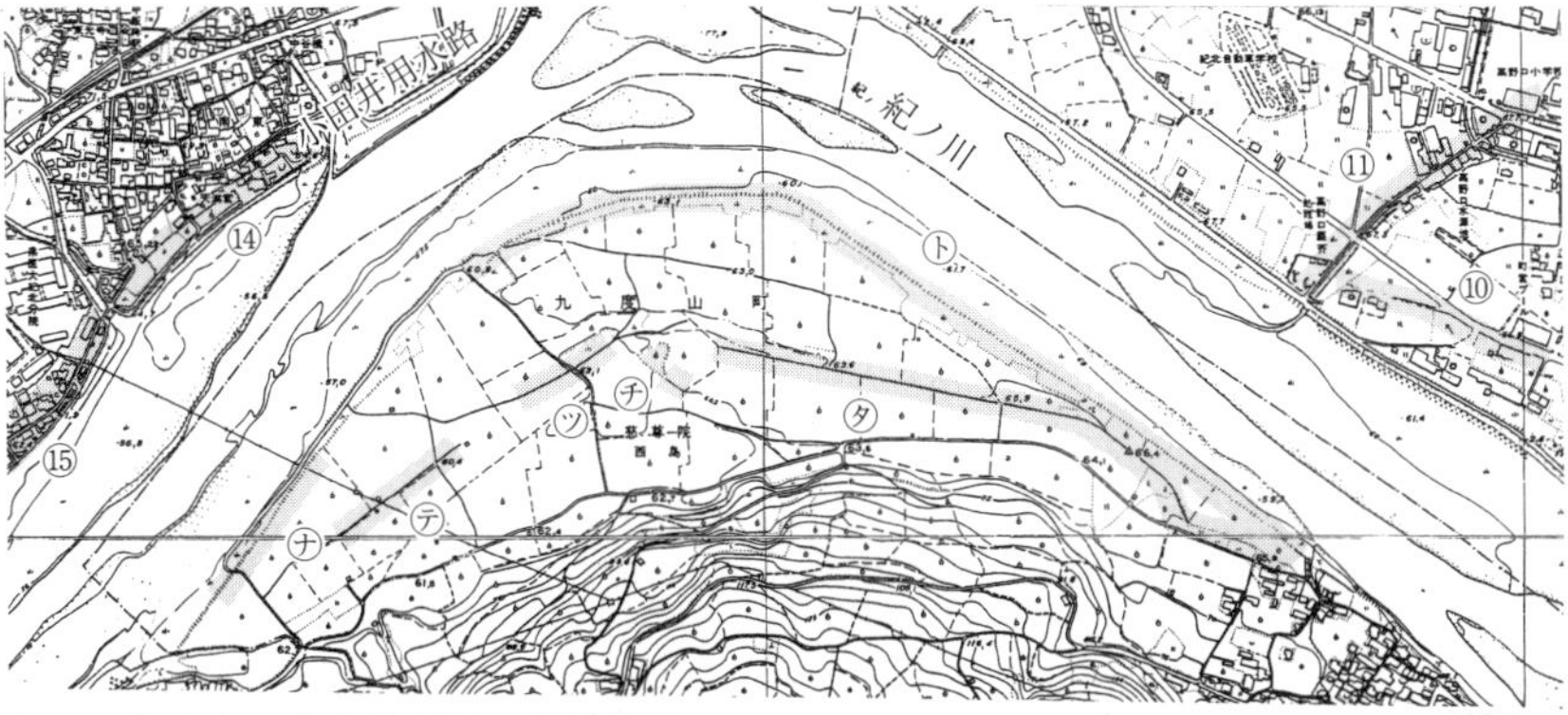

図２　九度山町慈尊院付近の堤防遺跡

0　500m

（1/5,000国土基本図を縮小、図２～６は縮尺同じ）

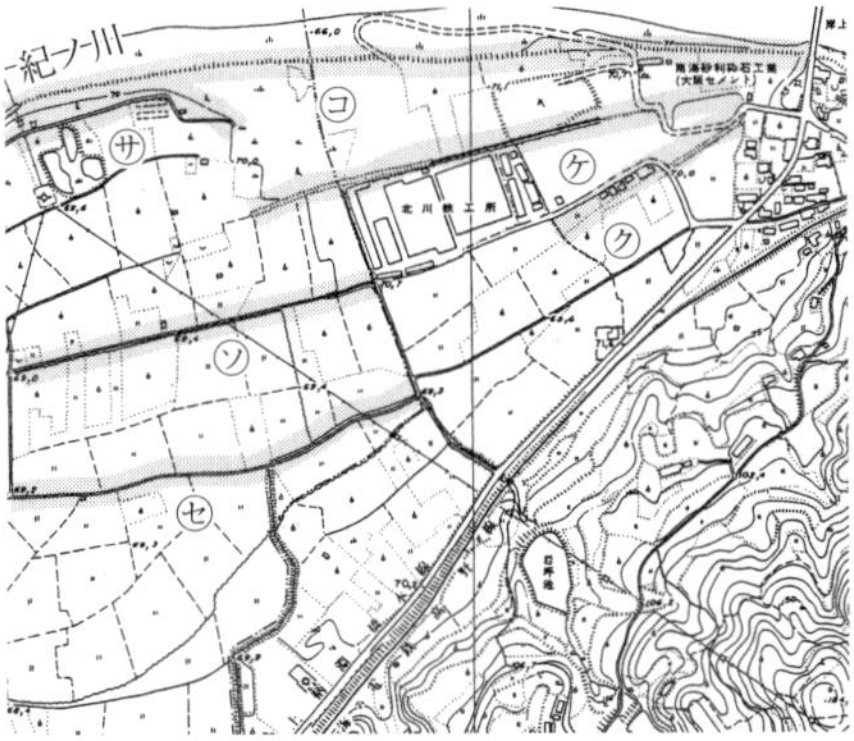

図６　橋本市・九度山町の安田島の堤防遺跡

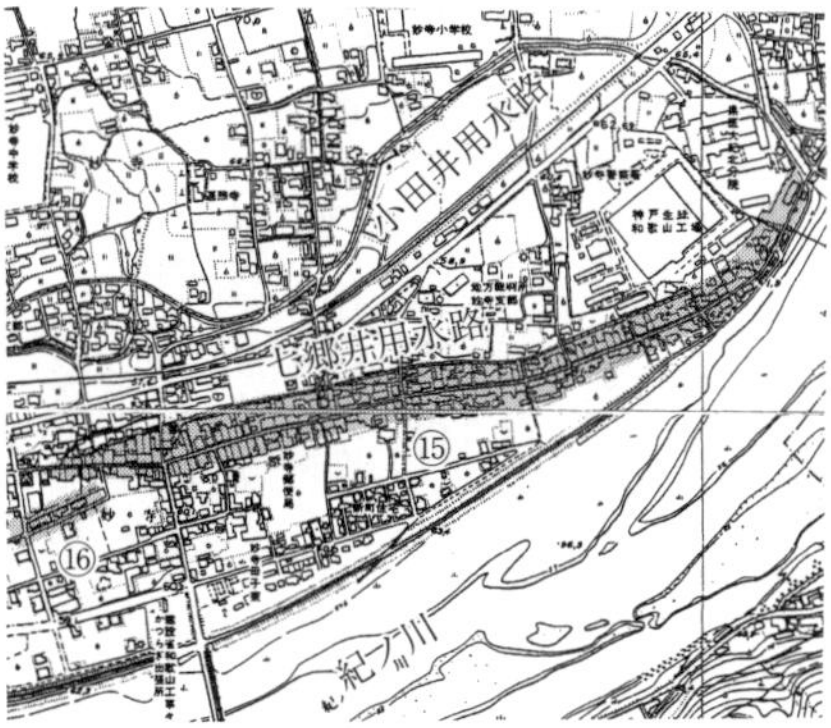

図３　かつらぎ町妙寺付近の堤防遺跡

図５　かつらぎ町大谷・佐野付近の堤防遺跡

図４　かつらぎ町丁ノ町・大藪付近の堤防遺跡

考えられる。大和街道は笠田中の段丘面から沖積低地におり、その地点を通って背山へ向っている。発掘調査によって、護岸はその大和街道と平行に六〇〇メートル以上連続することが確認され、護岸は大和街道付近を侵食から保護するために造られたと思われる。なぜこの区間だけ大和街道が河岸段丘ではなく沖積低地を通過するのか。直線的で最短ということだけでなく、そこを経由する必要があったためと考えられる。近世以前には、紀ノ川は流域の大動脈をなし、その付近に拠点となる川湊があったのではないだろうか。このことは、「伊都郡加勢田荘内紀伊川瀬替目論見絵図」が紀ノ川の流路を砂堆の真ん中に付け替え、紀ノ川北岸を侵食から護るために計画されたことと調和する。[8]

堤防遺跡の分布位置をみると、旧河道に沿う堤防遺跡は少ない。それは、紀ノ川流路を最終的に固定化していく過程で、近世初頭から中頃にかけて堤防が形成され、新田畑の開発が進展したからで、[9]旧河道の大半が築堤開始以前の紀ノ川の流路跡と推定されるからであろう。緩く蛇行した河道の攻撃斜面（外側）には、堤防遺跡が多くみられ、洪水時に侵食・氾濫が著しかったことが、堤防の形成・分布に影響を及ぼしたと考えられる。

ⓑは、生地島・安田《あんだ》島・新田・新在家などの開発との関係から築堤されたもので、安藤堤・千間堤などは古文書や古絵図に記載が残っている（㋖・㋗・㋘・㋚・④・⑮・⑯・⑰・⑱・㉒）。[10]

安藤堤（図3、⑮）は、寛永年間（一六二四―四四）に妙寺から丁ノ町にかけて築堤された長さ約一キロメートル、堤敷幅約六〇メートルの堤防である。その上は、中央に大和街道が通り両側に懸作り式に商店街が形成されている。堤の北側には、かつらぎ町域の妙寺から佐野までの七カ村の沖積低地を潤す七郷井が配されている。七郷井は、寛文～延宝期（一六六一―八一）頃の開削と推定され、[11]新田開発の用水確保のために、安藤堤の築堤と一セットで用水の開削が行われたと考えられる。安藤堤・外堤（⑯・⑰）の南側は、紀ノ川両岸の堤外地の幅が狭くなり、砂礫が堆積する中洲状の微高地となっている。

千間堤（図4・5）は安藤堤と同時期の寛永年間に大藪から佐野にかけて築堤されたと考えられ、⑱と㉒の平行する二列の堤からなる。⑱は、かつらぎ町丁ノ町の下位段丘崖から南西へ約一キロメートル連続して見えるが桧谷川までの約七〇〇メートルが築堤部分で、その下流側の約三〇〇メートルは旧桧谷川の天井川堤防遺跡である。㉒は、大谷の下位段丘崖から南西へ約一・五キロメートル連続して見えるが、築堤部分は約一キロメートルで、現西谷川流路の西側約五〇メートルで旧西谷川の天井川堤防遺跡と接合する。旧西谷川は、徐々に高度を下げ、接合部から約五〇〇メートル下流で水田面と同じレベルになる。千間堤は、自然地形を利用して河岸段丘の末端と天井川の堤を繋ぎ、その後背地の新田開発を進めようとしたものと考えられる。両方の築堤部分を合わせると、およそ千間になるが、千間堤・天井川堤防・下位段丘崖で囲まれた三角形の土地は合わせても約一五ヘクタールとさほど広くない。また、天井川の決壊・悪水による内水災害で、千間堤はかえって排水不良の原因となった可能性がある。

生地島・安田島・慈尊院・妙寺付近では、氾濫原の幅が広くなっており、紀ノ川が蛇行して複数の堤防遺跡が残っている。堤防の形成時期は、基本的には堤外地を狭める形で開発が進められ、内側ほど古いと考えられる。

Ⓒは紀ノ川の支流に形成された堤防で、天井川堤防（⑪・⑫・⑬・⑲・⑳・㉑・㉓・㉗）とそれ以外（②・③）に分けられる。紀ノ川の北岸では中央構造線の断層崖が急斜面をなし、その必縦谷を流れる河川は南麓の丘陵を南流し、段丘面から沖積低地に流れ出る付近に天井川を形成する。そのため、天井川は紀ノ川北岸に顕著に分布する。

橋本市高野口町では、市街の中央の旧田原川や旧東谷川・旧這谷川が天井川を形成し、それぞれ紀ノ川に注いでいたが、一九五九年の伊勢湾台風の水害後、田原川を付け替え、東谷川と這谷川をあわせて嵯峨谷川へ合流し、天井川の堤防跡だけが残った。

かつらぎ町では、小黒谷川・旧桧谷川・旧西谷川・旧窪谷川が天井川を形成する。旧西谷川（㉓）・旧窪谷川（㉗）は、下流側ほど天井川の堤防が徐々に低下し、最終的には後背低地と同じレベルに達する。旧桧谷川（⑳）は紀ノ川の現堤防に接続しており、直線的で千間堤の延長線上にあるため紀ノ川の旧堤防と混同しやすいが、旧桧谷川の天井

図7　堤防遺跡㋔（橋本市南馬場）
堤外地（左側）にも住宅が建ち並ぶ。住宅地に挟まれ、「建設省用地」の杭が残る。

図8　横堤㋠（九度山町慈尊院）
先端部は三段に築成され葺き石で覆われる。

図9　窪・萩原遺跡の護岸（堤防）遺跡㉖
水制をもつ全長約230m、左は大和街道。

図10　安田島の作太夫堤㋘（橋本市学文路）
堤の頂部・斜面は河原石が葺れている。

図12　千間堤⑱（かつらぎ町丁ノ町）
左の国道24号線の所で、七郷井の用水が堤内に入る。

図11　安藤堤⑮（かつらぎ町妙寺）
幅約60m の堤の北側には七郷井が流れる。

川堤防である。しかし、旧桧谷川がこの位置で紀ノ川と合流していたとすると、旧桧谷川は紀ノ川に滝を形成していたことになる。以前は紀ノ川が現流路より南側を流れていたか、あるいは桧谷川と紀ノ川が下流側で合流していたと推定される。

大畑才蔵によって宝永四年（一七〇七）に開削された小田井用水路は、天井川化した大谷川をトンネルで貫通しており、近世中期にはすでに大谷川は天井川化していたことがわかる。その原因は、集水域が丘陵を構成する未固結の菖蒲谷層からなり、軟らかい地質のため土砂供給量の多いことと、中世末から近世初頭にかけての上流域における森林の人為的な荒廃によって多量の土砂が流出し、支流で増築堤が繰り返されたためと思われる。天井川は半人工地形であるが、前述のとおり千間堤の築堤と紀ノ川流域の開発にとって重要な役割を果してきたのである。

ⓓは、絵図には見えるが、空中写真・現地等では確認できないものである㋝・㋞。九度山村安田島新開図・安田島絵図には内島堤が画かれ、図6にはそのおよその位置を示した。安田島は戦後に圃場整備が行われ、旧地割とまったく異なる地割に改変されている。

第四節　紀ノ川上流域の堤防遺跡の特徴

一．堤防遺跡は、段丘面が紀ノ川に面して発達しない、橋本市隅田町河瀬—上田の狭窄部以西の沖積低地に分布する。紀ノ川上流域には交互砂堆が発達し、分流をあまり派生しない河相であるため、旧河道を締め切った締切堤はみられない。紀ノ川の洪水は、狭窄部による洪水の滞留が原因の一つと考えられるが、沖積低地の開発と堤防の建設によって氾濫原の幅が狭められたため、かえって洪水が激化したと考えられる。

二．堤防遺跡は、紀ノ川の現堤防との位置関係から⑴堤外地、⑵現堤防とほぼ同じ場所、⑶堤内地の三つに区分される。その中で⑴は洪水時に障害となるためほとんどが撤去され残っておらず、早急に遺跡の調査・保存の対策を講じる必要がある。⑵は現堤防の下に残っている可能性があり、改修の際には断ち割り調査を行うべきである。⑶は控え堤として残っているものもあるが、交通の障害や民有地であることから、いつ撤去されるかわからない。一九七六年九月十二日に長良川堤防が決壊した際に、輪中堤が残っていたところでは被害をまったく受けず、災害時に旧堤が機能することが実証された。堤防遺跡は、文化財としてだけでなく、洪水発生時には洪水を防ぎ、被害を最小限にとどめられることを認識し、できる限り保全するべきだと考える。

三．千間堤（⑱・㉒）は寛永年間（一六二四―四四）に築堤され、丁ノ町～佐野に二列が平行に分布する（図4・5）。堤の長さは各約七〇〇メートルと約一キロメートルに見え、すべて千間堤と間違えやすいが、桧谷川と西谷川の天井川堤防の部分が約三〇〇メートルと約五〇〇メートル含まれる。新田開発された土地は、千間堤と下位段丘崖・天井川で囲まれた三角形の範囲と考えられるが、その面積は焼く一五ヘクタールとさほど広くなかった。

四．窪・萩原遺跡の護岸（堤防）遺跡は、地形的には旧河道の北岸に位置する。その築造目的は、①大和街道の護岸のためと②桛田荘の耕地の保護のための二つが想定されてきたが、大和街道がこの付近だけ沖積低地を通過することから、③港施設との関連も考えられる。

五．直線的な連続堤防を構築するという紀州流土木工法の源流をどこに求めるか。関東流（甲州流）が河川の本流を蛇行させ、洪水を滞留させて湖沼を遊水地とし、中流に乗越堤を築いて流作地を造ったのに対し、紀州流は堤防を強化して河川を直線化して遊水池を干拓し、流作地を本田とし新田を開発した。高い技術水準を必要とし、明治時代以降の河川土木工法、高水位工法につながったという。こうした紀ノ川流域の堤防遺跡の調査は、その答を得る手がかりに繋がると思われる。

（註）

（1）村田弘編　二〇〇〇『桛田荘（窪・萩原遺跡）』和歌山県文化財センター、一―一八五頁。

（2）木村茂光　一九八七「荘園の四至と牓示―紀伊国桛田荘絵図」、小山靖憲・佐藤和彦編『絵画にみる荘園の世界』東京大学出版会、一三―二八頁。一九九七年五月十一日のシンポジウム「中世荘園景観と桛田荘」において、桛田荘絵図の開発地域をめぐって沖積低地とする木村茂光氏ら中世史の研究者と下位段丘面とする筆者や歴史地理の研究者とで見解があわず議論となった。その原因は、木村氏らは桛田荘絵図の井桁で示された耕地の部分が、島畠と同じ沖積低地と考えていたが、地形学的にみて両者の間にある段丘崖を見落していたことにある。島畠の部分が沖積低地、井桁の部分は下位段丘面にあたることは明白で、中世の桛田荘は沖積低地ではなく、用水を確保して主に下位段丘面を開発することが目的であったと考える。桛田荘の耕地を下位段丘面とすることは、窪・萩原遺跡の考古学的な発掘調査の成果とも一致する。シンポジウムの討論によって、木村説（中世桛田荘の開発地＝沖積低地）は完全に否定されたにもかかわらず、中世史の研究で十年以上、木村説が改められてこなかったことは甚だ遺憾である。

（3）前掲註（1）。第三次調査で検出された石堤の埋積速度は、約一五〇年で約四・五メートルという驚異的な速さである。

（4）和歌山井堰研究会　二〇〇二『紀ノ川流域堤防井堰等遺跡調査報告書』Ｉ、一―六八頁。

（5）①岡田篤正・寒川旭　一九七六「和泉山脈南麓域における中央構造線の断層変位地形」地理学評論五一―一、三八五―四〇五頁。②寒川旭　一九七六「紀の川流域の地形形成と地殻変動」ＭＴＬ、一、四九―六〇頁。③寒川旭　一九七七「紀ノ川中流域の地形発達と地殻変動」地理学評論五二―一〇、五七八―五九五頁。

（6）前掲註（4）、四三頁の絵図五。入郷村境から山崎村際目迄大川端通り土手堤松植込普請絵図（中橋家文書、国文学研究資料館所蔵）。

（7）甲府盆地の御勅使川扇状地にみられる「石積出し」（山梨県南アルプス市築山）と類似する形態をとる。武田信玄の水利政策の基本「水をもって水を制する」のごとく、これは扇状地の扇頂部における御勅使川の制御のために造られた施設と考えられている。横堤の詳細についてはさらに調査し、別稿で検討することにしたい。

（8）額田雅裕　一九九八「伊都郡加勢田荘内紀伊川瀬替目論見絵図の記載内容について」和歌山地方史研究三五、四一―五〇頁。

（9）前田正明　二〇〇一「紀ノ川流域に形成された「島」の開発と景観復原―紀伊国伊都郡安田島とその周辺」和歌山県立博物館紀要六、四三―五九頁。

（10）前掲註（4）三二、三八―四二頁。

（11）前掲註（4）四一頁。

第十章　紀ノ川流域荘園再考

第一節　荘園領主にとっての紀ノ川

「熊野の国」牟婁郡と境を接する日高郡の南部《みなべ》荘（金剛峯寺蓮華乗院領）は地頭請所型荘園の典型と言われる。承久兵乱（一二二一年）以後、中世を通じて見米（現物）三〇〇石・色代銭（代銭納分）二〇〇石の計五〇〇石が年貢として金剛峯寺に上納されているが、このうち現物米の方は、紀伊水道を経て紀ノ川をさかのぼる「水の道」（総計一二〇キロメートル前後）を船で輸送された。銭の方は、荘園から調達された兵士（人夫）が熊野古道ルートを陸送している。

南部の湊を出る時、航海安全の船祭りが行われ、水手・舵取の給分・食料分ともども八石分が年貢より控除される。紀伊湊に着岸した年貢は、湊の問丸にいったん保管され、雇いの河船（高瀬船）で紀ノ川をさかのぼり、官省符荘政所付近で陸揚げされて雇いの馬に付けられ高野山の問丸（山問）に収納された。河船は、高野山地主神である丹生明神（天野神社）の神人集団が操っていたと思われる。この間、問料（湊三石・山十二石）・船賃（四石）・高瀬船と馬代（六十石）や津出酒代などなどが控除されるので、実際に蓮華乗院が手にする年貢米は通常三分の一の二〇〇

図1　紀伊国北部の荘園（藤本・山陰編 2003『和歌山・高野山と紀ノ川』吉川弘文館より）

石ほどであった。

この間の航程は、鎌倉時代後期の高野山文書で「南部と当山と往復わずか一両日を隔て、年中運送のところ」といわれており往復二日とされるが、年貢輸送状類を見ると、四十日から五十日もかかっている。地理上の航程と、湊・山二問丸・船祭行事などの中継取引業者や交通慣行に要した現実の航程との懸隔であろう(1)。

以上、綿貫友子氏の近業を手がかりにして、年貢が高野山に運ばれる過程を再現してみた。高野山金剛峯寺だけではない。日前国懸神社、大伝法院（根来寺）、粉河寺など、紀ノ川の流れる紀北一帯には中世荘園領主権力が存在しており、畿内近国周辺の寺社領荘園からの年貢や兵士等人夫が繁く往反していたのである。紀ノ川河口の紀伊湊（現在の和歌山市土入川河口部・紀ノ川大橋の北側一帯か）から紀ノ川の本支流にかけては、遠隔地からの物資・人材輸送の大動脈であり、各荘園領主権力傘下の交通業者・中継取引業者が要所に配備・発達していた。諸国の所領を自前の武力と組織によって支配するというのが中世荘園領主の姿である。

この点で、国家給付や計画管理に頼った古代・近世以後とは決定的に異なっていたといえよう。このような領主勢力が集中していた紀北の地において、中世紀ノ川河川交通のもつ意義は、前後の時代

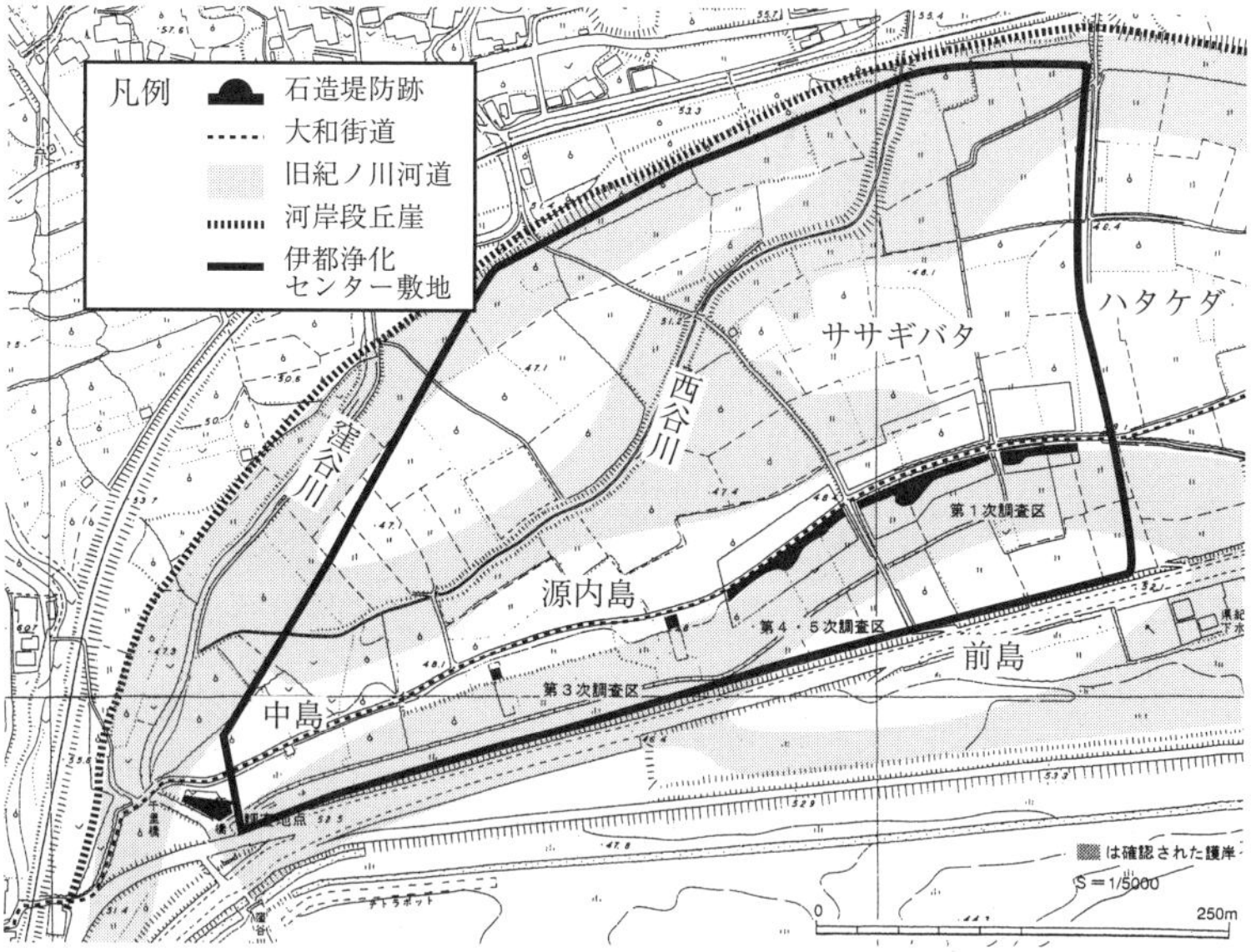

図2　桛田荘紀ノ川氾濫原景観図

にくらべて格段と重かったはずである。この章では、中世経済の大動脈である紀ノ川を軸に据えて、荘園世界を見直してみたい（紀ノ川流域の荘園については図1を参照）。

「川から荘園を見直す」という発想の転換を迫ったのは、一九九六年に地中から姿をあらわした長大な石造堤防（窪・萩原遺跡）の発見が契機であった。この遺跡の総合調査に関わった若手研究者は、「和歌山井堰研究会」を組織して紀ノ川流域で学際研究を行い、『紀ノ川堤防井堰地図』二冊を刊行した(2)（和歌山井堰研究会　二〇〇二・二〇〇四）。

窪・萩原遺跡（かつらぎ町笠田）は、下水処理施設計画の紀ノ川氾濫原より延長八百メートルにわたって二種類の石造連続堤防（護岸）が出土し、その一つは数少ない出土遺物より十六世紀末〜十七世紀世紀前半とされたものである（第七章参照）。中世にさかのぼる可能性のある堤防遺跡の出土によって、前近代における河川敷（氾濫原・沖積低地）の土地利用について、新たな観点から分析していく必要が生じてきた(3)。

問題の遺跡出土地点は、著名な神護寺領桛田荘と志富田荘の中州に相当し、十二世紀初頭よりその島畠領有を巡って境界紛争が起こったところである。この島の位置について、①出土堤防内側の沖積地内、②折居地区、③近世島村（渋田島）の三説が出されたが、発掘調査の結果出土堤防の内側（北側）に中世にさかのぼる耕地が検出されなかったため、小山靖憲氏の主唱した③説が正しく、出土堤防もまた近世堤防であるという読み解きが定説化している。堤防遺跡の発見は、連続堤防の出現によって「失われた世界」を鮮やかに照射してくれた（図2参照）。「河川敷の新田開発は、治水・利水技術の発達によって実現する」という見方が素朴な農業中心史観であることを気づかせてくれたのである。氾濫原のなかからみた荘園の風景とはいかなるものなのか。

第二節　紀ノ川河口の荘園開発と芝

紀ノ川の河口部、和歌山平野（和歌山は秀吉命名の近世地名なので雑賀平野が正確か）東半部には紀国造の由緒をもつ古代大社・日前宮（日前・国懸神社）の荘園が展開していた。十二世紀初頭、同社は古代国家から給付されていた御封一二一烟を、一円不入地の領域に切り替えるように紀伊国府に申請し、そのために四〇余町という長大な築堤をほどこして七九町歩におよぶ常荒塩入荒野の干拓を行った（林家文書・平安遺文一九〇号）。そのうち二町二七〇歩分は和太荘「堤食」として見えており、築堤は最末流の河口部にも広がっていたことが確実である。(4) このような大規模塩堤は、「貴志村土入北堤新開」「塩方新田」とあることから（西教寺文書、岬町の歴史 一九九五年）、紀ノ川北岸部にも存在していた。さらに鎌倉時代の後期、叡尊ら西大寺派律宗教団等の力添えで封郷一九郷で禁酒・殺生禁断の神領興行を実施して、「永仁の大検注」という荘園支配確立に成功した(5)。こうして、国造系大社日前宮は、中世荘園領主日前宮に自己変革して行ったのである。

文明十一年（一四七九）五月四日から九日までの六日間、蹴鞠・和歌名門として著名な飛鳥井雅親（栄雅・一四一六〜一四九〇）が、雑賀の地を訪れたときの記録「飛鳥井殿下向之儀式」が残っている(6)。記者は、接待した側の日前宮（日前・国懸神社）神主・紀伊国造俊連である。飛鳥井一行が摂津住吉にいるとの情報を得た俊連が、三七人もの使節を近木（貝塚市）まで派遣するなどして、半ば強引に雑賀の地に誘致してきたといったのが実情であった。三七人の内訳は国造家の青侍一〇人・雑色五人、紀三井寺の衆徒一人・下僧一〇人、坂田寺の衆徒一人・下僧一〇人であり、紀三井寺・坂田寺（了法寺）がともに日前宮組織と一体化しており、かつ同規模であったことを教えてくれる。

図3は、飛鳥井の足取りを示したものだが、文書の公開がすすまないため実態の不明だった紀ノ川河口部の雑賀平野の様子がおぼろげながらうかがえる。とくに興味深いのは、飛鳥井・国造一行が日前宮から玉津島・天神（和歌の神）に移動する際、紀三井寺・毛見郷・船尾郷から数十艘の舟が出たことや、そこからさらに漕ぎ渡った布引・毛見浦の「御前の海にて網をひき魚をとる屋、御さんしき（桟敷）を構うた遊屋のごとし」という景観である。この当時は、和歌浦に注ぐ現和歌川が紀ノ川の主流であり、河口部に飛鳥井を包丁勝負に熱中させた町屋群が「遊女屋のごとくに」ひろがって港町をつくっていた（おそらく浜の宮一帯）。日前宮・紀三井寺の門前も同様であったに相違ないが、一方対岸の雑賀荘には和歌の聖地・玉津島や天神が立地して、のちに東照宮に併呑されることになる。中世紀ノ川の注いだ和歌浦内の海上交通を担うものが、日前宮領諸郷もちの船舶群であったこともあらためて注意しておきたい。きのくに荘園の風景は、私たちが歴史教科書から学んだイメージよりもはるかに開けたものだったようだ。

五月九日、ついに飛鳥井一行は帰京の途につくが、紀国造らは和佐島まで見送りに出て、そこの芝で別れの盃を交わした。「島」と「芝」——中世の紀ノ川の風景を象徴する地目があらわれる。連続堤防の築かれる以前、紀ノ川のような大河川は統御が困難なため、広大な範囲に流路を広げており、その河川敷には随所に中州が点在していた。試みに、最近の調査による洪水危険地域（破堤によって水を冠る範囲）のシミュレーション図を使って作図するなら、本来の紀ノ川とは図4に示すスクリーントーンの範囲を複数流路が網の目状に流れていたと思われる（濃い線が現在の近代堤防内・紀ノ川）。このような河川敷の中に、「島」や「芝」が広がっており、その土地利用をめぐって地域住民相互の交流と葛藤があった。

日前宮領のひろがる河口部で目立つのは「芝」をめぐる争いである。雅親と俊連が別れの盃を交わした和佐の「芝」は、のちに粉河寺領岩橋荘と日前宮領和佐荘との間で激しい相論が発生し（一五五七年の芝相論）、紀州惣国一揆（雑賀荘衆ら）の噯《あつか》い（調停）によって和佐荘の領有が確認された。「芝」の事例を蒐集した鳴戸大輔氏の研究によれば、「芝」とは地目は「荒野」だが、川沿いや旧河道など肥沃な土地（良田耕地化可能地）であったという。とりわけ紀ノ川の主流が、和歌川から砂洲突抜けの現河道に移った戦国時代においては（一四九八年の明応大地震説が有力）、和歌川筋に広大な「芝」が展開したため、雑賀荘と宮郷（日前宮領）との間で領有をめぐる激しい合戦が展開した。先に見た和歌浦の海上交通の権限も絡んだ地点だけに、雑賀五組という地域社会秩序を根源から揺さぶり、織田信長勢力の仲介を必要としたというのが鳴戸説である。(7) 織豊の統一政権と中世的な地域の自力秩序（紀州惣国）とのかかわりを考える上で斬新な仮説といえよう。このような転換が、和歌山平野の治水と灌漑という地域開発の延長上に出現した点が重要であろう。

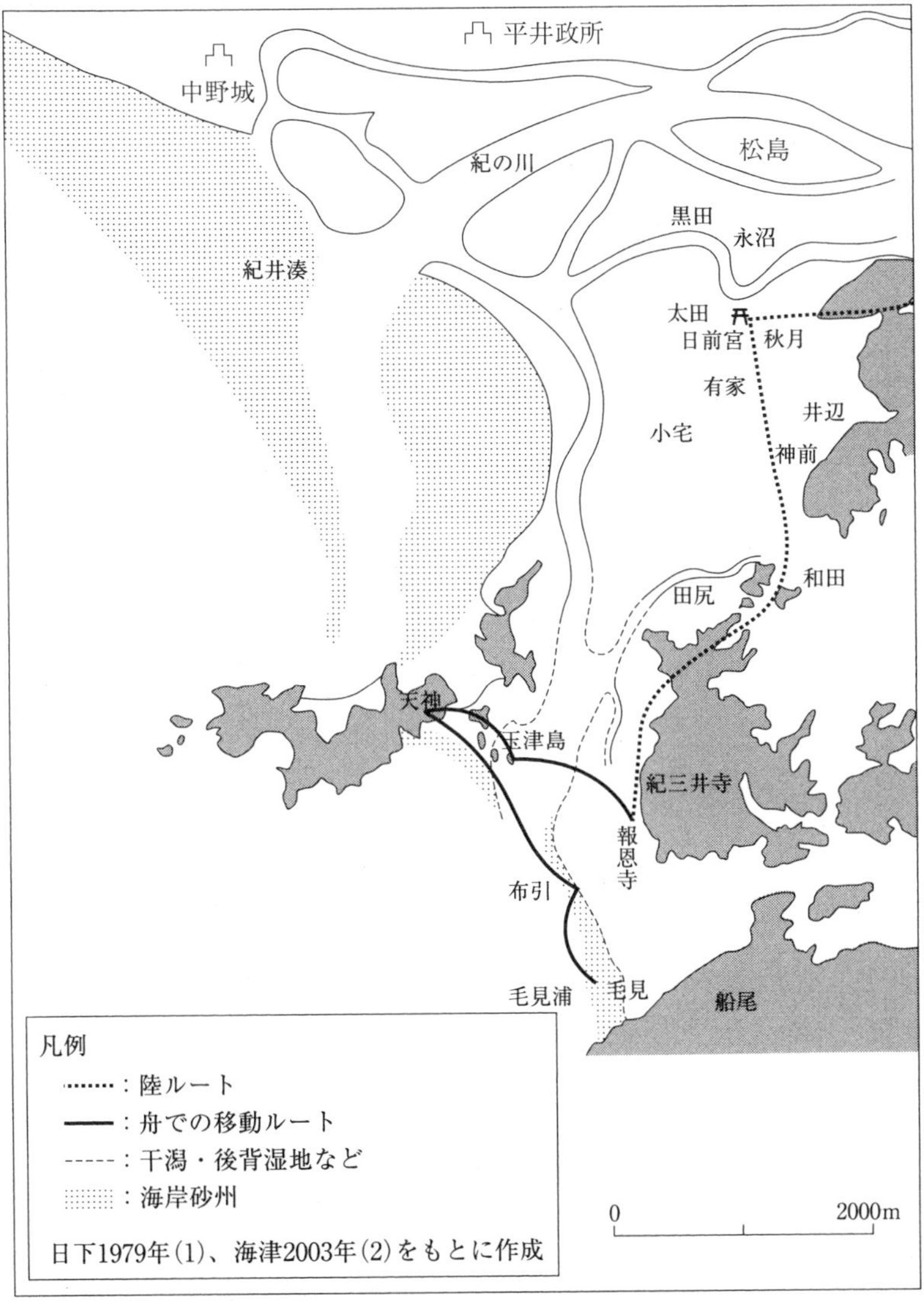

図3　文明11年（1470）　飛鳥井雅親の行動ルート

(1)　日下雅義「紀伊湊と吹上兵」（安藤精一編『和歌山の研究１』、清文堂出版、1979年）
(2)　海津一朗「紀北の荘園世界」（藤本清二郎・山陰加春夫編『街道の日本史35　和歌山・高野山と紀ノ川』、2003年、吉川弘文館）
（原図２万５千分の１和歌山　国土地理院）

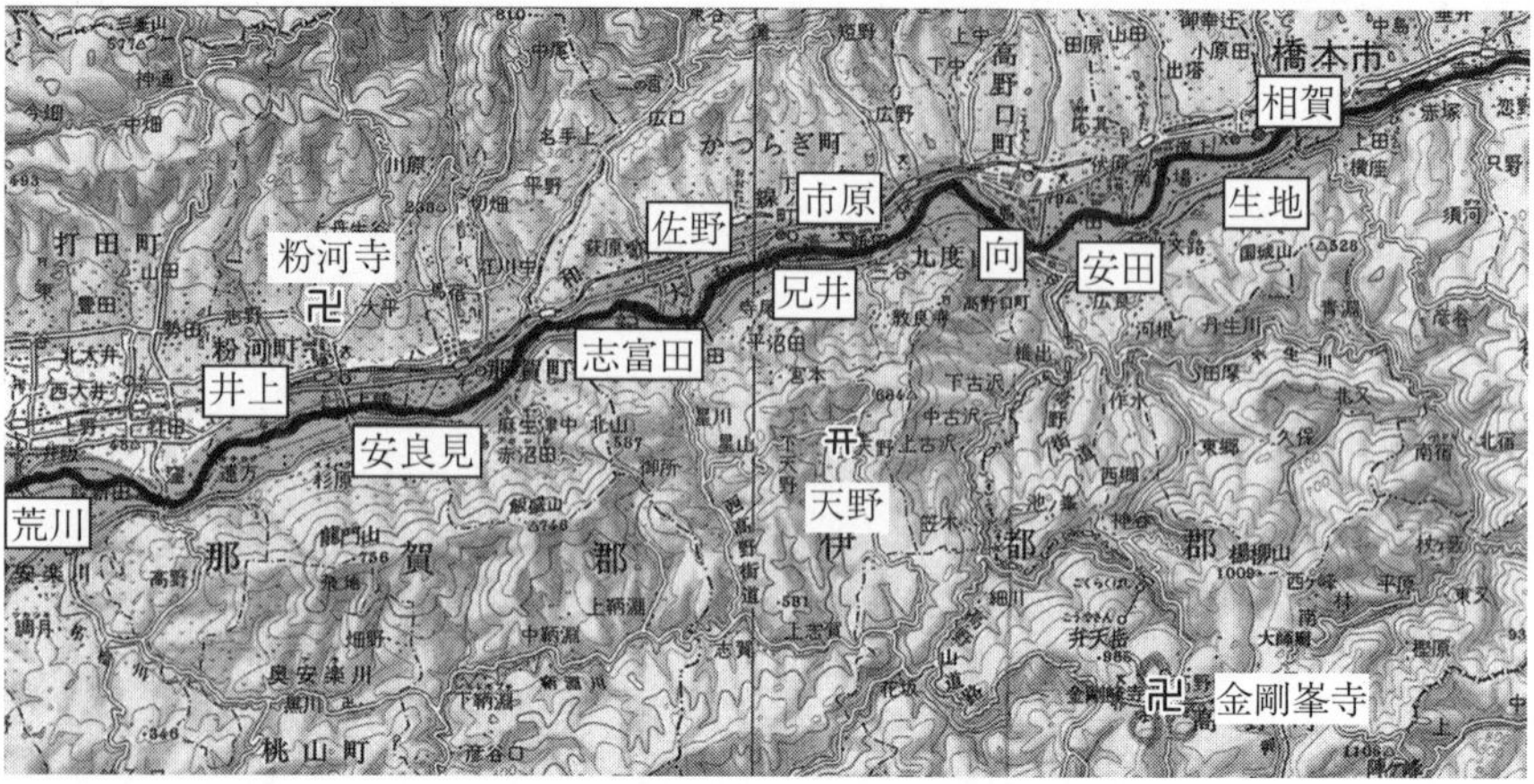

図4　紀ノ川流域の島々（原図20万分の１和歌山　国土地理院）

第三節　高野山領荘園と河原島

雑賀の地を離れ、さらに紀ノ川筋をさかのぼりたい。図4のように、古代・中世の紀ノ川は、さながら「大小の島々をつないだ運河」といった景観である。中世初期の十二世紀後半、和佐島のやや北西には「直川保河南島、号松島」があった。現在の和歌山市松島であるが、中世には国領直川保に属する紀ノ川南岸の中洲島であったことがわかる。ここは、田井・田屋・栗栖・湯橋・紀三所神宮・園部・六十谷など四隣の国領郷々の放牧地であり、特定集落の占有下にはない「無主の地」＝共有地であった（栗栖文書、平安遺文三六七〇・三六七一号）。紀ノ川には、このような氾濫原の島がえんえんと続いていた。連続堤防がつくられて以後、おおきく地形が変わったため、松島のように正確な位置がわかるものは稀である。図4の枠囲いの地名は、その名を冠する島が存在したことを示す（たとえば「和佐」はその近くのスクリーントーンの範囲の中に和佐島があった）。このような島は、中世荘園文書に頻出する大規模な中州（現在の大字単位）で

あり、これ以外にも小字・しこ名として伝承されている中小の島々が氾濫原には展開していた（試みに現小字の島地名を数だけ示すなら、木本荘域一〇、直川保など川北国領群域一七、川南日前宮領等一一和佐荘四、小倉荘一、三毛荘・吉仲荘一一、田中荘一〇、荒川荘三、井上荘一、荒見荘七、名手荘一、桛田荘六、志富田荘六、官省符荘上方一〇、同下方五、相賀荘一となる）。荘園研究の宝庫として名高い高野山領以下の紀ノ川荘園群は、このような景観のなかに成立していたのである。

大化改新以後飛鳥・奈良に都のあった七〜八世紀当時、紀ノ川筋は南海道のメインルート政治の道であり、そのため十世紀以後、南都諸寺社の免田型荘園（初期荘園）が分布していた。永承四年（一〇四九）に金剛峯寺領官省符荘（政所荘）が立荘されたのを初見として、紀ノ川筋にもようやく領域と荘民をもつ中世荘園が成立していく。日前国懸宮が築堤による荒野開発を行っていた頃、紀ノ川中流域でも高野山大伝法院（根来寺）領を中心に立荘が加速化し、十二世紀後半までには図1のように荘園と公領との地域分割がほぼ完了した。

この個性豊かな荘園のそれぞれについて、ここで紹介することは不可能である。是非、荘園ガイド、山陰加春夫編『きのくに荘園の世界』上下（清文堂）を片手に中世を散策していただきたい。ここでは、紀ノ川荘園群に共通する特色をみておきたい[8]。その最大のものは、伊都郡のすべての荘園（隅田荘・相賀荘・官省符荘・桛田荘）、那賀郡の井上本荘、田中荘、吉仲・貴志荘などのように、紀ノ川をまたいで南北に広がり、川流を境界としていないことであろう。貴志川や穴伏川（静川・四十八瀬川）も同様である。つまり荘園の（南北の）四至をみても「北（南）を限る大河」とはなっていないで、対岸の地（エリア）を含みこんでいるのである（ちなみに中世成立期の四至に表示される紀ノ川は「紀伊川」「大和川」「吉野川」などとなっている）。「島々をつなぐ運河」と表現した紀ノ川の景観を考えるなら、この特色はどのように理解されるだろうか。

荘園の領主勢力は、はやくから「島」「芝」に望む河川敷付近を本拠とした。伊都郡の場合、著名な隅田一族の本拠は、紀ノ川と「堤」に面する「芋宇居内」「重任垣内」であり、金剛峯寺の政所（慈尊院）も河原に南門を開いていたという[9]。桛田荘の氾濫原にのぞむ下位段丘の末端部にも「郡司坪」以下一町規模の人名を冠した粗放な条里地割耕地が十二世紀より集中しており（神護寺文書・平安遺文補一号本書二五九～二六一頁）、領主支配の対象地であったことがうかがわれる（本書五章参照）。「川をまたぐ」という紀ノ川荘園の特徴は、荘園を支える地域勢力の本拠地占地のあり方に規定されていたことになる。

それでは、伊都郡の領主勢力が島に臨む川筋を拠点と定めたのはなぜだろう。本稿の冒頭でみたように、中世紀ノ川はまさしく「島々を結んだ運河」であり、年貢・人夫以下の物資輸送の大動脈であった。周辺領主たちにとって、この交通機能や物資輸送に関わることこそが支配維持の上で不可欠の要素であったにちがいない。鎌倉時代後期になると、紀ノ川流域の地域勢力（武士団や惣）のなかには、荒川荘河川敷を本拠とする「紀ノ川悪党集団」のように郡を越えて広域な連合組織をつくり、河川交通・物資流通機能を掌握して今日の総合商社のごとき存在に発展するものも現われた[10]（図5）。近世の新田開発を到達点と考えて、水田耕地開発の対象としてのみ考える稲作農業中心の進歩史観から中世を見るのは誤りであろう。

第四節　変革期としての十四世紀―消滅する島と芝の世界

このような紀ノ川の風景を大きく塗り替える事態が進行したのは鎌倉時代の終わり頃であった。十三世紀後半、高野山金剛峯寺は、鎌倉幕府の庇護下で「弘法大師の御手印縁起《おていんえんぎ》の地」を一円所領化する運動を起こし、後醍醐政権の成立によってこれを実現した。このとき紀ノ川以南・貴志川以西が高野山領となり（逆に言えば、その外側は放棄する）、大河紀ノ川を境にして領域を確定するという近世～現代にいたる枠組みが出現した。川をまたぐという中世荘園形成以来の伝統が否定され、伊都郡・那賀郡の荘園は領主の異なる北荘・南荘に分断されたのである。先に見た那賀郡の「総合商社」が、「紀ノ川悪党集団」と呼ばれてしまうのは、この政策に敵対し続けたためである(11)。

この「変革」の要因については、いまのところ明らかでない。ただ、一つ仮説として考えられることは、この前後の時期、島・芝の「開発」が飛躍的に進んだらしいという歴史的事実である。先に松島の例をみたように、紀ノ川の島々は「荒野畠」「島畠」として、周辺郷々の出作による領有（開発）が進んでいた。近年の高木徳郎氏の研究によれば、「兄井島」「佐野島」「市原島（新畠）」開発は遅くとも十四世紀後半までに盛行するといい(12)、また前田正明氏も「渋田島」開発の画期を十五世紀初と考察している（前田　一九九九）。芝相論が頻発し始めるのもこの時期のことであり、十四世紀を通じて紀ノ川氾濫原の島と芝の景観が、広域治水による現代的な河川の風景に大きく転換しはじめたと考えられる。通常このような変化は、近世中後期における幕藩権力の築堤・新田開発をまたねばならないとされる（この点に関連して、近世史研究者の前田氏は、桛田荘堤防（窪・萩原遺跡の原型）を渋田島開発の自説との関係

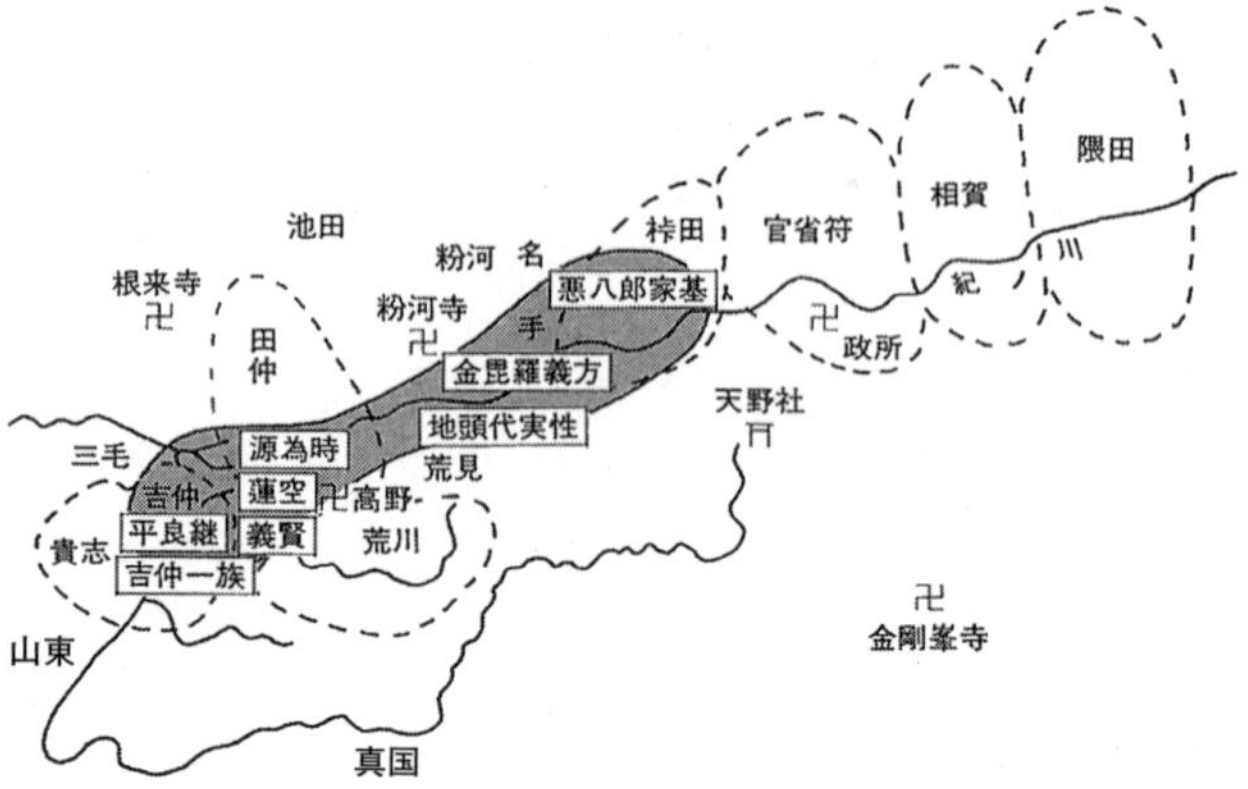

図5　荒川荘悪党源為時勢力分布図

から十五世紀初と推定する仮説を提示し注目をあつめている）。こうした通説の再検討も含めて、川を境とする新しい地域が生まれてきたことの意味を問い直さねばならないであろう。

隅田荘は、後醍醐天皇の「元弘の勅裁」によって南北分断され、南荘が高野山金剛峯寺領に編入される。「御手印縁起」の神話を利用した神領興行運動の一環であるが、その前提に西大寺律宗勢力による神領興行が先行していたことが見逃せない。弘安八年（一二八五）、幕府の後ろ盾により隅田氏が律宗寺院・護国寺に寄進した「兵庫芝荒野」の四至（北「御山際」・南「大道」・西「白井谷」・東「湯屋谷」）を現地に比定してみると現在の下兵庫地区の低位段丘（I面）全域に相当する。ほぼ方一町規模の敷地（テラジ）をもつ護国寺（大寺と通称）を中心に、南北道（オオミチ）が通って地区をほぼ二分する。地割りもこの寺に規定されており、鎌倉後期の開発の影響が濃厚に認められる。寺の裏山には大寺池（イマイケ）があり、その水がもっとも主要な用水となり、地区の東部全域から西南部主要部を灌漑する。現在の境内にある隅田党墓所は、もとは裏山の突端、つまり「御山際」にあり、また西大寺派特有の大型五輪塔（サンマイ物供養塔）が、下兵庫の「白井川」沿いの西南端に立地する。下兵庫は、近世別称を寺地村とも称したといい、護国寺と分かちがたい典型的な「境内」の村であった。在地領主「堀ノ内」さながらの末寺寺院を中心に計画地割りし、裏山に池を築いて灌漑し、荒野堺にランドマークの供養塔を配置して村の「結界」とするという、西大寺派の大規模開発のありかたが復元できよう[13]。

弘安蒙古襲来前後、西大寺叡尊は隅田荘慈光寺（護国寺前身の寺か）や粉河寺に出没して積極的に民衆教化を行った。「兵庫芝」の荒野開墾も、このような鎌倉後期の神領興行のなかで計画的に一括開田されたことが明らかであろう。近年、とみに注目を集めている西大寺律宗勢力による耕地開発の典型的な事例である。このような「技術指導」も、前項でみたような地域住民による島・芝への開発の動きを上から組織・編成してはじめて可能になったものと評価できるのではないか。

「島」「芝」については、その土地利用をめぐって周辺住民間の交流や領主間の相論が続いており、守護畠山氏ないし紀州惣国一揆による紛争調停は限定的なものにとどまっていた。中世後期を通じて、個別荘園領主のもとで、国衆・百姓らの地域連合による河川敷の開発が進行していたと考えられよう。

第五節　堤防遺跡の提起したもの

ここで示した発想「川からみた荘園」が、桛田荘堤防（窪・萩原遺跡）の発見をめぐる共同研究にもとづくものであることは前述の通りである。報告書の結論は、「河川敷の新田開発は、近世広域支配権力の治水・利水技術（築堤・横断用水）によって実現する」というごく教科書的な通説を確認したものとなっている[14]。だが、堤防遺跡の背後に守るべき水田がないことを根拠に、遺跡自体を近世に下らせるという報告書の結論は、耕地開発を第一義とする歴史観（「大河川における築堤・治水—新田開発」という単純な進歩史観）に囚われすぎているだろう。中世の「島」

「芝」用益の実態を、新田化によって克服される過渡期とせずに、中世社会に固有の地域開発のあり方として考えてはどうだろう。まして、堤防遺跡の出土地点は、伊都郡・那賀郡の境域にして、「大化改新の詔」にあっては畿内畿外の境、南北より妹山背山の張り出した紀ノ川有数の狭窄部である。このような複眼的な視角を獲得できたところに、窪・萩原遺跡の意義があったと思われる。

(註)

(1) 綿貫友子「南部荘をめぐる海運史料について」（海津一朗編『中世探訪　紀伊国南部荘と高田土居』科研報告課題番号一一六一〇三四二、二〇〇一年）、綿貫友子「紀伊国における中世海運」（『歴史科学』一六五、二〇〇一年）ほか。南部荘の史料については、海津一朗編『中世再現　一二四〇年の荘園景観』和歌山大学、二〇〇二年を参照。

(2) この研究の意義については、海津「紀ノ川流域の治水灌漑遺跡の調査と保存」（『日本歴史』六九一号、二〇〇五年）において論じた。

(3) 発掘調査当時は連続石造堤防としては現存最古であった。現在は徳島市の川西遺跡であろう。第七章の黒石論文を参照。

(4) 海津一朗編『和歌山平野における荘園遺跡の復元研究』和歌山大学、二〇〇六年。

(5) 海津一朗「中世日前宮の成立と民衆運動」（木村茂光編『日本中世の権力と地域社会』吉川弘文館、二〇〇七年）。

(6) 翻刻は、海津一朗「惣国から和歌祭の風景へ」（和歌山大学紀州経済史文化史研究所・米田頼司編『紀ノ川河口デルタと和歌浦』清文堂、二〇一一年）参照。

(7) 鳴戸大輔『芝相論と信長の雑賀攻め—天正五年の真相—』（和歌山大学教育学部・卒業論文一九九九年）。

(8) 山陰加春夫編『きのくに荘園の世界』上・下（清文堂　二〇〇〇・二〇〇二年）は、桛田荘荘園調査以後の当県の研究者による研究集大成である。上巻には川からの視点が、下巻には海からの視点が重視されている。

(9) 『紀伊国隅田荘現況調査』（紀ノ川流域荘園詳細分布調査概要報告書Ⅰ）和歌山県教育委員会、一九九九年。

(10) 海津一朗「永仁の紀州御合戦考」（佐藤和彦編『相剋の中世』東京堂出版、二〇〇〇年）、同「荒川荘—名誉の悪党源為時」

山陰加春夫編『きのくに荘園の世界』上、清文堂、二〇〇〇年。
(11) 海津一朗「徳政の流れ」(村井章介編『日本の時代史』一〇、南北朝の内乱　吉川弘文館、二〇〇三年)。
(12) 高木徳郎『荘園景観と地域社会―紀ノ川流域荘園・村落における人の〈移動〉と開発』第三四回中世史サマーセミナー口頭報告、一九九六年。
(13)『紀伊国隅田荘現況調査』紀ノ川流域荘園詳細分布調査概要報告書Ⅰ、和歌山県教育委員会、一九九九年。
(14)(和歌山県文化財センター、二〇〇一)、『和歌山県文化財センター年報二〇〇〇』和歌山県文化財センター、二〇〇一年。

Ⅱ 史料編

一　史料翻刻　文治元年九月栍田荘検田取帳

〔1〕（前欠）

□　□　真□久
□　□六十歩　重久
中　一、□　□反大損大　貞光
　　一、同　□又不小　恒正
中　一、平池尻　□反半　恒吉
下　一、同　乍一反廿歩内新六十歩損半　安則
下　一、小田垣内　乍半新已、損卅歩　近□
下　一、同　乍大損半　西久□
下　一、同　乍一反損六十歩　則久
下　一、同　乍一反損六十歩　重久
下　一、同　乍四反　三昧田
下　一、同　乍一反百歩損小　香楽
下　一、平池尻　乍半　恒正
□　一、同、　乍一反半損六十歩　恒包
下　一、同、　乍一反損半　宗近

上一反中一反　一、同　乍二反　貞光
中　一、同　乍大損六十歩　友安
中　一、同　乍三百歩　近包
上二反中二反　一、同　乍四反損半　恒正
下　一、垣内　乍一反小損六十歩　香楽
下　一、前野　乍三反小損二反　恒正
下　一、同　乍一反半損半　則安
下　一、同　乍一反六十歩損六十歩　恒正
下　一、同　乍三百歩　末重
下　一、同　乍一反半損小　恒吉
□　一、同　乍三百歩　真久
下　一、同　乍大損小　宗近
下　一、同　乍大　近包

□□〔2〕

一、同　乍小内新□六十歩　久永

下□　一、同　乍一反新已、　行楽
下　一、同　乍小新已、　真久
下　一、同　乍三反内新一反 損一反十歩　近包
下　一、同　乍二反七十歩　安得
中　一、宮谷尻　乍三百歩損小　近包
中　一、同　乍三反内新卌歩 損一反　近延
下　一、前野　乍一反三百歩　定使田 行楽
中　一、宮谷尻　乍一反新已、　近包
下　一、同　乍一反小内新六十歩 損大　真久
下　一、前野　乍二百七十歩損大　末吉
下　一、同　乍三百歩損小　久次
下　一、同　乍大損六十歩　近延
下　一、同　乍二反小損一反半　末吉
下　一、同　乍二反半損一反小　近包
中　一、宮谷　乍小　久元
中一反 上一反　一、温屋前　乍二反　恒正
下　一、同東北　乍二反百五十歩損□小　恒正
下　一、同　乍一反大新已、　恒正
下　一、同　乍一反新已、　行楽

下　一、同　乍二反百卌歩損一反大　依国
下　一、同　乍六十歩損卅歩　友重
下　一、同　乍三百卌歩損大　則安
下　一、同　乍一反大損大　真久
下　一、同　乍半損六十歩　恒吉
下　一、同　乍一反二百卌歩損大　清久
中　一、友国池尻　乍一反　貞久
中一反半損半 下一反半　一、同　乍三反損一反　近包

〔3〕
下　一、同　乍小損卅歩　恒吉
下　一、同　乍四十歩　末重
下　一、同　乍百歩　依国
下　一、同　乍三百歩　定使田 行楽
下　一、尻江田　乍大損六十歩　宗近
上　一、同　乍一反六十歩　恒正
上　一、同　乍半　友安
上一反 下三百廿歩　一、同　乍一反三百廿歩　久元
下　一、堂前迫　乍大損小　恒吉

下〵　一、同　乍〵一反半損〵大　久〵成
下〵　一、同　乍〵一反六十歩損〵小　近〵包
下〵　一、同　乍〵三百歩損〵半　友〵安
下〵　一、同　乍〵一反損〵六十歩　太〵郎坊
上〵　一、同　乍〵一反六十歩　秋〵武
下〵　一、同　乍〵半損〵六十歩　久〵成
下〵　一、同　乍〵一反半　三〵昧田
中〵一反　下〵一反六十歩　一、同　乍〵二反六十歩損〵小　則〵安
中〵　一、同　乍〵大　定使田　行〵楽
下〵　一、同　乍〵廿歩　末〵吉
下〵　一、同　乍〵大損〵六十歩　有〵恒
上〵　一、同　乍〵一反　友〵次
中〵　一、小江門　乍〵一反内新〵大　友〵安
中〵　一、同　乍〵一反損〵小　依〵国
中〵　一、同　乍〵一反損〵小　則〵安
中〵　一、同　乍〵二反損〵大　近〵包
中〵　一、同　乍〵二反小損〵一反　友〵安
中〵　一、岸下　乍〵小　宗〵弘
下〵　一、同　乍〵小損〵六十歩　依〵国

下〵　一、同倉垣内　乍〵半新〵損已、　友〵安
下〵　一、同　乍〵小損〵已、　正〵近
下〵　一、垣内　乍〵一反二百八十歩損〵一反小　友〵重
下〵　一、　乍〵百五十歩損〵七十歩　能〵楽
上〵半　下〵大　一、　乍〵一反六十歩損〵六十歩　安〵則
下〵　一、　乍〵二百九十歩損〵半　能〵楽
下〵　一、恒久北　乍〵一反損大　正〵近
下〵　一、同　乍〵六十歩新〵已、　友〵安
上〵　一、二王池内　乍〵二百七十歩　重〵久
上〵一反損半　中〵一反損半　下〵三反損一反小　一、同　乍〵五反損〵二反小　友〵重
下〵　一、无量寿院　乍〵半　寺〵敷地
下〵　一、大池尻　乍〵二反小損〵已、　真〵久
下〵　一、国覔氏谷　乍〵一反小損大　円〵智
下〵　一、同　乍〵小　安〵延
下〵　一、小池上迫　乍〵小損〵六十歩　久〵永
下〵　一、一橋　乍〵大損小　友〵重
下〵　一、野干池尻　乍〵小新已、損六十歩　宗〵依
下〵　一、同　乍〵一反六十歩内新〵小損半　今〵武

下ヽ　一、同　乍ヽ二反損ヽ一反　行ヽ成
下ヽ　一、同　乍ヽ一反損ヽ六十歩　今ヽ武
下ヽ　一、同　乍ヽ一反三百廿歩損ヽ小　安ヽ延
下ヽ　一、同　乍ヽ二反卌歩損ヽ一反　経ヽ楽
下ヽ　一、同　乍ヽ半損ヽ六十歩　今ヽ武
下ヽ　一、同　乍ヽ百六十歩損ヽ九十歩又不ヽ一反　末ヽ里
下ヽ　一、同　乍ヽ一反大損ヽ半又不三反半　今ヽ武
下ヽ　一、寺山　乍ヽ三百卌歩損ヽ小　得ヽ善
下ヽ　一、同　乍ヽ半損六十歩　証ヽ阿
上ヽ一反　中ヽ一反損半　下ヽ一反　一、同前　乍ヽ三反損半　今ヽ武
上ヽ　一、池田　乍ヽ一反六十歩　久ヽ仁
上ヽ　一、同　乍ヽ一反六十歩損ヽ小　得ヽ善

---

〔4〕次行は紙継目の上に書かれている。

中ヽ　一、西迫　乍ヽ一反大損ヽ六十歩　今ヽ武
下ヽ　一、佐野迫尻　乍ヽ二反損已　安ヽ延
下ヽ　一、同　乍ヽ三反二百九十歩損ヽ（一）□反七十歩行ヽ成
下ヽ　一、同　乍ヽ小損ヽ六十歩　近ヽ包

下ヽ　一、中乃　乍ヽ一反六十歩損ヽ小六十歩　有ヽ恒
下ヽ　一、同　乍ヽ三百五十歩損ヽ半　有ヽ時
下ヽ　一、同　乍ヽ二反損一反　依国
下ヽ　一、同　乍ヽ二反百卌歩損ヽ一反　東ヽ久延
下ヽ　一、同　乍ヽ一反三百卌歩損半　清ヽ時
下ヽ　一、同　乍ヽ一反卌歩損ヽ九十歩　重ヽ久
下ヽ　一、恒松門　乍ヽ大損已　東ヽ久延
中ヽ三百歩損小　下ヽ大　一、同　乍ヽ一反半損ヽ半　重ヽ久
中ヽ　一、垣内　乍ヽ一反損ヽ半　久ヽ元
下ヽ　一、母行部垣内　乍ヽ一反損ヽ小　近ヽ包
下ヽ　一、次西　乍ヽ三百歩損ヽ六十歩　恒包
下ヽ　一、同南　乍ヽ半損ヽ九十歩　延時
下ヽ　一、同　乍ヽ半損九十歩　友安
下ヽ　一、即門　乍ヽ一反三百歩損ヽ半　恒包
下ヽ　一、同　乍ヽ半損ヽ六十歩　友ヽ安
下ヽ　一、同　乍ヽ一反九十歩損ヽ小　貞ヽ則
下ヽ　一、稲古谷東　乍ヽ二反損ヽ一反　友ヽ安
下ヽ　一、同　乍ヽ三百五十歩損ヽ半　正ヽ道
下ヽ　一、同　乍ヽ一反二百歩　依ヽ安

下　一、同　乍一反損已、　依国
下　一、同　乍一反卅歩損九十歩　恒正
下　一、同　乍一反損小　依国
下　一、同　乍二百歩損六十歩　依国
下　一、同　乍三反損一反　正道
下　一、同　乍三反半損大一反半　有恒
上二反 中二反六十歩 損小　一、淵本　乍四反六十歩損一反　有恒
上半 中二百七十歩　一、同　乍一反九十歩損九十歩　正近

〔5〕次行は紙継目の上に書かれている。

下　一、同　乍卌歩新已、損廿歩　恒正
中　一、同　乍小損已、　又川成六十歩　東久延
上　一、同　乍二百廿歩損□歩　久元
中　一、同　乍大損卌歩　則久
下　一、大人跡　乍一反百卌歩損小　貞末
下　一、同　乍一反九十歩損小　重房
下　一、岸門　乍一反二百歩損半又不二反半　東久延
下　一、同　乍一反損小　宗久

下　一、同　乍一反損六十歩　則久
下　一、同　乍二百七十歩損六十歩　有恒
下　一、同　乍一反百五十歩損小　貞末
下　一、同　乍半損卌歩　友安
下　一、同　乍五反小損一反小　久成
下　一、同　乍三百卌歩損六十歩　正近
下　一、武久坪　乍一丁内　不二反　乍八反損四反三百歩　末松
下　一、同西　乍三百歩損卌歩　友重
下　一、同　乍一反損大　有恒
下　一、同　乍一反六十歩損小　公文田
下　一、同北　乍二反大損三百歩　東久延
下　一、同　乍二百九十歩損六十歩　有恒
下　一、同　乍二反小損大　貞則
下　一、同　乍三百歩損六十歩　恒吉
下　一、同　乍一反損小　末重
下　一、同　乍一反損小　清時
同南不二反内　年一反　荒一反
下　一、同　乍半損六十歩　友安

下ヽ　一、同新藤助坪ヽ一丁内 乍九段ヽ 不一反 損四反半ヽ　有ヽ恒
下ヽ　一、同近光坪一丁ヽ損四反小　依ヽ安
下ヽ　一、同南　乍ヽ一反損半　依ヽ国

〔6〕次行の朱合点は、紙継目の上に書かれている。

下ヽ　一、次東　乍ヽ一反損半ヽ　恒ヽ正
下ヽ　一、次東南　乍ヽ一反損大　正ヽ近
下ヽ　一、同　乍卌歩ヽ新損已　有ヽ恒
下ヽ　一、同　乍ヽ一反小損小　近ヽ元
不一反大
下ヽ　一、　乍ヽ一反半損大ヽ　今ヽ武
下ヽ　一、荒符　乍ヽ二反小損半　近ヽ包
下ヽ　一、同　乍ヽ一反卌歩損半ヽ　貞ヽ久
下ヽ　一、同南　乍ヽ一反損小ヽ　今ヽ武
下ヽ　一、三角田　乍ヽ一反二百五十歩　今ヽ武
下ヽ　一、同北　乍ヽ二反大損三百歩ヽ　近ヽ包
下ヽ　一、簾竹坪　乍ヽ一丁損五反ヽ　友ヽ重
下ヽ　一、郡司坪　乍ヽ一丁損一反ヽ　浄ヽ得
下ヽ　一、末吉坪　乍ヽ一丁損三反小ヽ　末ヽ吉

下ヽ　一、同東　乍ヽ一反損小ヽ　常ヽ得
下ヽ　一、同　乍ヽ一反小損小ヽ　久ヽ次
下ヽ大 中一反 損小　一、同北　乍ヽ一反大損半ヽ　有ヽ時
下ヽ　一、中乃　乍半新已、ヽ　行ヽ楽
下ヽ　一、同、　乍ヽ一反半新已、ヽ又不三反　近ヽ包
下ヽ　一、同　乍ヽ一反損小　東ヽ久延
下ヽ八反 中一反 損半　一、九段田　乍九段損五反半ヽ　今ヽ武
下ヽ　一、武成坪　乍ヽ一丁損五反　恒ヽ正
下ヽ八反 中二反　一、紺介坪　乍ヽ一丁損四反半　末ヽ里
下ヽ　一、尾古坪　乍ヽ一丁損四反大　今ヽ武
下ヽ　一、八段田　乍ヽ八段損三反ヽ　重ヽ近
下ヽ　一、紺介東　乍ヽ二反百歩損半ヽ　宗ヽ依
下ヽ　一、垣副　乍ヽ一反半損一反　今ヽ武
下ヽ　一、　乍ヽ一反損大　真ヽ久
下ヽ　一、池尻　乍ヽ小新ヽ　行ヽ成

〔7〕次行の朱合点は、紙継目の上に書かれている。

下ヽ　一、同、　乍小損卌歩ヽ　貞ヽ久
下ヽ　一、同、　乍ヽ一反三百歩損大ヽ　又不大ヽ　今ヽ武

中一反
下三反三百歩　一、北四反田　乍四反三百歩損已、　重房

中二反
下二反廿歩　一、　乍四反廿歩　友国

一、国衙氏乃不二反大

川南

中　一、　乍小　時友

中　一、　乍五十歩新已、　太郎房

中　一、道東　乍一丁二反　御正作

中　一、道西　乍一丁二反半　同

川北

中　一、向賢　不二反　末重

下　一、同　乍六十歩損已、　末重

下　一、同　乍六十歩　久成

上　一、同迫　乍半損卅歩　恒延

上　一、同　乍九十歩損卅歩　久永

上一反損小
下一反小　一、同　乍二反小損一反　武元

上　一、同　乍一反損六十歩　則久

上　一、同　乍一反小損六十歩　貞光

中二反損小
下五反　一、同下　乍七反損二反大　近包

下　一、瀬山小松鼻　乍小損六十歩　清時

下　一、同山　乍半損六十歩　行楽

下　一、同山　乍小損卅歩　恒延

下　一、茗荷谷乍一反二百五十歩損一反六十歩　久永

下　一、同　乍一反損大　宗□（近カ）

下　一、隠谷　乍半損小　貞近

静川

---

〔8〕

静川

下　一、前畑　乍二百九十歩損六十歩　友国

中　一、同　乍二百歩損廿歩　又不小　近恒

上　一、同　乍三反損小　又川成半　友国

上　一、同　乍半損卅歩　又川成半　恒包

上　一、同　乍一反六十歩損六十歩　友国
上　一、大松垣　乍四反損大　貞則
上　一、次下　乍三反小損小　延久
上　一、次下　乍一反半損小　国貞
上　一、同　乍一反　壬弥
上　一、同　乍半　又川成小　近恒
下　一、村松東　乍一反　友永
下　一、同　乍半損小又川成一反　行楽楽〻
中　一、同　乍五十五歩　又川成大　貞清
上　一、ケチ遅（庭カ）　乍小　又川成小　下司
上　一、同南　乍小　又川成一反大　上野公
一、川成小　延久
上　一、和田　乍一反半損小　貞清
上　一、同　乍五反損一反　下司
上　一、同　乍小損卅歩　末久
上　一、同　乍二反小損小　延□久
上　一、次南　乍小損廿歩　末久
上　一、次東　乍二反六十歩損小　末久
上　一、同南　乍三反二百卅歩損半　時友

下　一、同　乍一反損　友国
中　一、同　乍一反半損六十歩　近恒
中　一、同山際　乍一反小損卅歩　氏永

〔9〕次行は紙継目の上に書かれている。

中　一、　乍小損卅歩　智覚
中　一、川辺　乍一反卅歩損九十歩又川成一反　氏永
中　一、温屋谷口　乍三百五十歩損六十歩　恒包
中　一、同　乍一反損卅歩　近恒
上　一、秋吉　乍三反半損半　末久
上　一、同　乍廿歩　助正
上　一、同　乍大　御正作
上　一、同　乍一反小損小　氏永
上　一、同　乍小　氏永
上　一、次下　乍三反百六十歩　上野公
上　一、次西　乍一反損六十歩又川成半　延久
上　一、次西　乍一反六十歩損六十歩　助正
上　一、同下　乍一反九十歩損半　貞則
上　一、同川際　乍半損九十歩又川成一反半　末久

下ヽ　一、中川原　乍ヽ小損ヽ廿歩　近ヽ恒
下ヽ　一、同下　乍ヽ四反小損ヽ小　下ヽ司
上ヽ　一、江那下分　乍ヽ小　御ヽ正作
上ヽ　一、同下　乍ヽ二反損ヽ六十歩　智ヽ覚
上ヽ　一、同下　乍ヽ一反損ヽ六十歩又ヽ川成半　宗ヽ次
上ヽ三百歩　下六十歩　一、同下　乍ヽ一反損ヽ卅歩　助ヽ正
上ヽ　一、下分　乍ヽ一反二百九十四歩　久ヽ松
上ヽ　一、中嶋　乍ヽ半損ヽ六十歩又ヽ不一反　太ヽ郎房
上ヽ　一、同　乍ヽ一反大損ヽ六十歩又ヽ川成小　助ヽ正
上ヽ　一、同　乍ヽ小　智ヽ覚
上ヽ　一、同　乍ヽ大損ヽ六十歩　宗ヽ次
上ヽ　一、塚　乍ヽ六十歩　末ヽ友
上ヽ　一、牓示本　乍ヽ一反三百五十歩　安ヽ得
上ヽ　一、江川合　乍ヽ一反大損ヽ六十歩　助ヽ正
下ヽ　一、築北正　乍ヽ一反小　友ヽ国

〔10〕前行の下部は、紙継目の上に書かれている。

下ヽ　一、同、　乍ヽ六十歩　国ヽ貞
上ヽ　一、井開(関カ)　乍ヽ小　行ヽ楽

上ヽ　一、同、　乍ヽ二反六十歩損ヽ六十歩　貞ヽ正
上ヽ　一、西牓示本　乍ヽ一反六十歩損ヽ六十歩　下ヽ司
下ヽ　一、同、　乍ヽ一反五十歩損ヽ六十歩　末ヽ延
下ヽ　一、築西外　乍ヽ一反三百歩損ヽ六十歩　智ヽ覚
下ヽ　一、同、　乍ヽ一反二百十歩損ヽ半　久ヽ清
下ヽ　一、同　乍ヽ九十歩損卅歩　末ヽ友
下ヽ　一、築南　乍ヽ三反二百七十歩損ヽ一反　金ヽ楽
下ヽ　一、同、　乍ヽ一反百卅歩損ヽ半　宗ヽ弘
下ヽ　一、同　乍ヽ一反小損ヽ六十歩　久ヽ清
下ヽ　一、同　乍ヽ二百九十歩損ヽ小　貞ヽ正
下ヽ　一、同　乍ヽ一反二百八十歩損ヽ半　助ヽ正
下ヽ　一、同　乍ヽ一反半損ヽ小　国ヽ貞
下ヽ　一、　乍ヽ一反半損ヽ三百歩　金ヽ楽
下ヽ　一、同　乍ヽ大損ヽ百五十歩　智ヽ覚
下ヽ　一、同　乍ヽ一反小損ヽ六十歩　貞ヽ正
下ヽ　一、築西　乍ヽ大損ヽ六十歩　末ヽ友
下ヽ　一、同　乍ヽ三百歩損ヽ小　金ヽ楽
下ヽ　一、同　乍ヽ大損ヽ小　貞ヽ正
下ヽ　一、　乍ヽ小損ヽ六十歩　行ヽ楽

下⺄　一、昌（菖）蒲谷　乍⺄五反小損⺄一反　末⺄友
下⺄　一、簗西　乍⺄一反小損⺄小　貞⺄正
下⺄　一、同　乍⺄二反半損半　金⺄楽
下⺄　一、同　乍⺄百歩損⺄卅歩　智⺄覚
下⺄　一、同　乍⺄小　又⺄荒一反　行⺄楽
下⺄　一、同　乍⺄二反損⺄一反　末⺄友
下⺄　一、同　乍⺄三百歩損⺄小　金⺄楽
下⺄　一、同　乍⺄一反小損小　又⺄不大　貞⺄正

〔11〕
下⺄　一、同　乍⺄一反損小　智⺄覚
下⺄　一、尾崎　乍⺄一反損半　又⺄不半　有⺄久
中⺄　一、垣尻　乍⺄二反小損⺄半　末⺄久
中⺄　一、同　乍⺄一反六十歩損⺄小　助⺄正
中⺄　一、同　乍⺄一反卅歩損⺄九十歩　国⺄貞
中⺄　一、同　乍⺄一反半損大　末⺄久
中⺄　一、同　乍⺄一反小損⺄半　末⺄友
下⺄　一、同　乍⺄大損六十歩　末⺄包
中⺄　一、同　乍⺄一反三百歩損⺄六十歩　末⺄久

中⺄　一、同　乍⺄一反損⺄半　氏⺄永
上⺄　一、末久垣　乍⺄二反大損⺄半　末⺄久
上⺄　一、同　乍⺄五反半損⺄一反半　末⺄久
上⺄　一、同　乍⺄一反六十歩損⺄六十歩　国⺄貞
上⺄　一、同　乍⺄二反六十歩損⺄半　末⺄久
上⺄　一、垣内　乍⺄三反三百歩損⺄大　国⺄貞
上⺄　一、同　乍⺄一反損⺄卅歩　近⺄恒
上⺄　一、同　乍⺄四反損⺄大　国⺄貞
下⺄　一、同　乍⺄一反　極⺄楽寺敷地
下⺄　一、同山際　乍⺄四反損⺄半　国⺄貞
上⺄三百歩　下六十歩　一、同　乍⺄一反　国⺄貞
中⺄　一、垣内　乍⺄二反小損⺄三百歩又⺄不小　末⺄久
下⺄　一、荒井内　乍⺄一反損六十歩　近⺄恒
下⺄　一、同　乍⺄一反大損小　国⺄貞
下⺄　一、同　乍⺄百十歩損卅歩　延⺄久
下⺄　一、同　乍⺄一反損小　末⺄包
下⺄　一、同　乍⺄一反百卌歩損⺄大　宗⺄次
下⺄　一、同　乍⺄二反半　御⺄正作
下⺄　一、垣内　乍⺄三百卌歩損⺄半　末⺄包

下〵　一、同　乍〵一反半損〵一反　宗〵次
下〵　一、　乍〵二反六十歩損〵一反　下〵司

〔12〕

下〵　一、同　乍〵二反内新作〵一反損〵三百歩 新分〵九十歩　有〵久
下〵　一、垣内　乍〵二反百六十歩損〵二反小　究〵竟
下〵　一、尾崎　乍〵一反半損〵一反又〵不半　氏〵永
下〵　一、次東　乍〵一反損〵大　国〵貞
下〵　一、同　乍〵一反小損〵三百歩　究〵竟
下〵　一、　乍〵三反小損〵二反六十歩　究〵竟
下〵　一、同　乍〵二反六十歩内新〵六十歩 損〵一反半　有〵久
下〵　一、垣内　乍〵二反半内損〵二反六十歩 新〵大　末〵友
下〵　一、同　乍〵二反百六十歩内新作〵大 損〵二反　益〵方
下〵　一、大谷　乍〵十歩　又不八反内荒〵五反　末〵久
下〵　一、同　乍〵百七十歩損〵六十歩　智〵覚
下〵　一、同　乍〵一反内新〵半 損〵三百歩　末〵友

下〵　一、同　乍□一反六十歩内新〵小 損〵六十歩　有〵久

右、注進如件、

文治元年九月　日

○点線は紙継目

二　桛田荘遺跡通称地名分布図

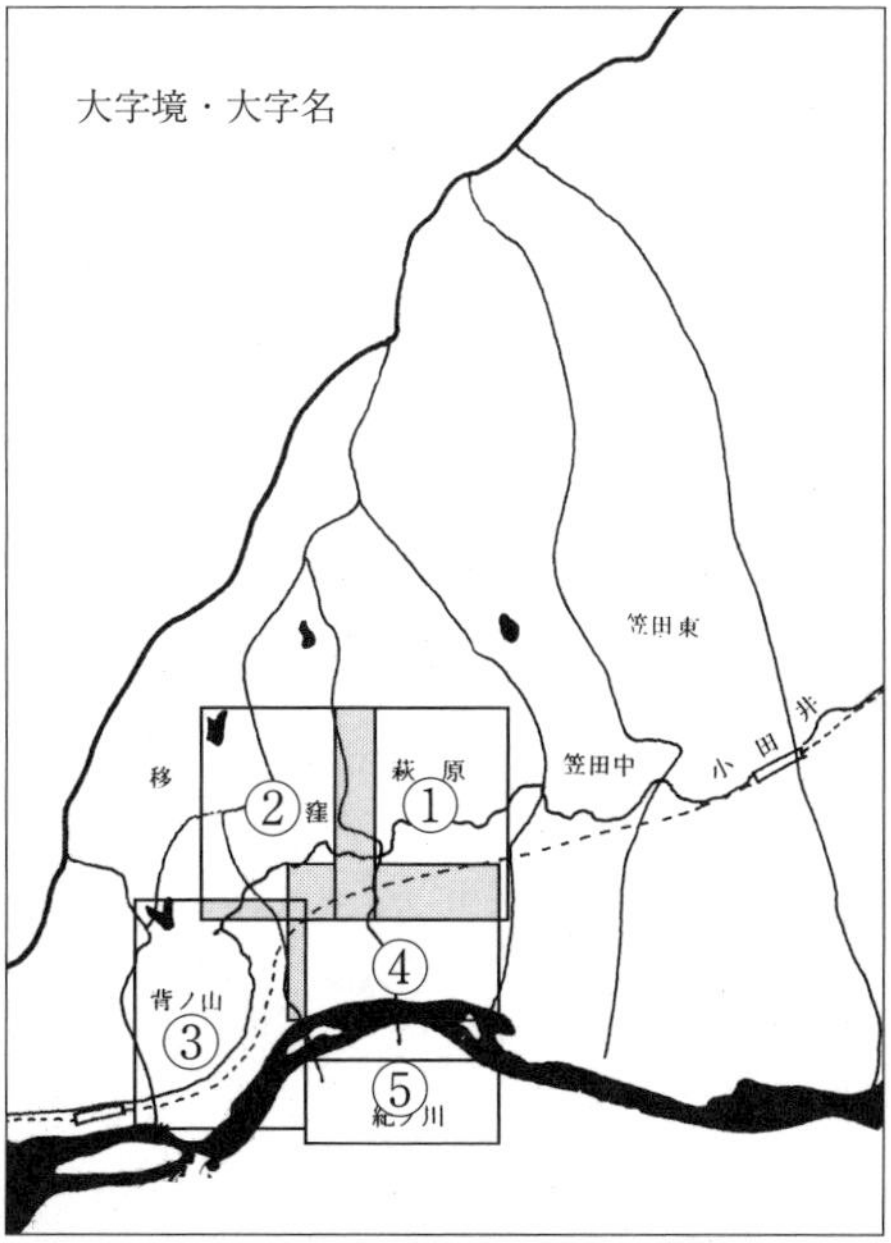

桛田荘通称地名詳細分布図総図

①大字萩原地区の通称地名分布図

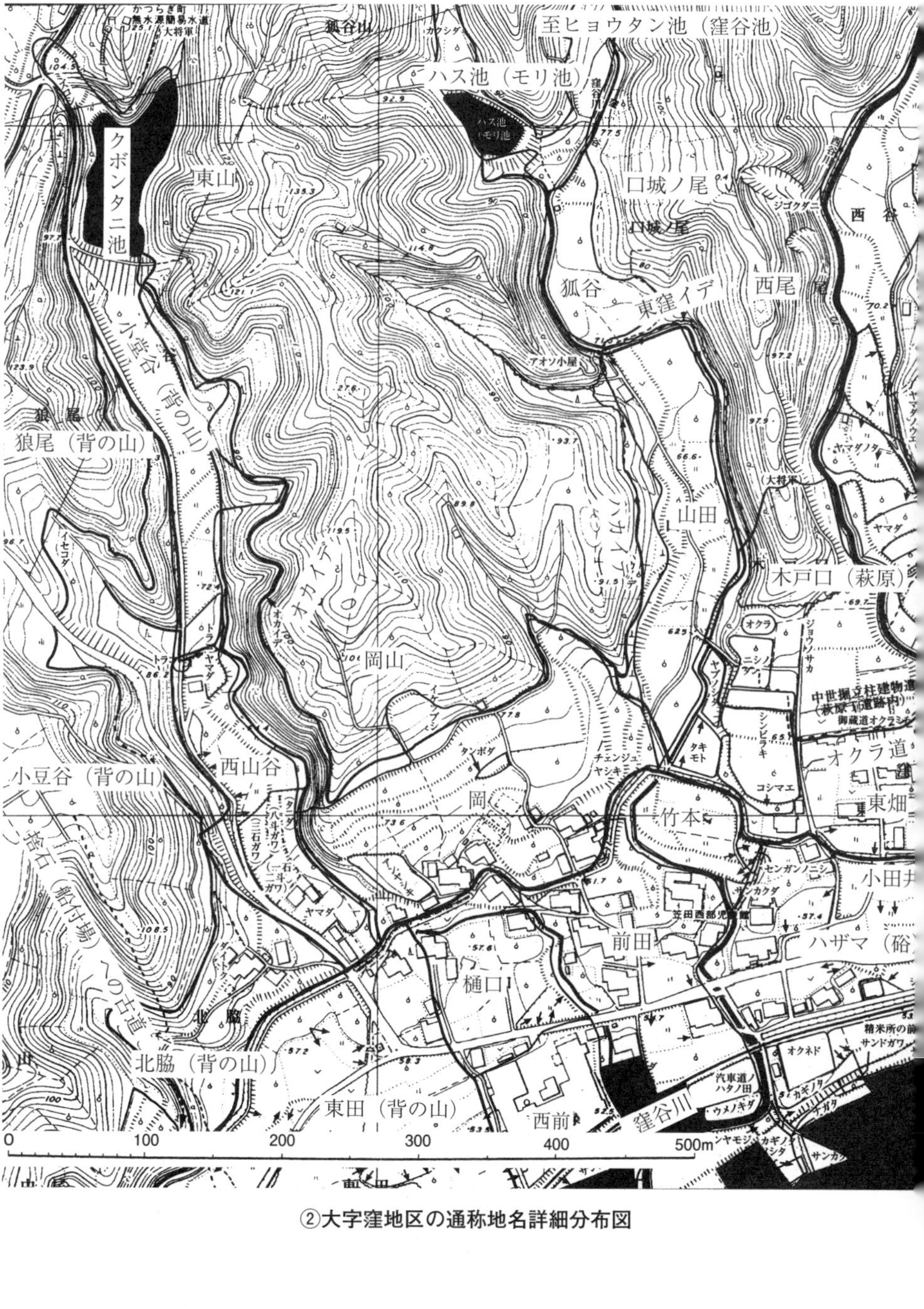

②大字窪地区の通称地名詳細分布図

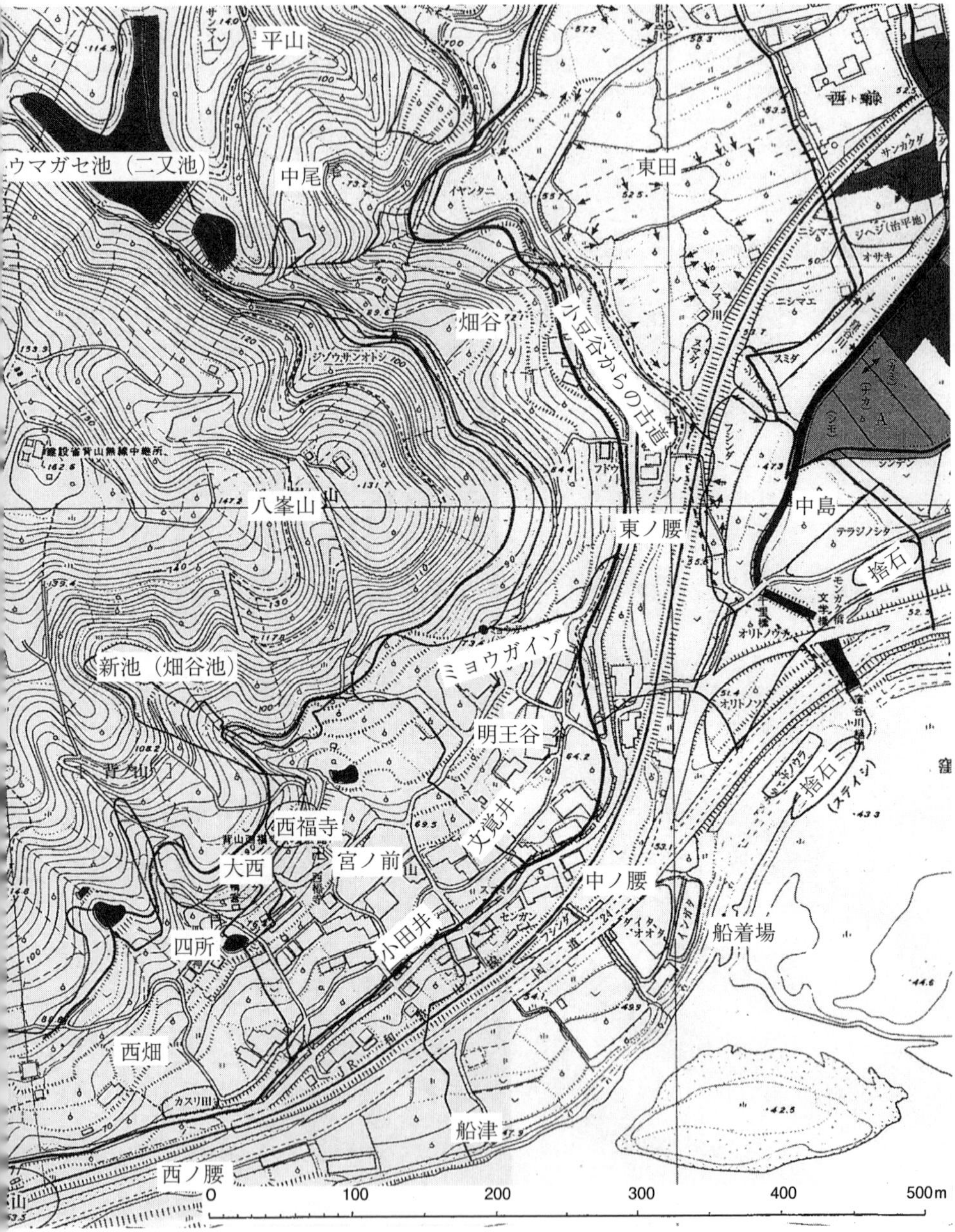

③大字背ノ山地区の通称地名詳細分布図

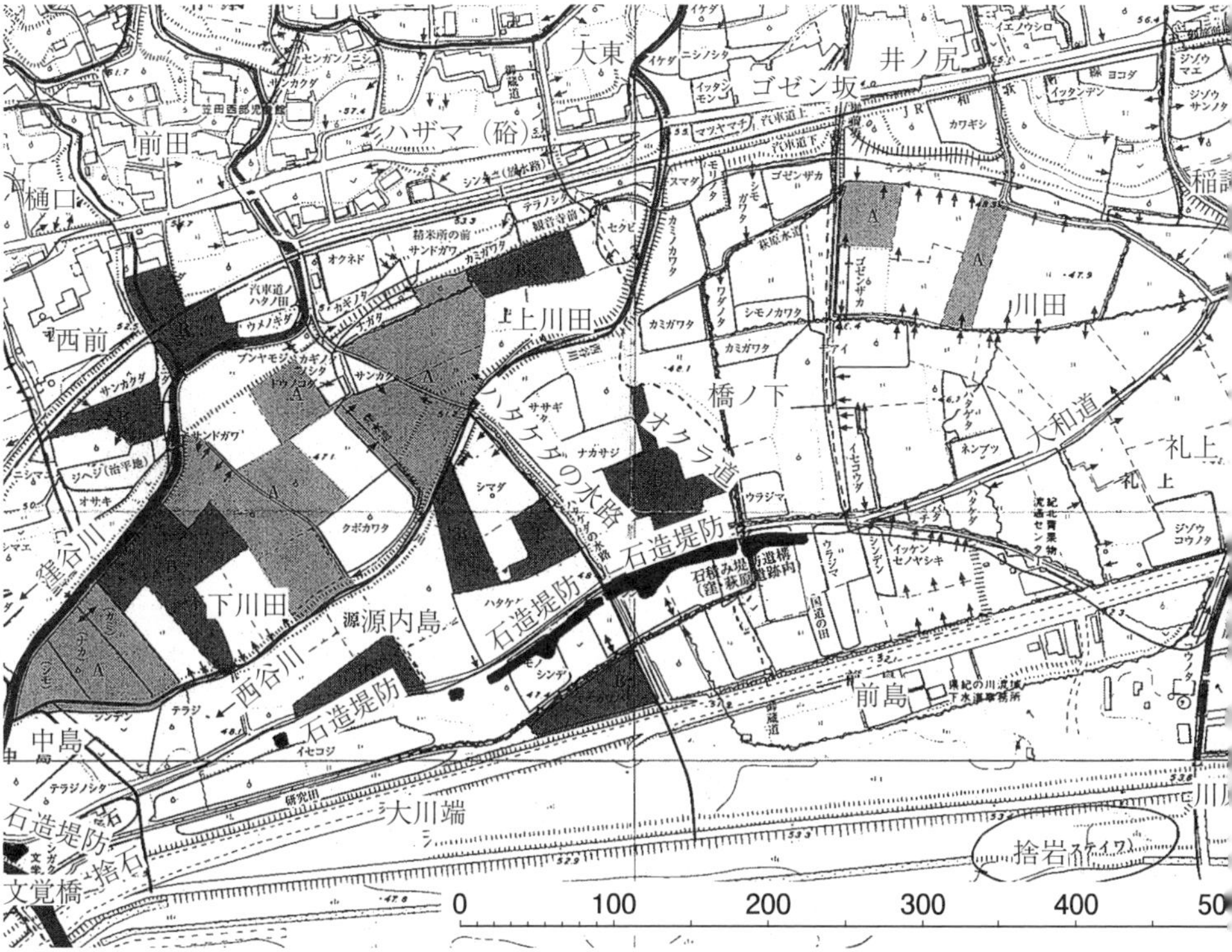

④窪・萩原遺跡内の通称地名詳細分布図　A ：「川田」　B ：小字名と同じ通称地名の田

⑤大字島地区の通称地名分布図

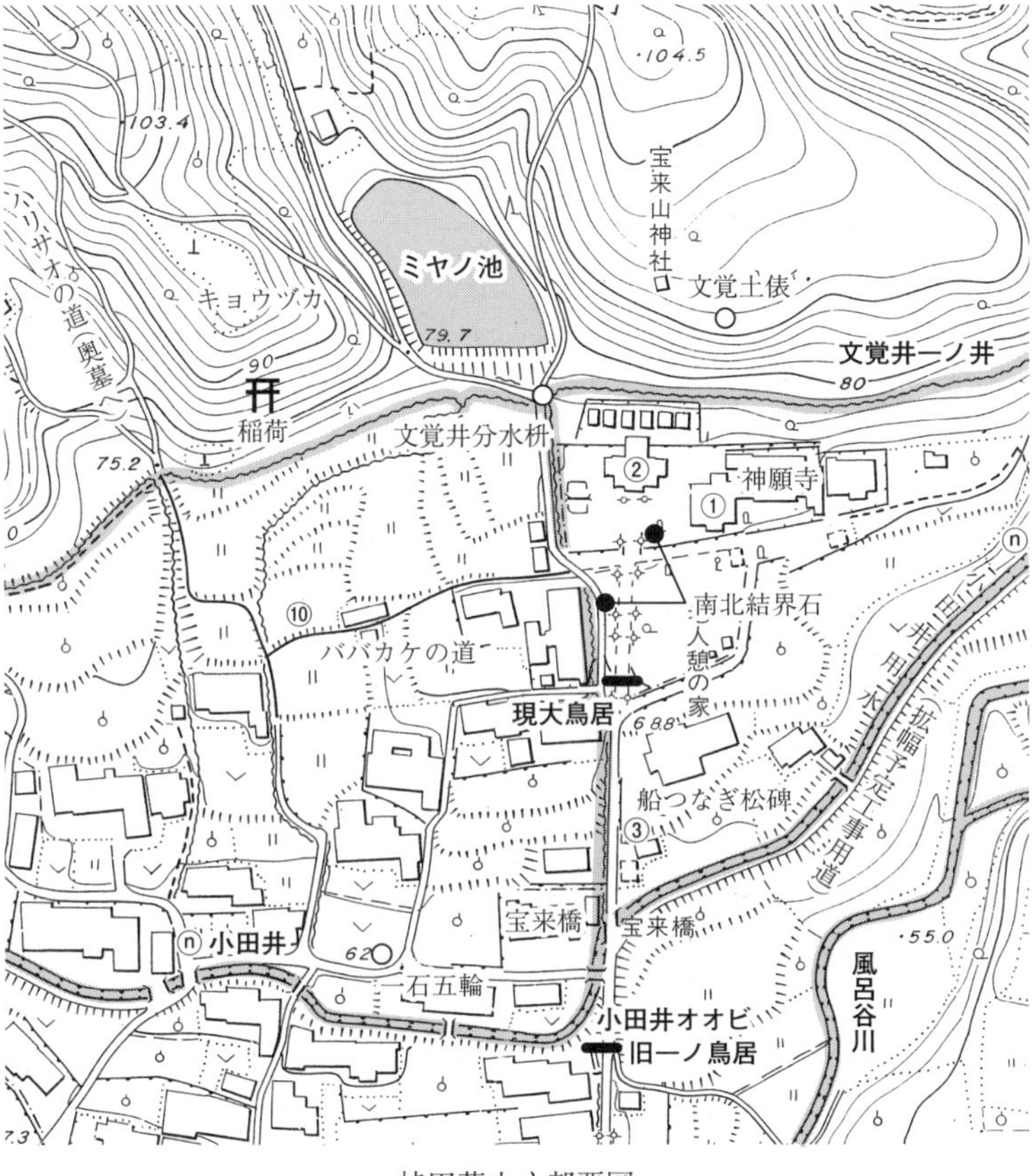
104.5
103.4
宝来山神社
ハリサオの道（奥墓）
キョウヅカ
ミヤノ池
79.7
文覚土俵
文覚井一ノ井
90
80
稲荷
文覚井分水枡
75.2
神願寺
南北結界石
人憩の家
ババカケの道
現大鳥居
68.8
船つなぎ松碑
三田井用水（拡幅予定工事用道）
宝来橋
宝来橋
55.0
小田井
62
石五輪
小田井オオビ
旧一ノ鳥居
風呂谷川
桛田荘中心部要図

桛田荘史跡散歩図

＊図中の番号およびアルファベットは文中に対応

①　文覚上人祭（神願寺本堂,1997年）

②　宝来山神社参道旧状（2009年）

③　船つなぎ松の碑

（一）「桛田荘絵図」の世界

①　神願寺

神護寺領桛田荘の中心寺院。神願寺は神護寺の異称。荘園に属する各字の村堂を末寺とする。もと宝来山神社の神宮寺。現在も七月二十一日の文覚命日に大念仏法要（文覚上人祭）を主催する（現在は四月の地蔵講にあわせる）。この時、境内の土俵で奉納相撲も実施した。開基と伝承する多田満仲画像など寺宝を伝来。真言宗御室《おむろ》派。

②　宝来山神社

桛田荘の中心。荘園絵図にも「八幡宮」として描かれている。異国降伏の霊神で神護寺領になるとき文覚に再建されたと伝承される。重要文化財の荘園絵図や文書を所蔵し、慶長十九年（一六一四年）の棟札を持つ宝来山神社の本殿四社は重要文化財。近代まで大地主たちの番頭講によって運営されていた。境内二カ所に「南北境内」の結界石があり、文覚井一ノ井の西線が通水して西北境で分水している（文覚井分水枡）。

③　船つなぎ松の碑

宝来橋の北、宝来山神社参道脇（小字宮崎側）にあった松。桛田荘絵図にも描かれている。紀ノ川の旧河道で、文覚が船をとめたという伝承がある。現在は境内近くに石碑が残る。

④　御旅所地蔵尊

⑥　1997年当時の大福寺（上）と
大福寺萩原共同墓地（下）

④　御旅所地蔵尊旧状（2009年）

宝来山神社の神体が動座する聖地か。かつては踏み切りの脇にあったが、京奈和自動車道への作業工事の必要から宝来山神社の参詣道の拡幅工事を行なった際に、東に移動した（旧状写真参照）。桛田荘絵図の「大道」沿いの集落の鳥居に比定される可能性がある。

⑤　十五社《じごせ》の樟樹《くすのき》

桛田東地区の妙楽寺境内にある巨大な神木で、幹の周囲は一三メートル以上に及ぶ。文覚井一ノ井東線、大和街道沿いにあり、樹齢は六百年以上と推測される。県指定天然記念物。一方、四百年の昔には紀ノ川中洲の島であったとも伝承する。

⑥　大福寺跡

神願寺の末寺。萩原地区の村堂であったが近年廃寺となり萩原コミュニティーセンター（南集会所）に移した。裏山の共同墓地には中世石造物が多数見られる（調査報告書あり）。

⑦　観音寺

かつて堂の講によって運営された窪地区の村堂。神願寺の末寺。裏に石造物があったが窪区共同墓地に移動した。敷地内に寺子屋が設けられた。豊臣秀吉による紀州攻め（一五八五年）には地域の住民が本尊を井戸に隠して守ったという。現在は集会施設として窪ふるさと会館が併設された。

⑧　木戸口

⑧　木戸口　ジョウノサカ

⑨　上）御前坂　下）御前坂の踏切

西谷川・窪谷川の谷筋に挟まれた丘陵の裾野で、城の木戸があった重要地点といわれる。萩原Ⅰ遺跡の発掘調査で鎌倉時代の掘立柱建物跡が見つかった（本書北野論文参照）。山上には大将軍神社が祀られた山城で、登っていく道はジョウノサカと通称される。文覚井の一ノ井西線が東から、二ノ井が西から木戸口まで水をまわしており、優先的に使用できる特別の場所であった。桛田荘絵図の「大豆畑中山」に比定される可能性がある。

⑨　御前《ごぜん》坂

大和街道から北上して小字竹ノ下・井ノ尻境をへて宝来山神社に至る参詣道。背ノ山方面からの人が使った。とくにＪＲの御前坂踏み切り一帯の呼び名で、沖積低地（伊都浄化センターの敷地）から段丘崖面の様子がよくわかる。

⑩　アワジ道

萩原地区を文覚井にほぼ沿って東西にのびる道。無量寺から宝来山神社・神願寺をへて木戸口まで確認される。とくに宝来山神社の付近は「ババカケの道」と呼び、かつて流鏑馬神事が行なわれた名残と伝承する。古代の南海道と考える説もある。

⑪　オクラ道

紀ノ川の河原の小字前島から窪の観音寺に至る道。川で積み降ろした年貢を、観音寺の蔵に納めたことに由来するという。

⑬　伊都浄化センター（ミョウガイゾよりのぞむ）

⑭　四所明神をのぞむ

伊都浄化センター敷地内になり消滅した。また木戸口と宝来山神社をつなぐ道もオクラ道と呼んでいる。御蔵道か。

⑫　大和街道

伊勢街道ともいう。和歌山城下から紀ノ川沿いを通り、大和・伊勢に延びる近世の主要街道。参勤交代に使われた。桛田荘絵図の「大道」と考えられていたが、伊都浄化センター地内の発掘調査で中世には存在しないことが判明した。

⑬　伊都浄化センター

一九八〇年に計画設計されて一九九一年から稼働した伊都郡一帯の流末下水処理施設。敷地内から大和街道を守る形で東西延長七〇〇メートルに及ぶ石積み堤防・護岸（十七世紀推定）が出土して注目された。一九九七年より六次にわたる発掘調査が実施されて、一部が埋め戻された（現状保存）。敷地内にあった西谷川や大和街道は付け替えられて消滅した。発掘調査の結果、この敷地内の新田開発は十八世紀以降であることが判明し、桛田荘絵図の生活空間は段丘上にあることが明らかとなった。

⑭　西福寺旧地

背ノ山地区の村堂で、裏山にはムセと呼ばれる共同墓地だけが残っている。もともとは鎮守の四所明神（八幡・水神・稲荷・白髭）社と一体であったと思われる。四所明神の社殿は明

⑱　静松神社

⑯　妹山・背山（伊都浄化センターより）

⑰　境谷川

治末年の神社統合で宝来山神社に移された。

⑮　極楽寺

高田地区の村堂。一一八五年の検田取帳によれば周辺には水田耕地と垣内ができている。移地区にも同名村堂あり。

⑯　船岡山

地元ではナカヤマ（中山）・ヘビジマ（蛇島）と呼ばれる聖地の中洲島。西端のシシイワに松があったが一九八九年に崩された。弁天（厳島社）を祀る。対岸の背山は万葉の名所で歌枕とされ、所謂大化改新の詔で、畿内の境界と定められており、詔の真偽論争を解く鍵とされる。だが桛田荘絵図では、背山は荘園境界として描かれていない。

⑰～㉑　荘園の牓示

桛田荘絵図に描かれた五つの牓示については、諸説があって確定できない。穴伏川の対岸にあたる三つの牓示は、⑰艮（北東）境谷・⑱乾（北西）静松神社・⑲坤（南西）重谷川合流点に、⑳巽（南東）条里地割の分布する縁辺部下居、㉑南（南）河岸段丘崖とする通説を示しておく。教科書では棒杭としているものがあるが、他所の例から考えて静松神社のような聖地や神体の大岩・大木であることが多いだろう。

㉒　是吉の墓

笠田東墳墓にある伝説の土豪木村是吉と妻の墓。

ⓔ　上）茶所（文覚堂）脇の史跡指定碑
　　下）一ノ井（茶所の前より）

ⓑ　上井取水口より穴伏川上流をのぞむ

(二) 文覚井―超人伝説の世界

文覚井一ノ井

一ノ井は、柞田荘の中心部を潤す農業用水路として県史跡に指定されている。穴伏川東岸の最上流から取水して、段丘崖に沿わせて風呂谷川の源流に接続して、窪・萩原・笠田中・笠田東一帯の段丘上の耕地に水を回すという長大かつ高度な技術によって設計された。風呂谷の筋から満々と水を湛えた水流がやってくる様は、神護寺僧の文覚が住民を指揮して大工事の末に作り上げた奇跡の用水として伝承された。まず、一・二・三ノ井の三本の文覚井について、現地に残る遺跡を訪れて、中世の高度な技術と人々の考えを見て行きたい（国史跡は一ノ井のみ）。

ⓐ文覚井一ノ井の取水口は、柞田荘の境界のある⑰艮《うしとら》牓示境谷付近にあり、穴伏川の西岸にはⓑ上井取水口やⓒ北川井（旧中井）取水口など、さらに上流の堰が作られていた。国道四八〇号の付替えにより、一部が暗渠化されて見つけにくくなったが、高台にある用水神のⓓ八大竜王を目印としたい。県道との交差地点近くにⓔ茶所《ちゃじょ》があり、文覚井の文化財指定案内板が建てられている。茶所は文覚井関係の寄合や法事を行なう文覚堂であり、文覚画像等が祀られている。ここから風呂谷川の源流（ⓕ一ノ井橋の直下）まで、河岸段丘崖の縁を徐々に通

ⓗ　旧文覚堂（文覚大竜神碑）

ⓠ　三ノ井跡（道の右の溝）

ⓓ　八大竜王社

して段丘上に乗せて行く。高度の測量技術のため、少し余裕があって、最後の合流地点では一ノ井水流の方が高くなったため小滝となって注いでいる。夏草の枯れた季節なら、橋の下に入って、このⓖ上人滝（文覚滝とも）を見ることができる。見られなくても、耳を澄ませば水の落ちる音が聞こえることだろう。本来の茶所（文覚堂）は、この一ノ井の切り替え地点にあった。現在、やや高台に文覚大竜神の碑が祀られている地点がⓗ旧文覚堂である。文覚井の一二三井の三組合が合同で祭祀を実施した旨の碑文が建てられている。ここから風呂谷筋を、勢いの良い川流となって流下して、まずⓘ三分で先に窪・萩原地区への西線を分水し、次にⓙ水分原で笠田中・笠田東地区への東線を分水した。この分水順は、荘園の開発の進み方を反映している。西線は、荘家《しょうけ》の神願寺境内を通って、西谷川に水を落とし、⑧木戸口に至った。東線は、調整池であるⓚ上人池（孤谷南池とも新池とも）に水を出入れして補充した上で（いまはⓛ紀ノ川用水の余水を併せて）、ⓜ無量寺で西ノ戸・前ノ戸を分水し、藤谷川筋まで上井と下井で水をまわす（名称推定）。このあたりの条里型地割は一一八五年には開発されているので、文覚井一ノ井東流の成立はこれ以前に遡ると推測される。

ⓤ　不動さんの赤い石

ⓣ　ミョウガイゾ（井戸）

ⓛ　紀ノ川用水
一九七九年に完成した現代用水。奈良県十津川水系の猿谷ダムを水源として橋本～和歌山の段丘上（小田井以北）を灌漑する和歌山県最大の用水路。

ⓜ　無量寺
真言宗寺院。神願寺の末寺。本堂の木造阿弥陀如来坐像（平安後期）は県指定文化財。

ⓝ　小田井用水
一七〇七年（宝永四）開削を始めた高野口小田の井堰から岩出にいたる紀ノ川右岸の十八世紀の近世用水路。沖積低地の大規模開発がはじめて可能になった。

文覚井二ノ井
移井とも呼ばれて移地区の水路と思われていたが、実は一ノ井同様の技術をもつ窪・背ノ山地区の用水路。高度な設計によって、ⓔ茶所付近の堰（ⓞ二ノ井取水口）からⓟ小堂谷池（地元通称クボンタニ池）まで段丘崖を沿わせて水位を維持して水を入れる。小堂谷池に水流を保存して、窪地区への東線（オカイデ・ハカイデとも）と、背ノ山地区の二又池（バッチ池・ウマガセ池）への西線を分出し、紀ノ川側の河岸段丘上の一帯を灌漑する（水田の減った現在は廃絶）。谷川の源流に注

ⓞ　二ノ井

ⓥ　龍之渡井遠望

ぐという構造は、一ノ井と同一であり、共通する技術であることが明らかになった。池を作って水量を調節している点で、二ノ井のほうがより進んだ技術ともいえる。とくに東線では、農業慣行の聞き取り調査によって（一九九〇年代）、窪谷川筋の谷田は二ノ井の使用が制限されて、⑧木戸口が優先的に水を使えるという「トコミズ三合（制限）」の取り決めが発見された。近世文書によって、ⓝ小田井の成立以前はさらに南部まで灌漑していたこともわかっている。

文覚井三ノ井

一・二ノ井と異なり、分水嶺を越えて「山越え」をすることはないが、ⓠ三ノ井取水口から背山の山麓を反時計回りに巡って、高田地区を経過して、背ノ山地区まで巡った。桛田荘の中心部・紀ノ川側のための用水として一・二ノ井と共通する。背ノ山の⑭西福寺・四所権現の東には文覚井（三ノ井）と呼ばれる水路が近年まであり、ⓡ千里橋・ⓢ文覚橋（窪谷川が紀ノ川に注ぐ樋門の手前の国道旧道にかかる橋。覚の旧字が誤読されて地図に文学橋と誤記されている）は三ノ井の流末とおもわれる。はやく廃絶したため文覚井の水利組合に属していたことも忘れられている。三ノ井の下手を旧小田井が時計回りに流れていたが、現在、背山トンネルによりⓥ龍之渡井《たつのとい》で渡している。

ⓣ　ミョウガイゾ（井戸）

山麓の湧水井で大師の加持水といわれる飲料水。「冥加井戸」と書く。弘法大師の開発伝説の一つ。この一帯の字明王谷の語源と思われる。一一八五年文書の名荷谷に当たる。この地点から荘園の一帯が眺望される。

ⓤ　不動さんの赤い石

二又池から水路の取水口（フドウオトシ）にあった赤い石を祀っている。

おわりに

本書の執筆者陣は、一九九六年末、桛田荘絵図に描かれた紀ノ川の河川敷から出土した石造連続堤防「窪・萩原遺跡」（現在の伊都浄化センター敷地内）に立会った。その保存要望や現地シンポジウム実施を通じて、和歌山県では初めてとなる荘園遺跡総合調査委員会のメンバーとなり、調査の実務に当たった。桛田堤防遺跡の衝撃により、前近代における自然と人類の共生という歴史環境論の必要を認識し、そのための調査方法を模索した。その問題意識により、紀ノ川流域荘園詳細分布調査団（五カ年国庫補助）、和歌山井堰研究会を立ち上げて、堤防井堰の共同研究を継起的に進めた。序章に「第三期の研究」と記したように、通時的かつ広域的に水利環境を検討するという地域調査は、それまでの和歌山県には見られなかった画期的な試みであった。桛田荘は、その原点であった。本書は、桛田堤防の発見から十五年目の現在、明らかになってきた事実の成果報告である。

石造物を含む考古学研究の成果により、桛田荘の紀ノ川堤防の成立は十六世紀末・十七世紀初とされて、近年の堤防遺跡の成果（宇治市の太閤堤防、徳島市の川西遺跡等の国史跡）もこれを裏付けつつある（第七章）。桛田堤防の成立は、広大な沖積地（下位段丘崖の間の河川敷）に島・荒蕪地が広がる中世社会の終焉を意味した。歴史地理学者の主張したように、桛田荘地域の河川敷には中世耕地は見出しがたい（第一章）。もちろん、「中世終焉」といっても、堤防に護られた大和道の成立は十八世紀半ばであり、環境史の上で長い移行期が確認されそれ自体が興味深い。

中世桛田荘にとって、文覚井をはじめとする穴伏川の井堰の重要性があらためて再認識されたのである。

そこで本書では、那賀・伊都郡界を流れる穴伏川（静川）の水利体系を詳細に調査・復元して、穴伏川水系灌漑システムなるキーワードを提示した（第一章～第三章）。服部英雄氏の先行研究を踏まえて、小地名・耕地土質を含む現地聞き取り調査による水利復元（第二・六章、農業事情を考えると最後であろう）と、かつらぎ町史編集委員会の収集史料を駆使した検証（第三章）により、東岸の基幹用水路・文覚井（県史跡）の位置付けを歴史的に再検討した。穴伏川の両岸に計一四本の水路を引く近代穴伏川水系灌漑システムの原型は、「慶安三年絵図」（口絵6）に鮮明に描かれている（とくに文覚一ノ井・二ノ井・三ノ井の関係）。このような穴伏川水系灌漑システムの成立が、中世のどの時点にさかのぼるのか（もっとも服部説はじめ慶安絵図自体に成立年論争あるが）。本書の執筆陣は、「文治検田取帳」の活用により、文覚井を含む穴伏川水系灌漑システムの原初形態がすでに十二世紀末段階で形成されていることを論じた（第Ⅱ部第四～六章、ただし第三章前田論文は十七世紀に「完成」とする。十二世紀末は二ノ井のみ成立説）。先述の聞取り調査・文献調査による字名の詳細確認によって、「文治検田取帳」の史料的な重要性は飛躍的に高まった。成立年や性格について論争のある「桛田荘絵図」（神護寺蔵）であるが、「文治検田取帳」の記載と強い相関をもつ主題図であることが明らかになる（延徳注文を含む宝来山神社蔵「桛田荘絵図」も同様）。

以上のような取り組みによって得られた結論を時間軸に即してまとめておきたい。

〔第一段階〕十二世紀後半期（中世桛田荘と原穴伏川水系灌漑システムの成立）

紀ノ川に面する下位段丘上の水田耕地を安定化するため、穴伏川（静川）から引水する文覚井（一・二・三ノ井）が開削された。とくに巽牓示に至る笠田中・笠田東地区には条里型地割七里余が設定され一ノ井東線により開墾が進んだ。文治元年検田取帳の記載により、荘園領主神護寺勢力が穴伏川の全体を掌握して桛田荘領域を拡大していたことがわかる（近隣の静川荘・名手荘・志富田荘への侵略）。

〔第二段階〕十六世紀後半期（中近世移行期の紀ノ川統御）

紀ノ川の河川敷にはじめて石造連続堤防（窪・萩原遺跡護岸）が築造され、氾濫原に島地・荒蕪地が広がるという歴史環境が終焉した。十五世紀より紀ノ川流域で中洲地の島畑・芝地等開発をめぐる在地勢力間の係争が見られ、この動向の延長で河川統御が志向されたものだろう（前出の前田説ではこの時期に文覚井成立）。同じ地域では以後数次にわたり堤防の増築が確認されて川幅が圧縮され続け、現在の昭和期堤防に帰結する。

〔第三段階〕十八世紀（紀伊藩治下の紀ノ川新田・街道開発）

高野口小田の井堰から岩出に至る紀ノ川右岸の広域用水路である小田井用水が開削され（一七〇七年に竣工）、堤防内側の沖積低地が水田化した。段丘上の耕地も、文覚井の一・二・三ノ井に依存していた流末部分が小田井の水掛りに切り替わる。これにともない文覚井は段丘北部への水回しを充実するため一部流路を変更した。十八世紀半ば以後、大和街道が沖積低地を通るように路線変更した。

〔第四段階〕二十世紀後半期以降（現代開発と交通）

一九七九年に和歌山県最大の用水路である紀ノ川用水（奈良県十津川水系猿谷ダム取水、橋本〜和歌山間）が完成して、山麓縁辺の段丘上の耕地に水回しが可能になる。この水路のラインに並行する形で、二十一世紀に京奈和自動車道（高速道路）が計画され開通間近となっている。

四つの画期ごとに分けて桛田荘地域の水利環境について略述した。〔第一段階〕については、主に文治元年検田取帳の分析（第Ⅱ部）をもとにした考察で、十二世紀段階で文覚井（穴伏川水系灌漑システム）が成立しているとした点、紀ノ川河川敷開発を否定した点で、木村茂光・服部英雄・黒田日出男諸氏の先行研究説と異なっており、検討をお願いしたい。

〔第二段階〕に至るまでの中世の開発は、文覚井への水量確保による桛田地区水田の安定化と、氾濫原における粗放な島畑の集約化という二つの量的な拡大であった。前者は「慶安絵図」に描かれた穴伏川水系灌漑システムの拡充定着に他ならない。神護寺勢力の主導するその営みは、当然ながら穴伏川の水に依存する静川荘・名手荘など近隣荘園と熾烈な対立を生み出した。「桛田荘絵図」の牓示表記は、黒田日出男氏が強調したように、「文治元年検田取帳」の示す桛田荘の実態（志向）を表現している。本書では、荘園絵図をめぐる論争には触れることができなかったが、穴伏川水系灌漑システムの形成から中世桛田荘を考えるという視座から、あらためて絵図の史料論に取り組み直したい。また、もっとも重要な鍵でありながら、原史料の確認できていない「文治検田取帳」の所在確認についても当然の課題である。新たに共同研究の戦線に加わった坂本亮太氏（和歌山県立博物館）を中心にして組織的に神護寺文書を探究する「文覚上人展」の準備が進行中である。

本書には、史跡散歩地図を収録している。中学校・高校の日本史教科書で中世荘園の典型事例としてかならず取り上げられている「桛田荘絵図」であるが、そこに描かれた景観はいまも現地に息づいている。文覚井をはじめとする諸遺跡、文覚上人にまつわる様々な伝承と行事をいまも見ることができる。それだけではない。ここでは、古代中世から現代にわたる、人間と大河川・大自然との格闘・共生の歴史を、具体的に体験見学することができる。

古代：穴伏川流域と万葉景勝地（妹背山・船岡山国境の紀ノ川）

中世：文覚井（一・二・三ノ井）と笠田東の中世条里開発地と大道

近世：紀ノ川の堤防遺跡（伊都浄化センター内）・大和街道と小田井用水

近現代：「道の駅」の現堤防と紀ノ川用水

これは見学地の一例であるが、一つの荘園故地で、これほど立体的かつダイナミックに水をめぐる歴史環境史を体験できる場所はほかにあるまい。堤防遺跡の発見をきっかけとして、諸分野の協業による地域研究を進めてきた成果であろう。私たちは、桛田荘地域を、自然と人間の開発・共生を考えるフィールドミュージアム紀ノ川「水の駅」と

したい。(1)

京都・奈良と和歌山をつなぐ高速道路である京奈和自動車道の工事によって、桛田荘の一帯では現況の変化が進みつつある。笠田地区の開通は二〇一二年に予定されている。これを期に、フィールドミュージアム桛田荘を訪れていただき、その価値を確認・検証していただきたい。

(註)

(1)「水の駅」とは太田省吾氏の転形劇場が一世風靡した無言劇の称であり、内臓感覚（フォイエルバッハの「受苦的存在」概念）の深みの中で自然との共生関係をとらえ直す人間解放の実験だった（井上芳保氏「内臓感覚の復権と社会学の再生のために―フォイエルバッハ哲学から学びたいもの」『(東京学芸大学社会学会編）社会と教育』二参照）。和歌山大学博物館（紀州研）刊行のフィールドミュージアム史跡地図の桛田荘編の初刷り（二〇一〇年）ではこれを提唱したのだが、地元の有識者より「意味不明」と悪評だったために二刷では削除した。

初出一覧

はじめに　海津一朗「中世桛田荘研究の現状と争点」『和歌山地方史研究』三三号、一九九七年および同「紀ノ川流域の治水灌漑遺跡の調査と保存」『日本歴史』六九一号、二〇〇五年をもとに加筆修正。

Ⅰ　調査・研究編

第一章　額田雅裕「桛田荘（窪・萩原遺跡）の地形環境」和歌山県文化財センター編『桛田荘（窪・萩原遺跡）』二〇〇〇年を加筆修正。

第二章　紀の川流域荘園詳細分布調査委員会編『紀の川流域荘園詳細分布調査概要報告書Ⅲ　紀伊国名手荘・静川荘地域調査』二〇〇四年の「文覚井と穴伏川流域用水群」第一章（海津一朗執筆）・第三章（額田雅裕執筆）と、和歌山県文化財センター編『桛田荘（窪・萩原遺跡）』二〇〇〇年の「文覚井」（高木徳郎執筆）を加筆修正のうえで再構成した。

第三章　前田正明「紀伊国桛田荘文覚井考」高橋啓先生退官記念論集編集委員会編『地域社会史への試み』原田印刷出版株式会社、二〇〇四年に、紀の川流域荘園詳細分布調査委員会編『紀の川流域荘園詳細分布調査概要報告書Ⅲ　紀伊国名手荘・静川荘地域調査』二〇〇四年の「文覚井と穴伏川流域用水群」第二章（前田正明執筆）の一部を加えて改稿した。

第四章　海津一朗「神護寺領桛田荘の開発と文覚井をめぐる論争について」『歴史評論』六八七号、二〇〇七年、同「訂正」『歴史評論』六八九号を大幅削除修正した。

第五章　新稿

第六章　和歌山中世荘園調査会「紀伊国桛田荘現地調査報告」和歌山県文化財センター編『桛田荘（窪・萩原遺跡）』

二〇〇〇年に一部加筆。
第七章　新稿
第八章　北野隆亮「桛田荘における中世遺構について」『和歌山地方史研究会』三三号、一九九七年を補訂した。
第九章　額田雅裕「紀ノ川上流域における堤防遺跡の地形環境」伊達宗泰先生喜寿記念論集『地域と古文化』同刊行会、二〇〇四年に加筆。
第十章　新稿
おわりに　新稿

Ⅱ　史料編
一　新稿
二　和歌山県文化財センター編『桛田荘（窪・萩原遺跡）』二〇〇〇年所収付録を再構成。
三　紀州経済史文化史研究所編『フィールドミュージアム桛田荘─紀ノ川・水の駅編─』二〇一〇年（初版）に一部加筆修正

執筆者一覧（編者をのぞく。五十音順）

北野隆亮（きたの　りゅうすけ）
一九五九年生まれ
現在、財団法人和歌山市都市整備公社埋蔵文化財班学芸員
佛教大学文学部史学科卒業
〔主要著作論文〕「紀州の宗教的景観」小野正敏・萩原三雄編『戦国時代の考古学』高志書院、二〇〇三年。

黒石哲夫（くろいし　てつお）
一九六〇年生まれ
現在、和歌山県教育庁文化遺産課
大阪大学文学部史学科卒業
〔主要著作論文〕岩橋千塚古墳群の築造労働力からみた被葬者の階層性と集団の人口について」『待兼山考古学論集Ⅱ』大阪大学考古学研究室　二〇一〇年。

高木徳郎（たかぎ　とくろう）
一九七〇年生まれ
現在、早稲田大学教育・総合科学学術院准教授
早稲田大学大学院文学研究科博士後期課程満期退学、博士（文学）。
〔主要著作論文〕『日本中世地域環境史の研究』校倉書房、二〇〇八年。

額田雅裕（ぬかた　まさひろ）
一九五七年生まれ
現在、和歌山市教育委員会生涯学習部文化振興課副課長
立命館大学文学研究科博士後期課程単位取得退学
〔主要著作論文〕「荘園の立地と環境」日下雅義編『古代の環境と考古学』古今書院、一九九五年。

林　晃平（はやし　こうへい）
一九八九年生まれ
現在、和歌山大学教育学部四回生
〔主要著作論文〕「西岡虎之助所蔵の荘園絵図影写本の行方」『和歌山地方史研究』六〇、二〇一一年。

前田正明（まえだ　まさあき）
一九六二年生まれ
現在、和歌山県立博物館主任学芸員
広島大学大学院文学研究科博士課程後期単位取得退学
〔主要著作論文〕
「天正一九年の紀伊国高野山領検地について」『和歌山地方史研究』五四号、二〇〇八年。

紀伊国《きいのくに》桛田《かせだの》荘《しょう》

■編者略歴■

海津　一朗（かいづ　いちろう）

1959年　東京都生まれ。

東京都立大学人文科学研究科博士課程単位取得退学。

東京都豊島区立郷土資料館、文京区立ふるさと歴史館を経て、現在、和歌山大学教育学部教授。博士（史学）

主要著書

『中世の変革と徳政』吉川弘文館、一九九四年。

『日本中世史研究事典』東京堂出版（共編）、一九九五年。

『神風と悪党の世紀』講談社、一九九五年。

『蒙古襲来』吉川弘文館、一九九八年。

『楠木正成と悪党』ちくま書房、一九九九年。

『日本史講座４巻　中世社会の構造』（共著）東京大学出版会、二〇〇四年。

『きのくに歴史探見』（編著）白馬社、二〇〇六年。

『中世終焉』（編著）清文堂、二〇〇八年。

2011年５月30日　発行

編　者　海　津　一　朗

発行者　山　脇　洋　亮

印　刷　藤　原　印　刷　㈱

製　本　協　栄　製　本　㈱

発行所　東京都千代田区飯田橋4-4-8
(〒102-0072)東京中央ビル内　**㈱同　成　社**
TEL　03-3239-1467　振替00140-0-20618

ISBN978-4-88621-560-4 C3321

同成社中世史選書

①日本荘園史の研究
阿部　猛著
三二八頁・七八七五円
【本書の目次】
弘仁十四年の公営田制について／転換期としての十世紀／悪党大江泰兼／越中国堀江荘について／大炊御門家領について／ほか
②荘園の歴史地理的世界
中野栄夫著
四一〇頁・九四五〇円
【本書の目次】
第Ⅰ部　荘園の成立とその歴史地理的環境／第Ⅱ部　中世荘園の動向／第Ⅲ部　地頭と悪党／附論　荘園制支配と中世国家
③五山と中世の社会
竹田和夫著
二八〇頁・六三〇〇円
【本書の目次】
序章　五山および五山僧研究の現状／第1部　蔭凉職と五山僧の活動／第2部　五山僧の時代／終章　五山および五山僧研究の課題
④中世の支配と民衆
阿部　猛編
三〇六頁・七三五〇円
【本書の目次】
開発神話・ノート［阿部猛］／田楽・さるがうの起源研究に関する一視点［坂口勉］／「上寿」考［中野栄夫］／ほか

同成社中世史選書

⑤香取文書と中世の東国
鈴木哲雄著
三七〇頁・六三〇〇円

【本書の目次】
Ⅰ　香取文書の書誌学（色川三中と香取文書／ほか）／Ⅱ　香取文書と東国社会（大禰宜家文書のなかの重書案／ほか）Ⅲ　香取文書の周辺

⑥日本中近世移行論
池　享著
三三〇頁・七三五〇円

【本書の目次】
第一章　中近世移行をどうとらえるか／第二章　理論的問題／第三章　研究史から学ぶ／第四章　統一国家の成立

⑦戦国期の流通と地域社会
鈴木敦子著
三三八頁・八四〇〇円

【本書の目次】
第Ⅰ部　国人領主の存在形態と交通／第Ⅱ部　龍造寺氏の物資調達システム／第Ⅲ部　龍造寺領国下の「町」の成立と貨幣流通

⑧中世後期の在地社会と荘園制
福嶋紀子著
三二二頁・七三五〇円

【本書の目次】
序　章　本書の構成／第一部　中世後期荘園の開発と支配／第二部　荘園制的収取体系の地域的展開／第三部　散用状作成の意義